学ぶ人は、
変えて
ゆく人だ。

目の前にある問題はもちろん、

人生の問いや、

社会の課題を自ら見つけ、

挑み続けるために、人は学ぶ。

「学び」で、

少しずつ世界は変えてゆける。

いつでも、どこでも、誰でも、

学ぶことができる世の中へ。

旺文社

JN044049

2024年度版

文部科学省後援

英検®

3級

過去6回
全問題集

旺文社

問題カード

この問題カードは切り取って，本番の面接の練習用にしてください。
質問は p.45 にありますので，参考にしてください。

Baseball Caps

Baseball caps are popular in Japan. Baseball fans often wear them at stadiums when they watch their favorite teams. Some people worry about strong sunlight, so they wear baseball caps on hot summer days.

問題カード

この問題カードは切り取って，本番の面接の練習用にしてください。
質問は p.47 にありますので，参考にしてください。

Flower Shops

There are many flower shops in Japan. They sell different types of colorful flowers. Many people like to keep beautiful flowers in their homes, so they go shopping for flowers each season.

問題カード

この問題カードは切り取って，本番の面接の練習用にしてください。
質問は p.69 にありますので，参考にしてください。

Pets

Many people want to have a pet dog. Playing with dogs can be relaxing. Some people don't have time to take dogs for walks, so they get pets such as hamsters or birds.

問題カード

この問題カードは切り取って，本番の面接の練習用にしてください。
質問は p.71 にありますので，参考にしてください。

Singing

Singing can be a good way to relax. Some people enjoy performing in front of many people, so they join singing groups or bands. Taking singing lessons can help people to sing better.

問題カード

この問題カードは切り取って，本番の面接の練習用にしてください。
質問は p.93 にありますので，参考にしてください。

Umbrellas

Umbrellas are very useful. They help people to stay dry on rainy days. Department stores sell different kinds of colorful umbrellas, and convenience stores are good places to buy cheap and simple ones.

この問題カードは切り取って，本番の面接の練習用にしてください。
質問は p.95 にありますので，参考にしてください。

Playing the Guitar

Playing the guitar is a popular hobby. Many people want to learn how to play their favorite songs, so they practice playing the guitar every day. Some people take lessons with a guitar teacher.

【注意事項】

①解答にはHBの黒鉛筆(シャープペンシルも可)を使用し，解答を訂正する場合には消しゴムで完全に消してください。

②解答用紙は絶対に汚したり折り曲げたり，所定以外のところへの記入はしないでください。

③マーク例

良い例	悪い例
●	丸/X/半月

これ以下の濃さのマークは読めません。

解 答 欄

問題番号	1	2	3	4
(1)	①	②	③	④
(2)	①	②	③	④
(3)	①	②	③	④
(4)	①	②	③	④
(5)	①	②	③	④
(6)	①	②	③	④
(7)	①	②	③	④
(8)	①	②	③	④
(9)	①	②	③	④
(10)	①	②	③	④
(11)	①	②	③	④
(12)	①	②	③	④
(13)	①	②	③	④
(14)	①	②	③	④
(15)	①	②	③	④

（問題番号左欄：1）

解 答 欄

問題番号	1	2	3	4
(16)	①	②	③	④
(17)	①	②	③	④
(18)	①	②	③	④
(19)	①	②	③	④
(20)	①	②	③	④
(21)	①	②	③	④
(22)	①	②	③	④
(23)	①	②	③	④
(24)	①	②	③	④
(25)	①	②	③	④
(26)	①	②	③	④
(27)	①	②	③	④
(28)	①	②	③	④
(29)	①	②	③	④
(30)	①	②	③	④

（問題番号左欄：2 は(16)〜(20)、3 は(21)〜(30)）

※筆記4の解答欄はこの裏にあります。

リスニング解答欄

問題番号	1	2	3	4
例題	①	②	●	
No. 1	①	②	③	
No. 2	①	②	③	
No. 3	①	②	③	
No. 4	①	②	③	
No. 5	①	②	③	
No. 6	①	②	③	
No. 7	①	②	③	
No. 8	①	②	③	
No. 9	①	②	③	
No. 10	①	②	③	
No. 11	①	②	③	④
No. 12	①	②	③	④
No. 13	①	②	③	④
No. 14	①	②	③	④
No. 15	①	②	③	④
No. 16	①	②	③	④
No. 17	①	②	③	④
No. 18	①	②	③	④
No. 19	①	②	③	④
No. 20	①	②	③	④
No. 21	①	②	③	④
No. 22	①	②	③	④
No. 23	①	②	③	④
No. 24	①	②	③	④
No. 25	①	②	③	④
No. 26	①	②	③	④
No. 27	①	②	③	④
No. 28	①	②	③	④
No. 29	①	②	③	④
No. 30	①	②	③	④

（第1部：No.1〜No.10、第2部：No.11〜No.20、第3部：No.21〜No.30）

※実際の解答用紙に似せていますが，デザイン・サイズは異なります。

切り取り線

●記入上の注意（記述形式）
・指示事項を守り，文字は，はっきりと分かりやすく書いてください。
・太枠に囲まれた部分のみが採点の対象です。

4 ライティング解答欄

5

10

切り取り線

2023年度第1回　英検3級　解答用紙

[注意事項]
①解答にはHBの黒鉛筆（シャープペンシルも可）を使用し，解答を訂正する場合には消しゴムで完全に消してください。
②解答用紙は絶対に汚したり折り曲げたり，所定以外のところへの記入はしないでください。

③マーク例

良い例	悪い例
●	◐ ✕ ◖

これ以下の濃さのマークは読めません。

解　答　欄	1	2	3	4
問題番号	1	2	3	4
(1)	①	②	③	④
(2)	①	②	③	④
(3)	①	②	③	④
(4)	①	②	③	④
(5)	①	②	③	④
(6)	①	②	③	④
(7)	①	②	③	④
1 (8)	①	②	③	④
(9)	①	②	③	④
(10)	①	②	③	④
(11)	①	②	③	④
(12)	①	②	③	④
(13)	①	②	③	④
(14)	①	②	③	④
(15)	①	②	③	④

解　答　欄	1	2	3	4
問題番号	1	2	3	4
(16)	①	②	③	④
(17)	①	②	③	④
2 (18)	①	②	③	④
(19)	①	②	③	④
(20)	①	②	③	④
(21)	①	②	③	④
(22)	①	②	③	④
(23)	①	②	③	④
(24)	①	②	③	④
3 (25)	①	②	③	④
(26)	①	②	③	④
(27)	①	②	③	④
(28)	①	②	③	④
(29)	①	②	③	④
(30)	①	②	③	④

※筆記4の解答欄はこの裏にあります。

リスニング解答欄		1	2	3	4
問題番号		1	2	3	4
	例題	①	②	●	
	No. 1	①	②	③	
	No. 2	①	②	③	
	No. 3	①	②	③	
第1部	No. 4	①	②	③	
	No. 5	①	②	③	
	No. 6	①	②	③	
	No. 7	①	②	③	
	No. 8	①	②	③	
	No. 9	①	②	③	
	No. 10	①	②	③	
	No. 11	①	②	③	④
	No. 12	①	②	③	④
	No. 13	①	②	③	④
	No. 14	①	②	③	④
第2部	No. 15	①	②	③	④
	No. 16	①	②	③	④
	No. 17	①	②	③	④
	No. 18	①	②	③	④
	No. 19	①	②	③	④
	No. 20	①	②	③	④
	No. 21	①	②	③	④
	No. 22	①	②	③	④
	No. 23	①	②	③	④
	No. 24	①	②	③	④
第3部	No. 25	①	②	③	④
	No. 26	①	②	③	④
	No. 27	①	②	③	④
	No. 28	①	②	③	④
	No. 29	①	②	③	④
	No. 30	①	②	③	④

※実際の解答用紙に似せていますが，デザイン・サイズは異なります。

●記入上の注意（記述形式）
・指示事項を守り，文字は，はっきりと分かりやすく書いてください。
・太枠に囲まれた部分のみが採点の対象です。

4 ライティング解答欄

5

10

2022年度第3回　英検3級　解答用紙

【注意事項】
① 解答にはHBの黒鉛筆(シャープペンシルも可)を使用し，解答を訂正する場合には消しゴムで完全に消してください。

② 解答用紙は絶対に汚したり折り曲げたり，所定以外のところへの記入はしないでください。

③ マーク例

良い例	悪い例

これ以下の濃さのマークは読めません。

解答欄

問題番号	1	2	3	4
(1)	①	②	③	④
(2)	①	②	③	④
(3)	①	②	③	④
(4)	①	②	③	④
(5)	①	②	③	④
(6)	①	②	③	④
(7)	①	②	③	④
(8)	①	②	③	④
(9)	①	②	③	④
(10)	①	②	③	④
(11)	①	②	③	④
(12)	①	②	③	④
(13)	①	②	③	④
(14)	①	②	③	④
(15)	①	②	③	④

(1)〜(15) は問題番号 **1**

解答欄

問題番号	1	2	3	4
(16)	①	②	③	④
(17)	①	②	③	④
(18)	①	②	③	④
(19)	①	②	③	④
(20)	①	②	③	④
(21)	①	②	③	④
(22)	①	②	③	④
(23)	①	②	③	④
(24)	①	②	③	④
(25)	①	②	③	④
(26)	①	②	③	④
(27)	①	②	③	④
(28)	①	②	③	④
(29)	①	②	③	④
(30)	①	②	③	④

(16)〜(20) は問題番号 **2**、(21)〜(30) は問題番号 **3**

※筆記4の解答欄はこの裏にあります。

リスニング解答欄

問題番号	1	2	3	4
例題	①	②	●	
No. 1	①	②	③	
No. 2	①	②	③	
No. 3	①	②	③	
No. 4	①	②	③	
No. 5	①	②	③	
No. 6	①	②	③	
No. 7	①	②	③	
No. 8	①	②	③	
No. 9	①	②	③	
No. 10	①	②	③	
No. 11	①	②	③	④
No. 12	①	②	③	④
No. 13	①	②	③	④
No. 14	①	②	③	④
No. 15	①	②	③	④
No. 16	①	②	③	④
No. 17	①	②	③	④
No. 18	①	②	③	④
No. 19	①	②	③	④
No. 20	①	②	③	④
No. 21	①	②	③	④
No. 22	①	②	③	④
No. 23	①	②	③	④
No. 24	①	②	③	④
No. 25	①	②	③	④
No. 26	①	②	③	④
No. 27	①	②	③	④
No. 28	①	②	③	④
No. 29	①	②	③	④
No. 30	①	②	③	④

No. 1〜No. 10 は **第1部**、No. 11〜No. 20 は **第2部**、No. 21〜No. 30 は **第3部**

※実際の解答用紙に似せていますが，デザイン・サイズは異なります。

●記入上の注意（記述形式）
・指示事項を守り，文字は，はっきりと分かりやすく書いてください。
・太枠に囲まれた部分のみが採点の対象です。

4 ライティング解答欄

5

10

2022年度第2回　英検3級　解答用紙

【注意事項】
①解答にはHBの黒鉛筆（シャープペンシルも可）を使用し，解答を訂正する場合には消しゴムで完全に消してください。

②解答用紙は絶対に汚したり折り曲げたり，所定以外のところへの記入はしないでください。

③マーク例

良い例	悪い例
●	◐ ✗ ◑

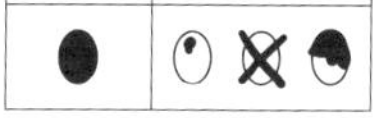

 これ以下の濃さのマークは読めません。

解　答　欄

問題番号	1	2	3	4
(1)	①	②	③	④
(2)	①	②	③	④
(3)	①	②	③	④
(4)	①	②	③	④
(5)	①	②	③	④
(6)	①	②	③	④
(7)	①	②	③	④
(8)	①	②	③	④
(9)	①	②	③	④
(10)	①	②	③	④
(11)	①	②	③	④
(12)	①	②	③	④
(13)	①	②	③	④
(14)	①	②	③	④
(15)	①	②	③	④

（左側の縦書き「1」が(1)〜(15)の問題群を示す）

解　答　欄

問題番号	1	2	3	4
(16)	①	②	③	④
(17)	①	②	③	④
(18)	①	②	③	④
(19)	①	②	③	④
(20)	①	②	③	④
(21)	①	②	③	④
(22)	①	②	③	④
(23)	①	②	③	④
(24)	①	②	③	④
(25)	①	②	③	④
(26)	①	②	③	④
(27)	①	②	③	④
(28)	①	②	③	④
(29)	①	②	③	④
(30)	①	②	③	④

（(16)〜(20)が「2」，(21)〜(30)が「3」）

※筆記4の解答欄はこの裏にあります。

リスニング解答欄

問題番号	1	2	3	4
例題	①	②	●	
No. 1	①	②	③	
No. 2	①	②	③	
No. 3	①	②	③	
No. 4	①	②	③	
No. 5	①	②	③	
No. 6	①	②	③	
No. 7	①	②	③	
No. 8	①	②	③	
No. 9	①	②	③	
No. 10	①	②	③	
No. 11	①	②	③	④
No. 12	①	②	③	④
No. 13	①	②	③	④
No. 14	①	②	③	④
No. 15	①	②	③	④
No. 16	①	②	③	④
No. 17	①	②	③	④
No. 18	①	②	③	④
No. 19	①	②	③	④
No. 20	①	②	③	④
No. 21	①	②	③	④
No. 22	①	②	③	④
No. 23	①	②	③	④
No. 24	①	②	③	④
No. 25	①	②	③	④
No. 26	①	②	③	④
No. 27	①	②	③	④
No. 28	①	②	③	④
No. 29	①	②	③	④
No. 30	①	②	③	④

（No.1〜No.10が「第1部」，No.11〜No.20が「第2部」，No.21〜No.30が「第3部」）

※実際の解答用紙に似せていますが，デザイン・サイズは異なります。

●記入上の注意（記述形式）
・指示事項を守り，文字は，はっきりと分かりやすく書いてください。
・太枠に囲まれた部分のみが採点の対象です。

4 ライティング解答欄

5

10

【注意事項】
①解答にはHBの黒鉛筆（シャープペンシルも可）を使用し，解答を訂正する場合には消しゴムで完全に消してください。
②解答用紙は絶対に汚したり折り曲げたり，所定以外のところへの記入はしないでください。

③マーク例

良い例	悪い例
●	◑ ✕ ◔

これ以下の濃さのマークは読めません。

解　答　欄	1	2	3	4
問題番号	1	2	3	4
(1)	①	②	③	④
(2)	①	②	③	④
(3)	①	②	③	④
(4)	①	②	③	④
(5)	①	②	③	④
(6)	①	②	③	④
(7)	①	②	③	④
(8)	①	②	③	④
(9)	①	②	③	④
(10)	①	②	③	④
(11)	①	②	③	④
(12)	①	②	③	④
(13)	①	②	③	④
(14)	①	②	③	④
(15)	①	②	③	④

(問題番号欄の左に「1」)

解　答　欄	1	2	3	4
問題番号	1	2	3	4
(16)	①	②	③	④
(17)	①	②	③	④
(18)	①	②	③	④
(19)	①	②	③	④
(20)	①	②	③	④
(21)	①	②	③	④
(22)	①	②	③	④
(23)	①	②	③	④
(24)	①	②	③	④
(25)	①	②	③	④
(26)	①	②	③	④
(27)	①	②	③	④
(28)	①	②	③	④
(29)	①	②	③	④
(30)	①	②	③	④

(問題番号欄：(16)〜(20)が「2」，(21)〜(30)が「3」)

※筆記4の解答欄はこの裏にあります。

リスニング解答欄	1	2	3	4
問題番号	1	2	3	4
例題	①	②	●	
No. 1	①	②	③	
No. 2	①	②	③	
No. 3	①	②	③	
No. 4	①	②	③	
No. 5	①	②	③	
No. 6	①	②	③	
No. 7	①	②	③	
No. 8	①	②	③	
No. 9	①	②	③	
No. 10	①	②	③	
No. 11	①	②	③	④
No. 12	①	②	③	④
No. 13	①	②	③	④
No. 14	①	②	③	④
No. 15	①	②	③	④
No. 16	①	②	③	④
No. 17	①	②	③	④
No. 18	①	②	③	④
No. 19	①	②	③	④
No. 20	①	②	③	④
No. 21	①	②	③	④
No. 22	①	②	③	④
No. 23	①	②	③	④
No. 24	①	②	③	④
No. 25	①	②	③	④
No. 26	①	②	③	④
No. 27	①	②	③	④
No. 28	①	②	③	④
No. 29	①	②	③	④
No. 30	①	②	③	④

(問題番号欄：No.1〜10が「第1部」，No.11〜20が「第2部」，No.21〜30が「第3部」)

※実際の解答用紙に似せていますが，デザイン・サイズは異なります。

切り取り線

●記入上の注意（記述形式）
・指示事項を守り，文字は，はっきりと分かりやすく書いてください。
・太枠に囲まれた部分のみが採点の対象です。

4 ライティング解答欄

5

10

2021年度第3回　英検3級　解答用紙

【注意事項】
①解答にはHBの黒鉛筆(シャープペンシルも可)を使用し，解答を訂正する場合には消しゴムで完全に消してください。
②解答用紙は絶対に汚したり折り曲げたり，所定以外のところへの記入はしないでください。

③マーク例

これ以下の濃さのマークは読めません。

解　答　欄

問題番号	1	2	3	4
1	(1)	①	②	③	④
	(2)	①	②	③	④
	(3)	①	②	③	④
	(4)	①	②	③	④
	(5)	①	②	③	④
	(6)	①	②	③	④
	(7)	①	②	③	④
	(8)	①	②	③	④
	(9)	①	②	③	④
	(10)	①	②	③	④
	(11)	①	②	③	④
	(12)	①	②	③	④
	(13)	①	②	③	④
	(14)	①	②	③	④
	(15)	①	②	③	④

解　答　欄

問題番号	1	2	3	4
2	(16)	①	②	③	④
	(17)	①	②	③	④
	(18)	①	②	③	④
	(19)	①	②	③	④
	(20)	①	②	③	④
3	(21)	①	②	③	④
	(22)	①	②	③	④
	(23)	①	②	③	④
	(24)	①	②	③	④
	(25)	①	②	③	④
	(26)	①	②	③	④
	(27)	①	②	③	④
	(28)	①	②	③	④
	(29)	①	②	③	④
	(30)	①	②	③	④

※筆記4の解答欄はこの裏にあります。

リスニング解答欄

	問題番号	1	2	3	4
	例題	①	②	●	
第1部	No. 1	①	②	③	
	No. 2	①	②	③	
	No. 3	①	②	③	
	No. 4	①	②	③	
	No. 5	①	②	③	
	No. 6	①	②	③	
	No. 7	①	②	③	
	No. 8	①	②	③	
	No. 9	①	②	③	
	No. 10	①	②	③	
第2部	No. 11	①	②	③	④
	No. 12	①	②	③	④
	No. 13	①	②	③	④
	No. 14	①	②	③	④
	No. 15	①	②	③	④
	No. 16	①	②	③	④
	No. 17	①	②	③	④
	No. 18	①	②	③	④
	No. 19	①	②	③	④
	No. 20	①	②	③	④
第3部	No. 21	①	②	③	④
	No. 22	①	②	③	④
	No. 23	①	②	③	④
	No. 24	①	②	③	④
	No. 25	①	②	③	④
	No. 26	①	②	③	④
	No. 27	①	②	③	④
	No. 28	①	②	③	④
	No. 29	①	②	③	④
	No. 30	①	②	③	④

※実際の解答用紙に似せていますが，デザイン・サイズは異なります。

●記入上の注意（記述形式）
・指示事項を守り，文字は，はっきりと分かりやすく書いてください。
・太枠に囲まれた部分のみが採点の対象です。

4 ライティング解答欄

5

10

はじめに

実用英語技能検定（英検®）は，年間受験者数420万人（英検IBA，英検Jr.との総数）の小学生から社会人まで，幅広い層が受験する国内最大級の資格試験で，1963年の第1回検定からの累計では1億人を超える人々が受験しています。英検®は，コミュニケーションを行う上で重要となる思考力・判断力・表現力をはじめとして，今日求められている英語能力のあり方に基づいて，2024年度より1～3級の試験形式の一部をリニューアルする予定です。

この『全問題集シリーズ』は，英語を学ぶ皆さまを応援する気持ちを込めて刊行しました。本書は，2023年度第2回検定を含む6回分の過去問を，皆さまの理解が深まるよう，日本語訳や詳しい解説を加えて収録しています。また，次のページにリニューアルについてまとめていますので，問題に挑戦する前にご確認ください。さらに，「新形式のEメール問題ガイド」も収録していますので，ぜひお役立てください。

本書が皆さまの英検合格の足がかりとなり，さらには国際社会で活躍できるような生きた英語を身につけるきっかけとなることを願っています。

最後に，本書を刊行するにあたり，多大なご尽力をいただきました敬愛大学英語教育開発センター長・国際学部国際学科教授　向後秀明先生に深く感謝の意を表します。

2024年　春

英検 ③ 級の試験が変わります！

2024年度第1回検定より，英検3級の試験がリニューアルされます。新形式の英作文問題（ライティング）が追加されることが大きなポイントです。リスニングと二次試験（面接）には変更はありません。リニューアル前の試験形式と2024年度からの試験形式をまとめました。新試験の概要を把握し，対策を始めましょう。

リニューアル前の試験			2024年度からの試験		

筆記（50分）　　　　　　　　　　　筆記（65分）◀ 時間延長

大問1	短文の語句空所補充	15問	⇒	大問1	短文の語句空所補充	15問
大問2	会話文の文空所補充	5問	⇒	大問2	会話文の文空所補充	5問
大問3	長文の内容一致選択	10問	⇒	大問3	長文の内容一致選択	10問
大問4	英作文(意見論述問題)	1問	↘	大問4	英作文(Eメール問題)	1問	◀ 1問追加
				大問5	英作文(意見論述問題)	1問

〈変更点〉

筆記	➡ 筆記の試験時間が，50分から65分に延長されます。
	➡ 英作文に「Eメール」問題が追加されます。
リスニング	➡ 変更はありません。
面接	➡ 変更はありません。

※ 2023年12月現在の情報を掲載しています。

新形式の Eメール問題ガイド

- あなたは，外国人の友達（James）から以下のEメールを受け取りました。Eメールを読み，それに対する返信メールを，▭に英文で書きなさい。
- あなたが書く返信メールの中で，友達（James）からの2つの質問（下線部）に対応する内容を，あなた自身で自由に考えて答えなさい。
- あなたが書く返信メールの中で▭に書く英文の語数の目安は，15語～25語です。
- 解答欄の外に書かれたものは採点されません。
- 解答が友達（James）のEメールに対応していないと判断された場合は，0点と採点されることがあります。友達（James）のEメールの内容をよく読んでから答えてください。
- ▭の下のBest wishes, の後にあなたの名前を書く必要はありません。

Hi,

Thank you for your e-mail.
I heard that you went to your friend's birthday party. I want to know more about it. How many people were at the party? And how was the food?

Your friend,
James

Hi, James!

Thank you for your e-mail.

解答欄に記入しなさい。

Best wishes,

※英検公式サンプル問題は，公益財団法人 日本英語検定協会の発表によるものです。
出典：英検ウェブサイト

やあ,

Eメールをありがとう。
友だちの誕生日パーティーに行ったんだってね。そのことをもっと知りたいな。パーティーには何人いたの？ それと,料理はどうだった？

友より,
ジェームズ

こんにちは,ジェームズ！

Eメールをありがとう。
[解答欄に記入しなさい。]

それでは,

解答例

I went to Ken's birthday party last Saturday. There were six people there. The food was good, and we enjoyed eating different kinds of food.

解答例の訳

先週の土曜日,ケンの誕生日パーティーに行ったんだ。そこには6人いたよ。料理はおいしくて,ぼくたちはいろいろな種類の料理を食べて楽しんだよ。

1 Eメールの話題と2つの質問内容を正確に把握する。

　最初に，日本語で書かれた問題文から，友だちのJamesがあなたにEメールを送り，あなたはそのEメールに返信を書くという設定を確認する。次に，Eメールを読んで，その話題と2つの質問内容を把握する。

[話題] あなたが行った友だちの誕生日パーティー

[質問内容] ① 友だちの誕生日パーティーには何人いたか。

　　　　　　② 食べ物はどうだったか。

2 2つの質問に対する自分の答えを考える。

① How many people were at the party?

　質問の英語に合わせてSix people were at the party.としたり，There were 〜（複数名詞）「〜がいました」を使ってThere were six people there.としたりすることができる。

② And how was the food?

　How was 〜?「〜はどうでしたか」は，感想などを尋ねる表現。ここでは，友だちの誕生日パーティーで何を食べたか（例：We had [ate] 〜，We enjoyed eating 〜），味はどうだったか（例：The food was good [delicious].）などを答えればよい。

3 返信メールの構成を考えて解答を書く。

　仮にThere were six people. The food was good.とだけ書くと，2つの質問に答えてはいるが，8語しか使っていない。語数の目安は15語〜25語なので，この2つの答えを中心としつつ，内容をふくらませながら全体をどのような構成にするかを考える。解答例は25語で，次の構成になっている。

1文目：先週の土曜日，ケンの誕生日パーティーに行った。

2文目：誕生日パーティーには6人いた。

3文目：食べ物はおいしくて，いろいろな種類の料理を楽しんだ。

書いた英文を，次の観点からチェック！

☐ 内容…問題文の指示に不足なく答えられているか。

☐ 内容…受け取ったEメールに対する返信として適切な内容か。

☐ 語彙・文法…適切な語彙・文法を用いているか。

- あなたは，外国人の友達（Jessie）から以下のEメールを受け取りました。Eメールを読み，それに対する返信メールを，[＿＿＿＿]に英文で書きなさい。
- あなたが書く返信メールの中で，友達（Jessie）からの2つの質問（下線部）に対応する内容を，あなた自身で自由に考えて答えなさい。
- あなたが書く返信メールの中で[＿＿＿＿]に書く英文の語数の目安は，15語～25語です。
- 解答欄の外に書かれたものは採点されません。
- 解答が友達（Jessie）のEメールに対応していないと判断された場合は，0点と採点されることがあります。友達（Jessie）のEメールの内容をよく読んでから答えてください。
- [＿＿＿＿]の下のBest wishes, の後にあなたの名前を書く必要はありません。

Hi,

Thanks for your e-mail.
I heard that you moved to Los Angeles and started a new school there. Tell me more about it. How do you go to school every day? And what is your favorite class there?

Your friend,
Jessie

Hi, Jessie!

Thank you for your e-mail.

解答欄に記入しなさい。

Best wishes,

5

やあ，

Eメールをありがとう。
ロサンゼルスに引っ越して，そこで新しい学校に通い始めたんだってね。そのことを
もっと教えて。毎日どうやって学校へ行くの？　それと，学校で一番好きな授業は
何？

友より，
ジェシー

こんにちは，ジェシー！

Eメールをありがとう。
[解答欄に記入しなさい。]

それでは，

解答例

Yes, I'm in Los Angeles! My new school is far from my home, so I usually go by bus. My favorite class is math.

解答例の訳

　そう，私はロサンゼルスにいるの！　新しい学校は私の家から遠いので，普段はバスで行くわ。私の一番好きな授業は数学よ。

8

1 Eメールの話題と2つの質問内容を正確に把握する。

　最初に，日本語で書かれた問題文から，友だちのJessieがあなたにEメールを送り，あなたはそのEメールに返信を書くという設定を確認する。次に，Eメールを読んで，その話題と2つの質問内容を把握する。

［話題］あなたの引っ越し先であるロサンゼルスでの新しい学校生活
［質問内容］① 毎日どうやって学校へ行くか。
　　　　　　② 一番好きな授業は何か。

2 2つの質問に対する自分の答えを考える。

① How do you go to school every day?

　交通手段は〈by ＋交通機関〉で表すので，I (usually) go to school by bus [train / bike].や，I take the bus [train] (to go to school).のように答える。このほか，歩いていく場合はI walk to school., 車で送ってもらう場合はMy mother drives me to school.のように答えることもできる。

② And what is your favorite class there?

　your favorite class「あなたの一番好きな授業」が何かを尋ねているので，My favorite class is P.E.や，Math is my favorite class.のように答えればよい。

3 返信メールの構成を考えて解答を書く。

　語数の目安は15語〜25語なので，I go to school by bus. My favorite class is math.だけでは11語となり，分量が十分ではない。この2つの答えを中心としつつ，内容をふくらませながら全体をどのような構成にするかを考える。解答例は24語で，次の構成になっている。

1文目：今，自分はロサンゼルスにいる。
2文目：新しい学校は家から遠いので，普段はバスで行く。
3文目：一番好きな授業は数学だ。

書いた英文を，次の観点からチェック！

☐ 内容…問題文の指示に不足なく答えられているか。
☐ 内容…受け取ったEメールに対する返信として適切な内容か。
☐ 語彙・文法…適切な語彙・文法を用いているか。

もくじ

Contents

執　　筆：向後秀明（敬愛大学），Daniel Joyce
編集協力：株式会社 カルチャー・プロ，入江 泉
録　　音：ユニバ合同会社
デザイン：林 慎一郎（及川真咲デザイン事務所）
組版・データ作成協力：幸和印刷株式会社

本書の使い方

ここでは，本書の過去問および特典についての活用法の一例を紹介します。

一次試験対策

情報収集・傾向把握
- 2024年度から英検3級の試験が変わります！（p.2）
- 英検インフォメーション（p.18-21）
- 2023年度の傾向と攻略ポイント（p.22-24）

予想問題・過去問にチャレンジ
- 新形式のEメール問題ガイド（p.3-9）
- 2023年度第2回一次試験
- 2023年度第1回一次試験
- 2022年度第3回一次試験
- 2022年度第2回一次試験
- 2022年度第1回一次試験
- 2021年度第3回一次試験

※アプリ「学びの友」を利用して，自動採点（p.16）

二次試験対策

情報収集・傾向把握
- 二次試験・面接の流れ（p.17）
- 【Web特典】面接シミュレーション／面接模範例

過去問にチャレンジ
- 2023年度第2回二次試験
- 2023年度第1回二次試験
- 2022年度第3回二次試験
- 2022年度第2回二次試験
- 2022年度第1回二次試験
- 2021年度第3回二次試験

過去問の取り組み方

1セット目

【実力把握モード】
本番の試験と同じように，制限時間を設けて取り組みましょう。どの問題形式に時間がかかりすぎているか，正答率が低いかなど，今のあなたの実力を把握し，学習に生かしましょう。
アプリ「学びの友」の自動採点機能を活用して，答え合わせをスムーズに行いましょう。

2～5セット目

【学習モード】
制限時間をなくし，解けるまで取り組みましょう。
リスニングは音声を繰り返し聞いて解答を導き出してもかまいません。すべての問題に正解できるまで見直します。

6セット目

【仕上げモード】
試験直前の仕上げに利用しましょう。
時間を計って本番のつもりで取り組みます。
これまでに取り組んだ6セットの過去問で間違えた問題の解説を本番試験の前にもう一度見直しましょう。

※別冊の解答解説についている 正答率 ★75%以上 は，旺文社「英検®一次試験 解答速報サービス」において回答者の正答率が75%以上だった設問を示しています。ぜひ押さえておきたい問題なので，しっかり復習しておきましょう。

音声について

一次試験・リスニングと二次試験・面接の音声を聞くことができます。本書とともに使い，効果的なリスニング・面接対策をしましょう。

収録内容と特長

 一次試験・リスニング

本番の試験の音声を収録	➡	スピードをつかめる！
解答時間は本番通り10秒間	➡	解答時間に慣れる！
収録されている英文は，別冊解答に掲載	➡	聞き取れない箇所を確認できる！

 二次試験・面接（スピーキング）

実際の流れ通りに収録	➡	本番の雰囲気を味わえる！

・パッセージの黙読（試験通り20秒の黙読時間があります）
・パッセージの音読（Model Readingを収録しています）
・質問（練習用に10秒の解答時間）

各質問のModel Answerも収録	➡	模範解答が確認できる！
Model Answerは，別冊解答に掲載	➡	聞き取れない箇所を確認できる！

12

2つの方法で音声が聞けます！

① 公式アプリ「英語の友」(iOS/Android) でお手軽再生

リスニング力を強化する機能満載

再生速度変換
（0.5～2.0倍速）

お気に入り機能
（絞込み学習）

オフライン再生

バックグラウンド再生

試験日カウントダウン

[ご利用方法]　　　　　　　※画像はイメージです。

1 「英語の友」公式サイトより，アプリをインストール
https://eigonotomo.com/ 　[英語の友　🔍]
（右の2次元コードから読み込めます）

2 アプリ内のライブラリよりご購入いただいた書籍を選び，「追加」ボタンを押してください

3 パスワードを入力すると，音声がダウンロードできます
[パスワード：jayizh] ※すべて半角アルファベット小文字

※本アプリの機能の一部は有料ですが，本書の音声は無料でお聞きいただけます。
※詳しいご利用方法は「英語の友」公式サイト，あるいはアプリ内ヘルプをご参照ください。

② パソコンで音声データダウンロード（MP3）

［ご利用方法］

1 Web特典にアクセス　詳細は，p.15をご覧ください。

2 「一次試験［二次試験］音声データダウンロード」から
聞きたい検定の回を選択してダウンロード

※音声ファイルはzip形式にまとめられた形でダウンロードされます。
※音声の再生にはMP3を再生できる機器などが必要です。ご使用機器，音声再生ソフト等に関する技術的なご質問は，ハードメーカーもしくはソフトメーカーにお願いいたします。

CDをご希望の方は，別売「2024年度版英検3級過去6回全問題集CD」（本体価格1,500円＋税）をご利用ください。

持ち運びに便利な小冊子とCD3枚付き。※本書では，収録箇所を**CD 1 1 ～ 11**のように表示。

Web特典について

購入者限定の「Web特典」を，皆さんの英検合格にお役立てください。

ご利用 可能期間	2024年2月28日～2025年8月31日 ※本サービスは予告なく変更，終了することがあります。	
アクセス 方法	スマートフォン タブレット	右の2次元コードを読み込むと， パスワードなしでアクセスできます！
	PC スマートフォン タブレット 共通	1. Web特典（以下のURL）にアクセスします。 https://eiken.obunsha.co.jp/3q/ 2. 本書を選択し，以下のパスワードを入力します。 jayizh　※すべて半角アルファベット小文字

〈特典内容〉

(1) 解答用紙

本番にそっくりの解答用紙が印刷できるので，何度でも過去問にチャレンジすることができます。

(2) 音声データのダウンロード

一次試験リスニング・二次試験面接の音声データ（MP3）を無料でダウンロードできます。

※スマートフォン・タブレットの方は，アプリ「英語の友」（p.13）をご利用ください。

(3) 3級面接対策

【面接シミュレーション】入室から退室までの面接の流れが体験できます。本番の面接と同じ手順で練習ができるので，実際に声に出して練習してみましょう。

【面接模範例】入室から退室までの模範応答例を見ることができます。各チェックポイントで，受験上の注意点やアドバイスを確認しておきましょう。

【問題カード】面接シミュレーションで使用している問題カードです。印刷して，実際の面接の練習に使ってください。

自動採点アプリ「学びの友」の利用方法

本書の問題は，採点・見直し学習アプリ「学びの友」でカンタンに自動採点することができます。

ご利用可能期間	**2024年2月28日〜2025年8月31日** ※本サービスは予告なく変更，終了することがあります。 ※ご利用可能期間内にアプリ内で「追加」していた場合は，期間終了後も引き続きお使いいただけます。
アクセス方法	「学びの友」公式サイトにアクセス **https://manatomo.obunsha.co.jp/** （右の2次元コードからもアクセスできます）　[学びの友　🔍]

※iOS／Android端末，Webブラウザよりご利用いただけます。
※アプリの動作環境については，「学びの友」公式サイトをご参照ください。なお，本アプリは無料でご利用いただけます。
※詳しいご利用方法は「学びの友」公式サイト，あるいはアプリ内ヘルプをご参照ください。

［ご利用方法］

① アプリを起動後，「旺文社まなびID」に会員登録してください
　会員登録は無料です。

② アプリ内の「書籍を追加する」よりご購入いただいた書籍を選び，「追加」ボタンを押してください

③ パスワードを入力し，コンテンツをダウンロードしてください
　［パスワード：jayizh］　※すべて半角アルファベット小文字

④ 学習したい検定回を選択してマークシートを開き，学習を開始します
　マークシートを開くと同時にタイマーが動き出します。
　問題番号の下には，書籍内掲載ページが表示されています。
　問題番号の左側の□に「チェック」を入れることができます。

⑤ リスニングテストの音声は，問題番号の横にある再生ボタンをタップ
　一度再生ボタンを押したら，最後の問題まで自動的に進みます。

⑥ リスニングテストが終了したら，画面右上「採点する」を押して答え合わせをします

［採点結果の見方］

結果画面では，正答率や合格ラインとの距離，間違えた問題の確認ができます。

二次試験・面接の流れ

(1) 入室とあいさつ

係員の指示に従い，面接室に入ります。あいさつをしてから，面接委員に面接カードを手渡し，指示に従って，着席しましょう。

(2) 氏名と受験級の確認

面接委員があなたの氏名と受験する級の確認をします。その後，簡単なあいさつをしてから試験開始です。

(3) 問題カードの黙読

英文とイラストが印刷された問題カードを手渡されます。まず，英文を20秒で黙読するよう指示されます。英文の分量は30語程度です。

※問題カードには複数の種類があり，面接委員によっていずれか1枚が手渡されます。本書では英検協会から提供を受けたもののみ掲載しています。

(4) 問題カードの音読

英文の音読をするように指示されるので，タイトルから読みましょう。時間制限はないので，意味のまとまりごとにポーズをとり，焦らずにゆっくりと読みましょう。

(5) 5つの質問

音読の後，面接委員の5つの質問に答えます。No.1～3は問題カードの英文とイラストについての質問です。No.4・5は受験者自身についての質問です。No.3の質問の後，カードを裏返すように指示されるので，No.4・5は面接委員を見ながら話しましょう。

(6) カード返却と退室

試験が終了したら，問題カードを面接委員に返却し，あいさつをして退室しましょう。

17

英検®Information インフォメーション

出典：英検ウェブサイト

> ## 英検3級について

3級では，「身近な英語を理解し，また使用できる」ことが求められます。
入試や単位認定などに幅広く活用されています。
目安としては「中学卒業程度」です。

試験内容

一次試験 筆記・リスニング

主な場面・状況	家庭・学校・地域（各種店舗・公共施設を含む）・電話・アナウンスなど
主な話題	家族・友達・学校・趣味・旅行・買い物・スポーツ・映画・音楽・食事・天気・道案内・自己紹介・休日の予定・近況報告・海外の文化・人物紹介・歴史など

✎ 筆記試験 ⊘ 65分 時間延長

問題	形式・課題詳細	問題数	満点スコア
1	短文の空所に文脈に合う適切な語句を補う。	15問	550
2	会話文の空所に適切な文や語句を補う。	5問	
3	パッセージ（長文）の内容に関する質問に答える。	10問	
4	与えられたEメールに対する返信メールを書く。（15〜25語）NEW	1問	550
5	質問に対して自分の考えとその裏付けとなる理由を書く。（25〜35語）	1問	

◀» リスニング ⊘ 約25分

問題	形式・課題詳細	問題数	満点スコア
第1部	会話の最後の発話に対する応答として最も適切なものを補う。（放送回数1回，補助イラスト付き）	10問	550
第2部	会話の内容に関する質問に答える。（放送回数2回）	10問	
第3部	短いパッセージの内容に関する質問に答える。（放送回数2回）	10問	

2024年度から英検3級が変わる！

1 筆記試験の時間が延長されます。

試験時間が，50分から65分になります。

2 英作文問題が1問から2問に増えます。

既存の「意見論述」の問題に加え，「Eメール問題」が出題されます。与えられたEメールに対する返信メールを英語で書きます。語数の目安は15〜25語です。

※Eメール問題の詳細は，「新形式のEメール問題ガイド」（p.3〜）をご参照ください。

二次試験 面接形式のスピーキングテスト

主な場面・題材	身近なことに関する話題
過去の出題例	携帯電話・ラジオを聴く・読書週間・冬のスポーツ・朝市・四季など

💬 スピーキング ⏱ 約5分

問題	形式・課題詳細	満点スコア
音読	30語程度のパッセージを読む。	
No.1	音読したパッセージの内容についての質問に答える。	
No.2 No.3	イラスト中の人物の行動や物の状況を描写する。	550
No.4 No.5	日常生活の身近な事柄についての質問に答える。（カードのトピックに直接関連しない内容も含む）	

統計的に算出される英検CSEスコアに基づいて合否判定されます。Reading, Writing, Listening, Speakingの4技能が均等に評価され, 合格基準スコアは固定されています。

≫ 技能別にスコアが算出される!

技能	試験形式	満点スコア	合格基準スコア
Reading（読む）	一次試験（筆記1〜3）	550	1103
Writing（書く）	一次試験（筆記4〜5）	550	
Listening（聞く）	一次試験（リスニング）	550	
Speaking（話す）	二次試験（面接）	550	353

●一次試験の合否は, Reading, Writing, Listeningの技能別にスコアが算出され, それを合算して判定されます。
●二次試験の合否は, Speakingのみで判定されます。

≫ 合格するためには, 技能のバランスが重要!

英検CSEスコアでは, 技能ごとに問題数は異なりますが, スコアを均等に配分しているため, 各技能のバランスが重要となります。なお, 正答数の目安を提示することはできませんが, 2016年度第1回一次試験では, 1級, 準1級は各技能での正答率が7割程度, 2級以下は各技能6割程度の正答率の受験者の多くが合格されています。

≫ 英検CSEスコアは国際標準規格CEFRにも対応している!

CEFRとは, Common European Framework of Reference for Languagesの略。語学のコミュニケーション能力別のレベルを示す国際標準規格。欧米で幅広く導入され, 6つのレベルが設定されています。
4技能の英検CSEスコアの合計「4技能総合スコア」と級ごとのCEFR算出範囲に基づいた「4技能総合CEFR」が成績表に表示されます。また, 技能別の「CEFRレベル」も表示されます。

CEFR	英検CSE スコア	実用英語技能検定　各級の合格基準スコア					
C2	4000 〜 3300	■CEFR算出範囲			B2扱い	C1扱い	1級 満点3400
C1	3299 〜 2600			2級 満点2600	準1級 満点3000		合格スコア 2630　3299
B2	2599 〜 2300		準2級 満点2400	B1扱い	合格スコア 2304	2599	
B1	2299 〜 1950	3級 満点2200	A2扱い	合格スコア 1980	2299	1980	
A2	1949 〜 1700	A1扱い	合格スコア 1728	1949	1728		
A1	1699 〜 1400	合格スコア 1456	1699 1400	1400	CEFR 算出範囲外	CEFR 算出範囲外	CEFR 算出範囲外
	1399 〜 0	CEFR 算出範囲外	CEFR 算出範囲外				

※ 4級・5級は4技能を測定していないため「4技能総合CEFR」の対象外。
※ 詳しくは英検ウェブサイトをご覧ください。

英検®の種類

英検には，実施方式の異なる複数の試験があります。従来型の英検とその他の英検の問題形式，難易度，級認定，合格証明書発行，英検CSEスコア取得等はすべて同じです。

英検®（従来型）

紙の問題冊子を見て解答用紙に解答。二次試験を受験するためには，一次試験に合格する必要があります。

英検 S-CBT

コンピュータを使って受験。1日で4技能を受験することができ，原則，毎週土日に実施されています（級や地域により毎週実施でない場合があります）。

英検 S-Interview

点字や吃音等，CBT方式では対応が難しい受験上の配慮が必要な方のみが受験可能。

※受験する級によって選択できる方式が異なります。各方式の詳細および最新情報は英検ウェブサイト（https://www.eiken.or.jp/eiken/）をご確認ください。

英検®（従来型）受験情報

※「従来型・本会場」以外の実施方式については，試験日程・申込方法が異なりますので，英検ウェブサイトをご覧ください。
※受験情報は変更になる場合があります。

◉ 2024年度 試験日程

	第1回	第2回	第3回
申込受付	3月15日▶5月8日	7月1日▶9月9日	11月1日▶12月16日
一次試験	6月2日(日)	10月6日(日)	1月26日(日) 2025年
二次試験	A 7月7日(日)	A 11月10日(日)	A 3月2日(日) 2025年
	B 7月14日(日)	B 11月17日(日)	B 3月9日(日) 2025年

※上記の申込期間はクレジット支払いの場合。支払い・申し込みの方法によって締切日が異なるのでご注意ください。
※一次試験は上記以外の日程でも準会場で受験できる可能性があります。
※二次試験にはA日程，B日程があり，年齢などの条件により指定されます。
※詳しくは英検ウェブサイトをご覧ください。

◉ 申込方法

団体受験	学校や塾などで申し込みをする団体受験もあります。詳しくは先生にお尋ねください。
個人受験	インターネット申込・コンビニ申込・英検特約書店申込のいずれかの方法で申し込みができます。詳しくは英検ウェブサイトをご覧ください。

お問い合わせ先

英検サービスセンター

TEL. 03-3266-8311

㊊〜㊎ 9：30 〜 17：00
（祝日・年末年始を除く）

英検ウェブサイト

www.eiken.or.jp/eiken/

詳しい試験情報を見たり，入試等で英検を活用している学校を検索したりすることができます。

2023年度の傾向と攻略ポイント

英検 3 級は 2024 年度第 1 回検定から試験形式が一部変わります。ここでは，旧試験である 2023 年度第 1 回検定と第 2 回検定の分析をまとめています。あらかじめご了承ください。

 一次試験　筆記 (50分)

1 短文の語句空所補充

短文または会話文中の空所に適切な語（句）を補う。

問題数 **15** 問
めやす **10** 分

傾向

単語 7 問で，名詞 (garbage, wallet, advice など)，動詞 (sound, exercise, hurt など)，形容詞 (wet, silent, dirty など)，前置詞 (without) が出題された。

熟語 5 問で，far from 〜, at first, come true, the same as 〜, a couple of 〜, do *one's* best, first of all, for a while などが出題された。

文法 3 問で，付加疑問文 (〜, didn't you?)，形容詞の比較級 (louder, taller)，現在完了形 (has already gone)，動名詞 (enjoy 〜ing) などが出題された。

攻略ポイント 単語は，問題文の意味をできるだけ正確に把握し，空所にどのような語が入れば意味が通じるかを考える。熟語は，特に空所前後にある語句とのつながりに注意する。文法は，文の意味や空所前後の語句との関係などから正しい語や形を判断する。

2 会話文の文空所補充

会話文中の空所に適切な文または文の一部を補う。

問題数 **5** 問
めやす **5** 分

傾向 A-B または A-B-A の会話文。解答のポイントとして，提案をする Let's 〜「〜しましょう」，禁止の命令文 Don't 〜「〜してはいけません」，相手の発話に対して同じことを返答する Same to you.「あなたもね」，申し出をする Shall I 〜?「(自分が)〜しましょうか」などの表現が含まれていた。

攻略ポイント 会話文全体の流れをつかむとともに，特に空所の前後でどのような発話がされているかをよく確認する。この問題では，自分が空所を含む方の話者になったつもりで会話文を読み，どのように応答すれば話が自然につながるかを考えてみよう。

3 長文の内容一致選択

[A] [B] [C] 3 種類の英文を読んで内容に関する質問に答える。

問題数 **10** 問
めやす **20** 分

傾向 [A] は掲示・案内で，中学校の美術クラブが主催する撮影旅行への参加者募集，中学校のバスケットボールチームの試合に関する案内。[B] は E メールで，クラス旅

行についてのやり取り，大学へ進学する弟のためのパーティーについてのやり取り。
[C] は長文で，ファッションデザイナーで洋裁師でもあったアン・ロウに関する英文，多くの料理に使われる香辛料のサフランに関する英文が出題された。

攻略ポイント
[A] の掲示・案内は，質問で問われている情報を質問中の表現に注目して探し出す。
[B] のEメールと [C] の長文では，最初に質問を読んで読解のポイントを絞る。英文の各段落の概要を把握しながら，質問に関係する部分はていねいに読む。

---

4 英作文（ライティング）
英語で与えられた QUESTION について，自分の考えとその理由2つを25語～35語の英文で書く。

問題数 **1問**
めやす **15分**

傾向
日常生活に関する身近な話題について QUESTION が出され，自分の考えと，その理由2つを25語～35語程度の英文で書く。話題として，「自分にとって最もわくわくするスポーツは何か」，「将来，外国で働きたいか」が出題された。

攻略ポイント
QUESTION を正確に理解し，問われていることに対応した内容を，〔自分の考え〕→〔理由1〕→〔理由2〕という構成で書く。各理由が自分の考えを具体的に説明する内容になっているか，使用している単語・表現・文法が適切か，さらに分量が25語～35語になっているかなどに注意する。

🔊 **一次試験　リスニング（約25分）**

第 **1** 部 **会話の応答文選択**
イラストを参考に，会話の最後の発話に対する応答として適切なものを選ぶ。放送は1回。

問題数 **10問**

第 **2** 部 **会話の内容一致選択**
A–B–A–Bの会話の内容に関する質問に答える。放送は2回。

問題数 **10問**

第 **3** 部 **文の内容一致選択**
35語前後の英文の内容に関する質問に答える。放送は2回。

問題数 **10問**

傾向
第1部と第2部では，友だち同士，家族，職場の同僚，客と店員の会話などが出題された。第3部では，学校へ行く交通手段，授業のレポート作成，好きな時間の過ごし方，今日の予定，今週の天気，映画祭で見た映画，昼食時に話したこと，夕食に作った食べ物などが話題の英文に加え，博物館や動物園での案内も出題された。

攻略ポイント
第1部ではイラストから状況を把握し，どの選択肢が最後の発話に対応しているかを考える。第2部，第3部では選択肢を放送前に見て手がかりを得ておく。1回目の放送で話題・概要と質問を理解し，2回目は質問に関係する部分に注意して聞く。

二次試験　面接（約5分）

英文（パッセージ）とイラストの付いたカードが渡される。20秒の黙読の後，英文の音読をするよう指示される。それから，5つの質問がされる。

No. 1 問題カードにある英文の内容に関する質問。質問の主語を代名詞に置き換えて文を始めるとともに，質問に関係のない部分まで答えてしまわないように気をつける。

No. 2, 3 イラストについて，現在の動作（What is 〜 doing?），これからの動作（What is 〜 going to do?），数（How many 〜?），場所（Where is [are] 〜?）などが問われる。

No. 4, 5 受験者自身に関する質問。No. 4 では，普段の寝る時間や平日の起床時間などが問われた。No. 5 の質問は 2 つで，最初の質問には Yes / No で答えることが多い。2 番目の質問は，Yes の場合は Please tell me more. や Why? など，No の場合は Why not? のほか，最初の質問とは違う話題を聞かれることも多い。

2023-2

一次試験 2023.10.8 実施
二次試験 A日程 2023.11. 5 実施
　　　　 B日程 2023.11.12 実施

Grade 3

試験時間

筆記：50分
リスニング：約25分

＊解答・解説は別冊p.5〜40にあります。
＊面接の流れは本書p.17にあります。

筆 記

1 次の (1) から (15) までの (　　) に入れるのに最も適切なものを 1, 2, 3, 4 の中から一つ選び, その番号のマーク欄をぬりつぶしなさい。

(1) **A:** Thanks for lending me this book. I really enjoyed it.
B: You can (　　) it if you like.
1 win　　　　**2** wait　　　　**3** rise　　　　**4** keep

(2) I played soccer in the rain today, so my uniform is really (　　) now.
1 new　　　　**2** dirty　　　　**3** long　　　　**4** quick

(3) **A:** I hear you run five kilometers every morning.
B: That's not (　　). I usually only run three kilometers.
1 warm　　　　**2** true　　　　**3** ready　　　　**4** fast

(4) Before I went to Japan last month, I got some good (　　) from my father. He told me to learn some simple Japanese words before my trip.
1 sky　　　　**2** meaning　　**3** advice　　　**4** time

(5) It was snowing today, but Linda went out (　　) wearing warm gloves. Her hands became very cold.
1 without　　**2** among　　　**3** through　　**4** between

(6) **A:** Are you OK, Jim?
B: My finger (　　). I'm going to see the school nurse.
1 shouts　　**2** laughs　　　**3** knows　　　**4** hurts

(7) Paul (　　) nine friends to his birthday party, but only six came. The other three were too busy.
1 invited　　**2** introduced　**3** met　　　　**4** felt

(8) *A:* How often do you go skiing?

　B: A (　　　) of times a year.　I usually go once in Niigata and once in Nagano.

　1 hobby　　　**2** couple　　　**3** fact　　　**4** group

(9) *A:* How was Lucy's swimming race today?

　B: She didn't win, but she did her (　　　).　I'm proud of her.

　1 just　　　**2** next　　　**3** first　　　**4** best

(10) *A:* We need to clean our house before tonight's dinner party.

　B: Yeah.　(　　　) of all, let's clean the living room.　Then we can clean the kitchen and bathroom after that.

　1 Right　　　**2** Straight　　　**3** Next　　　**4** First

(11) Yuko's father can speak a little Spanish.　He lived in Spain for a (　　　) when he was a child.

　1 matter　　　**2** while　　　**3** chance　　　**4** future

(12) Scott was only in Boston for one day, but he had time to look (　　　) a famous art museum.　He saw many beautiful paintings there.

　1 around　　　**2** against　　　**3** away　　　**4** like

(13) *A:* Is that building (　　　) than Tokyo Tower?

　B: I think so.

　1 tallest　　　**2** tall　　　**3** taller　　　**4** too tall

(14) *A:* Is Peter coming to the 5:00 p.m. meeting?

　B: No.　He has already (　　　) home.　He said he wasn't feeling well.

　1 to go　　　**2** went　　　**3** go　　　**4** gone

(15) Yuriko has two brothers.　She enjoys (　　　) video games with them every weekend.

　1 played　　　**2** playing　　　**3** plays　　　**4** play

(16) ***Boy:*** I'm going swimming this weekend. Do you want to come with me?

　　　Girl: Sorry, I'm really busy. (　　)

　　　1 About one hour by train.

　　　2 Five times a week.

　　　3 Just once.

　　　4 Maybe some other time.

(17) ***Boy1:*** Merry Christmas! Have a nice winter vacation.

　　　Boy2: (　　) Mike. See you next year.

　　　1 That's OK,　　　　　　　　**2** He will,

　　　3 Just a minute,　　　　　　**4** Same to you,

(18) 　***Son:*** It's getting dark. (　　)

　　　Mother: Yes, please. And close the curtains, too.

　　　1 Can we go home soon?

　　　2 Are you watching TV?

　　　3 Shall I turn on the light?

　　　4 Would you like some breakfast?

(19) ***Mother:*** How do you like your Chinese history class, Bobby?

　　　　Son: It's really interesting. (　　)

　　　1 I hope you do.

　　　2 I want to take a class.

　　　3 I'm learning a lot.

　　　4 I'm glad you like it.

(20) 　***Father:*** Lucy, don't run across the street. (　　)

　　　Daughter: Don't worry, Dad. I won't.

　　　1 It's dangerous.

　　　2 It's time to go.

　　　3 It's for you.

　　　4 It's over there.

（筆記試験の問題は次のページに続きます。）

3[A]

次の掲示の内容に関して，(21) と (22) の質問に対する答えとして最も適切な
もの，または文を完成させるのに最も適切なものを 1, 2, 3, 4 の中から一つ選
び，その番号のマーク欄をぬりつぶしなさい。

This Saturday's Basketball Game

Brownsville Junior High School's basketball team will have a big
game this weekend. We want all students to come!

Place: Springfield Junior High School's gym
Please ask your parents to take you to Springfield Junior High
School. It's far away, so they will have to drive there. They can
put their car in the parking lot near the school. Then you have
to walk five minutes from there to the front gate.

Time: 7:00 p.m.–8:30 p.m.
The game starts at 7:00 p.m., but please arrive before 6:30 p.m.
The doors of the school will be closed until 6:00 p.m.

Let's have fun!

(21) If students want to watch the game, they should go

    1 on foot from the parking lot to the front gate.
    2 by car to Brownsville Junior High School's gym.
    3 by bike to Springfield Junior High School.
    4 by train to Springfield.

(22) When will the school doors open on Saturday?

    1 At 6:00 p.m.
    2 At 6:30 p.m.
    3 At 7:00 p.m.
    4 At 8:30 p.m.

From: Kathy Ramirez
To: Alison Ramirez
Date: April 3
Subject: Party for Mark

Hey Alison,
Guess what? Mark is going to go to Hillside University to study for four years! I can't believe our younger brother will go to such a good university. I was so surprised when I heard that news, but I know he studied hard and did well in high school. He says he's going to study science. I'm planning a party for him this Saturday at Mom and Dad's house. I'll ask some of his friends to come, too. Can you help me to get ready for the party? It'll start at 4:00 p.m., so I want you to arrive by 3:00 p.m. to clean our parents' house with me. Of course, Mom and Dad will help, too. Also, could you make curry and rice and bring it to the party? It's Mark's favorite food, and he thinks your cooking is delicious.
Your sister,
Kathy

From: Alison Ramirez
To: Kathy Ramirez
Date: April 3
Subject: Great news!

Hi Kathy,
That's great news! I can't believe Mark will go to university soon! He really wanted to go to a good university, so I'm sure he is very happy. I can help you to prepare for the party on Saturday. I have a singing lesson from 10:00 a.m. until 11:30 a.m. After that, I'll go to the supermarket and buy meat and vegetables, and then I'll make curry and rice at my house. I'll arrive at Mom and Dad's house at

2:30 p.m. Then I can help you to clean the house.
See you on Saturday,
Alison

(23) Why was Kathy surprised?

    1 Her brother didn't do well in high school.
    2 Her brother will go to Hillside University.
    3 Her brother said he didn't like science.
    4 Her brother will go to a different high school.

(24) Kathy wants Alison to

    1 call Mark's friends.
    2 make some food for the party.
    3 tell their parents about Kathy's plan.
    4 find a place to have the party.

(25) What will Alison do after her singing lesson?

    1 She will eat curry and rice at a restaurant.
    2 She will clean her house.
    3 She will pick up Mark from school.
    4 She will go shopping at the supermarket.

次の英文の内容に関して，(26) から (30) までの質問に対する答えとして最も適切なもの，または文を完成させるのに最も適切なものを 1, 2, 3, 4 の中から一つ選び，その番号のマーク欄をぬりつぶしなさい。

Saffron

Saffron is a spice* that is used for cooking in many countries around the world. It is made from small parts of a flower called a crocus. These parts are red, but food cooked with saffron is yellow. Many people think the taste is strong and delicious. Saffron is used to cook many kinds of food, such as rice, meat, and soup.

People in parts of Asia have used saffron when they cook for a long time. It has also been popular for hundreds of years in parts of southern Europe. Later, people in other places started using it, too. Many people used saffron for cooking, but some people used it for other things. It was given to sick people to help them to feel better, and people also used it to dye* clothes.

Making saffron isn't easy. Usually, more than 150 crocus flowers must be collected to make one gram* of saffron. The flowers only grow for a few months in fall and winter. The flowers are weak, so people have to collect them with their hands. This takes a long time, so many people are needed to collect them. Also, the flowers should be collected early in the morning before the sun damages* them.

For these reasons, saffron is expensive. It is the most expensive spice in the world. In the past, it was more expensive than gold. However, people don't need to use much of it when they cook because of its strong taste. Because of that, many people still buy saffron to use at home.

*spice：香辛料
*dye：～を染める
*gram：グラム
*damage：～を傷つける

(26) What is saffron made from?

   1 Meat.
   2 Rice.
   3 Parts of a flower.
   4 A yellow vegetable.

(27) What has been popular with people in parts of southern Europe for a long time?

   1 Using saffron in their meals.
   2 Wearing yellow clothes when they are sick.
   3 Washing clothes with saffron.
   4 Visiting doctors in Asia.

(28) What do people need to do when they collect crocus flowers?

   1 Use their hands.
   2 Start when it is hot outside.
   3 Use an old machine.
   4 Start early in the afternoon.

(29) People don't use a lot of saffron when they cook because

   1 it makes most people sick.
   2 red isn't a popular color.
   3 it is difficult to buy.
   4 it has a strong taste.

(30) What is this story about?

   1 A spice that people don't eat anymore.
   2 A new way to grow many kinds of flowers.
   3 A popular spice that is used in many dishes.
   4 A place that is famous for flowers.

4
- あなたは，外国人の友達から以下のQUESTIONをされました。
- QUESTIONについて，あなたの考えとその理由を2つ英文で書きなさい。
- 語数の目安は25語〜35語です。
- 解答は，解答用紙のＢ面にあるライティング解答欄に書きなさい。なお，解答欄の外に書かれたものは採点されません。
- 解答がQUESTIONに対応していないと判断された場合は，0点と採点されることがあります。QUESTIONをよく読んでから答えてください。

QUESTION
Do you want to work in a foreign country in the future?

（リスニングテストは次のページにあります。）

リスニング

３級リスニングテストについて

1　このテストには，第1部から第3部まであります。
　☆英文は第1部では一度だけ，第2部と第3部では二度，放送されます。
　第1部：イラストを参考にしながら対話と応答を聞き，最も適切な応答を 1, 2, 3 の中から一つ選びなさい。
　第2部：対話と質問を聞き，その答えとして最も適切なものを 1, 2, 3, 4 の中から一つ選びなさい。
　第3部：英文と質問を聞き，その答えとして最も適切なものを 1, 2, 3, 4 の中から一つ選びなさい。

2　No. 30 のあと，10 秒すると試験終了の合図がありますので，筆記用具を置いてください。

▒▒▒▒ 第1部 ▒▒▒▒▒▒▒▒▒▒▒▒▒▒▒▒　🔊 ▶MP3 ▶アプリ ▶CD1 **1**～**11**

〔例題〕

No. 1

No. 2

No. 3

No. 4

No. 5

No. 6

No. 7

No. 8

No. 9

No. 10

No. 11

1 He forgot to buy a present.
2 His mother caught a cold.
3 Mike can't come to his party.
4 No one liked his birthday cake.

No. 12

1 At 1:00.
2 At 2:30.
3 At 3:00.
4 At 3:30.

No. 13

1 Her brother.
2 Her aunt.
3 Tom.
4 Tom's cousin.

No. 14

1 Go out to play.
2 Cook his dinner.
3 Help his mother.
4 Eat some dessert.

No. 15

1 Start work late.
2 Leave work early.
3 Look after his son.
4 See his doctor.

No. 16

1 Two.
2 Three.
3 Four.
4 Five.

No. 17	1 He doesn't have his pen now.
	2 He lost his bag.
	3 He broke his desk.
	4 His textbook is at home.
No. 18	1 The boy.
	2 The girl.
	3 The boy's mother.
	4 The girl's mother.
No. 19	1 In one day.
	2 In two days.
	3 In three days.
	4 In four days.
No. 20	1 5.
	2 10.
	3 12.
	4 15.

No. 21
1 Become a professional golfer.
2 Join the swimming team.
3 Teach sports to children.
4 Work at a university.

No. 22
1 On Tuesday.
2 On Wednesday.
3 On Thursday.
4 On Friday.

No. 23
1 George.
2 George's mother.
3 George's sister.
4 George's father.

No. 24
1 The horror movie.
2 The action movie.
3 The musical.
4 The comedy.

No. 25
1 Learn how to sing.
2 Become a music teacher.
3 Sell his piano.
4 Join a band.

No. 26
1 Her favorite museum.
2 Her basketball coach.
3 Her field trip.
4 Her math teacher.

No. 27	1 Meet him at the store.
	2 Cut some fruit.
	3 Buy some tea.
	4 Call his doctor.
No. 28	1 Some soup.
	2 Some rice.
	3 Some salad.
	4 An apple pie.
No. 29	1 At a zoo.
	2 At a school.
	3 At a concert.
	4 At a bookstore.
No. 30	1 To study for a test.
	2 To get some rest.
	3 To take care of her mother.
	4 To prepare for a tournament.

面　接

Baseball Caps

Baseball caps are popular in Japan.　Baseball fans often wear them at stadiums when they watch their favorite teams.　Some people worry about strong sunlight, so they wear baseball caps on hot summer days.

Questions

No. 1   Please look at the passage. Why do some people wear baseball caps on hot summer days?

No. 2   Please look at the picture. How many people are sitting under the tree?

No. 3   Please look at the girl with long hair. What is she going to do?

Now, Mr. / Ms. ——, please turn the card over.

No. 4   What time do you usually go to bed?

No. 5   Have you ever been to a zoo?
             Yes. → Please tell me more.
             No. → What do you like to do in winter?

Flower Shops

There are many flower shops in Japan. They sell different types of colorful flowers. Many people like to keep beautiful flowers in their homes, so they go shopping for flowers each season.

Questions

No. 1   Please look at the passage. Why do many people go shopping for flowers each season?

No. 2   Please look at the picture. Where is the cat?

No. 3   Please look at the woman with long hair. What is she going to do?

Now, Mr. / Ms. ——, please turn the card over.

No. 4   What time do you usually get up on weekdays?

No. 5   Are you a student?
        Yes. → Please tell me more.
        No. → What are you going to do this evening?

2023-1

一次試験 2023.6.4実施
二次試験 A日程 2023.7.2実施
　　　　 B日程 2023.7.9実施

Grade 3

試験時間

筆記：50分
リスニング：約25分

＊解答・解説は別冊p.41〜76にあります。
＊面接の流れは本書p.17にあります。

1 次の (1) から (15) までの (　) に入れるのに最も適切なものを 1, 2, 3, 4 の中から一つ選び, その番号のマーク欄をぬりつぶしなさい。

(1) **A:** Mom, I think this bread is old.
B: I agree. Please throw it in the (　).
1 future **2** garbage **3** lesson **4** north

(2) The Internet has a lot of useful (　), so people often use it to learn about places before they travel abroad.
1 breakfast **2** police **3** information **4** smell

(3) **A:** I'm going to do some volunteer work at a farm this weekend.
B: That (　) interesting.
1 sounds **2** hopes **3** explains **4** grows

(4) Harry forgot to take his umbrella this morning. It rained hard, so he was (　) when he got to school.
1 light **2** narrow **3** deep **4** wet

(5) **A:** How often do you (　), Grandpa?
B: Every day. I walk my dog for one hour every morning.
1 introduce **2** exercise **3** happen **4** keep

(6) All of the people became (　) when the popular singer began her concert. They enjoyed listening to her songs.
1 fast **2** low **3** silent **4** expensive

(7) **A:** Mom, have you seen my (　)? I'm going shopping.
B: I saw it on the kitchen table.
1 garden **2** museum **3** wallet **4** gym

(8) *A:* Excuse me, where is the library?
   B: It's not far (   ) here. Just walk two minutes that way.
   1 through   **2** from   **3** across   **4** over

(9) At (   ), the boys and girls couldn't sing well together.
   But after practicing hard for one month, they sang beautifully.
   1 stick   **2** minute   **3** time   **4** first

(10) *A:* Why did you like that movie, Karen?
   B: Well, the young girl's dream (   ) true. She became a
   famous singer.
   1 came   **2** grew   **3** had   **4** went

(11) Takahiro (   ) some mistakes during his English speech,
   but his parents were still very proud of him.
   1 did   **2** bought   **3** made   **4** spent

(12) *A:* I love your new bike.
   B: Thanks. It's the same (   ) my brother's.
   1 as   **2** for   **3** by   **4** with

(13) *A:* You already had breakfast this morning, (   ) you?
   B: Yes, Mom. I'm going to my piano lesson now.
   1 doesn't   **2** didn't   **3** aren't   **4** couldn't

(14) *A:* Can you speak (   )? I can't hear you very well.
   B: Of course, Grandma.
   1 loudest   **2** more loud   **3** most loud   **4** louder

(15) *A:* Have you called Henry yet?
   B: It's seven, so it's too early (   ) him. I'll call him at
   eight.
   1 call   **2** called   **3** to call   **4** calls

次の (16) から (20) までの会話について, (　　　　) に入れるのに最も適切なもの
を 1, 2, 3, 4 の中から一つ選び, その番号のマーク欄をぬりつぶしなさい。

(16) *Son:* Those cookies look delicious. When did you make them?
Mother: This afternoon. (　　)
Son: Yes, please!
1 Did your friends like them?
2 How many did you have?
3 Do you have enough time?
4 Would you like to try one?

(17) *Girl 1:* How long have we run for?
Girl 2: Fifty minutes. (　　) I'm getting tired.
Girl 1: Good idea.
1 I like your running shoes.
2 I didn't bring my watch.
3 Let's walk for a while.
4 I started four years ago.

(18) *Mother:* Dan, you have a piano lesson at five today. (　　)
Son: I won't, Mom. I'll be there on time.
1 Don't be late.
2 Don't go there.
3 Stop practicing the piano.
4 Say hello to the teacher for me.

(19) *Husband:* Is there a post office near here?
Wife: (　　) Let's ask that police officer.
1 Be careful.　　　　　　　2 I'm not sure.
3 I have some stamps.　　　4 You can't do that.

(20) *Man:* Sarah, do you know how to use this coffee machine?
Woman: (　　) You just need to push that button.
1 No, thanks.　　　　　　　2 It's over there.
3 It's easy.　　　　　　　　4 With sugar, please.

（筆記試験の問題は次のページに続きます。）

3[A]

次の掲示の内容に関して，(21) と (22) の質問に対する答えとして最も適切な
もの，または文を完成させるのに最も適切なものを 1, 2, 3, 4 の中から一つ選
び，その番号のマーク欄をぬりつぶしなさい。

Take Photos on the Art Club Trip!

On May 10, the Bloomville Junior High School Art Club will go on a trip to Rabbit River. Any student can come! You can borrow a camera from the club on that day and take beautiful photos of the area.

If you want to come, you have to talk to Mr. Edwards, the art teacher, by May 3.

There are many bugs near the river, so please wear long pants. Also, you must bring your own lunch.

On May 17, the club will have a party after school. You can see the pictures that the club took. Please come if you can!

(21) What will the art club lend to students on the day of the trip?

    1 A camera.
    2 A picture.
    3 Some long pants.
    4 A lunch box.

(22) At the party on May 17, students can

    1 buy new pants.
    2 swim in the river.
    3 look at pictures of the trip.
    4 see bugs.

From: Melissa Baker
To: Rick Thompson
Date: April 8
Subject: Class trip

Hi Rick,

I'm so excited about our class trip to the city aquarium next week. You said that you went to the aquarium last year. What's it like? Is it cold inside the aquarium? And what should I wear? Do I need to wear a jacket or a warm sweater? I'm interested in seeing the fish and other sea animals there. I'm really looking forward to seeing the penguins. I hear that people can take pictures with the penguins at the aquarium. Is that true?

Your friend,
Melissa

From: Rick Thompson
To: Melissa Baker
Date: April 8
Subject: The aquarium

Hello Melissa,

Our class trip to the aquarium is going to be so much fun! Yes, I went to the aquarium with my family last summer. My cousins visited us, and we all went together. I also went with my parents when I was only five years old. The aquarium has two parts. One part is inside, and the other is outside. It isn't very cold inside, but you'll need a jacket for the outside part. It's so cold this month! The penguins are in the outside part. Two years ago, people could take pictures with the penguins, but the aquarium changed its rule. People can't take pictures with them now.

Your friend,

Rick

From: Melissa Baker
To: Rick Thompson
Date: April 8
Subject: Thanks

Hi Rick,
Thanks for telling me about your trips to the aquarium. I'll remember to take a jacket. Thanks for telling me about the aquarium's new rule, too. I won't be able to take pictures with the penguins, but it'll be fun to watch them. I can't wait! I'm going to buy a toy penguin, too.
Your friend,
Melissa

(23) Melissa asked Rick about

1 the best clothes to wear to the aquarium.
2 the most dangerous sea animal at the aquarium.
3 their school's new uniform.
4 the fish in their classroom at school.

(24) When did Rick visit the aquarium with his cousins?

1 Last week.
2 Last summer.
3 Two years ago.
4 When he was five.

(25) What will Melissa do at the aquarium?

1 Ask the staff about a new rule.
2 Take pictures with the penguins.
3 Buy a new jacket.
4 Get a toy penguin.

3[C]
つぎ えいぶん ないよう かん しつもん たい こた もっと
次の英文の内容に関して，(26) から (30) までの質問に対する答えとして最も
てきせつ ぶん かんせい もっと てきせつ なか
適切なもの，または文を完成させるのに最も適切なものを 1, 2, 3, 4 の中から
ひと えら ばんごう らん
一つ選び，その番号のマーク欄をぬりつぶしなさい。

Ann Lowe

Ann Lowe was an African American fashion designer. She was born in Alabama in the United States around 1898. When she was a child, Lowe's mother and grandmother taught her how to make clothes. Both her mother and her grandmother had jobs. They made clothes for rich people in Alabama, and Lowe often helped them with their work.

Lowe's mother died in 1914. When she died, Lowe's mother was making some dresses in Alabama. The dresses weren't finished, so Lowe finished making them. In 1916, she met a rich woman from Florida in a department store. Lowe was wearing clothes that she made, and the woman really liked them. So, Lowe became a dressmaker for her in Florida. After that, Lowe went to live in New York in 1917.

In New York, Lowe went to the S.T. Taylor School of Design. Lowe was the only African American student at the school, and she couldn't join the class with the other students. She took classes in a room by herself. She finished studying at the design school in 1919, and she opened her own store in Florida.

After that, Lowe made dresses for many years. Her dresses were special because they had beautiful flower designs on them. She made dresses for some rich and famous people, but not many people knew about her work. Also, she sometimes didn't get much money for her dresses. Lowe became more famous after she died in 1981. Many people today know that she was a very good fashion designer and dressmaker.

(26) What did Ann Lowe's mother and grandmother do?

    1 They sent Lowe to Florida.
    2 They stopped Lowe from going to Alabama.
    3 They told Lowe to get a job.
    4 They taught Lowe how to make clothes.

(27) When did Lowe go to New York?

    1 In 1898.
    2 In 1914.
    3 In 1917.
    4 In 1981.

(28) What happened when Lowe went to the S.T. Taylor School of Design?

    1 She didn't do well in her classes.
    2 She couldn't study with the other students.
    3 She had a fight with her teacher.
    4 She met her favorite fashion designer.

(29) Lowe's dresses were special because

    1 they had beautiful flower designs.
    2 they had interesting colors.
    3 they were made by many people.
    4 they took many hours to make.

(30) What is this story about?

    1 A popular dress store in New York.
    2 A woman who was a great dressmaker.
    3 A teacher at a fashion school.
    4 A design school in the United States.

4

ライティング
- あなたは，外国人の友達から以下のQUESTIONをされました。
- QUESTIONについて，あなたの考えとその理由を2つ英文で書きなさい。
- 語数の目安は25語〜35語です。
- 解答は，解答用紙のB面にあるライティング解答欄に書きなさい。なお，解答欄の外に書かれたものは採点されません。
- 解答がQUESTIONに対応していないと判断された場合は，0点と採点されることがあります。QUESTIONをよく読んでから答えてください。

QUESTION
What is the most exciting sport for you?

（リスニングテストは次のページにあります。）

リスニング

３級リスニングテストについて

1 このテストには，第1部から第3部まであります。
☆英文は第1部では一度だけ，第2部と第3部では二度，放送されます。
第1部：イラストを参考にしながら対話と応答を聞き，最も適切な応答を 1, 2, 3 の中から一つ選びなさい。
第2部：対話と質問を聞き，その答えとして最も適切なものを 1, 2, 3, 4 の中から一つ選びなさい。
第3部：英文と質問を聞き，その答えとして最も適切なものを 1, 2, 3, 4 の中から一つ選びなさい。

2 No. 30 のあと，10 秒すると試験終了の合図がありますので，筆記用具を置いてください。

第1部　　🔊 ▶MP3 ▶アプリ ▶CD1 43〜53

〔例題〕

No. 1

No. 2

No. 3

No. 4

No. 5

No. 6

No. 7

No. 8

No. 9

No. 10

No. 11

1 A bag.
2 A pair of gloves.
3 A soccer ball.
4 Some shoes.

No. 12

1 Bill.
2 Bill's mother.
3 Bill's father.
4 Patty.

No. 13

1 Arrive home by six o'clock.
2 Call Sally's father.
3 Return Sally's math textbook.
4 Help Sally with her homework.

No. 14

1 Buy a bike.
2 Move a box.
3 Ride her bike.
4 Find her book.

No. 15

1 In her room.
2 In the art room.
3 At the boy's house.
4 At her teacher's house.

No. 16

1 Walking his dog.
2 Reading about animals.
3 Collecting cameras.
4 Taking pictures.

No. 17	1 She has to work today.
	2 She can't find her money.
	3 Her TV is broken.
	4 Her TV is too loud.

No. 18	1 At four.
	2 At five.
	3 At six.
	4 At seven.

No. 19	1 It is cute.
	2 It is warm.
	3 It is cheap.
	4 It is long.

No. 20	1 By train.
	2 By bike.
	3 By car.
	4 On foot.

No. 21
1 On Tuesdays.
2 On Wednesdays.
3 On Thursdays.
4 On Fridays.

No. 22
1 A student.
2 A musician.
3 A salesclerk.
4 A museum guide.

No. 23
1 She rode a bike.
2 She took the bus.
3 Her father took her.
4 Her brother took her.

No. 24
1 He asked his history teacher.
2 He visited Japan.
3 He read a book.
4 He looked on the Internet.

No. 25
1 He went to a movie.
2 He went hiking.
3 He made popcorn at home.
4 He ate at a restaurant.

No. 26
1 Drink tea.
2 Eat dessert.
3 Go jogging.
4 Read the news.

No. 27

1 A new doctor started working.
2 The woman worked late.
3 The woman got sick.
4 The hospital closed early.

No. 28

1 Eat lunch.
2 Do his homework.
3 Play games with his father.
4 Skate with his friend.

No. 29

1 Beef soup.
2 Tuna salad.
3 A ham sandwich.
4 A chicken sandwich.

No. 30

1 In his bag.
2 In his car.
3 On a chair in his house.
4 On his desk in his office.

Pets

Many people want to have a pet dog. Playing with dogs can be relaxing. Some people don't have time to take dogs for walks, so they get pets such as hamsters or birds.

Questions

No. 1   Please look at the passage. Why do some people get pets such as hamsters or birds?

No. 2   Please look at the picture. How many people are wearing hats?

No. 3   Please look at the man. What is he doing?

Now, Mr. / Ms. ——, please turn the card over.

No. 4   What did you do last Sunday?

No. 5   Do you like shopping in your free time?
            Yes. → What do you like to buy?
            No. → What do you want to do this summer?

Singing

Singing can be a good way to relax. Some people enjoy performing in front of many people, so they join singing groups or bands. Taking singing lessons can help people to sing better.

Questions

No. 1   Please look at the passage. Why do some people join singing groups or bands?

No. 2   Please look at the picture. How many books are there on the bench?

No. 3   Please look at the boy. What is he doing?

Now, Mr. / Ms. ——, please turn the card over.

No. 4   Where do you often go on weekends?

No. 5   Have you ever been to a beach?
        Yes. → Please tell me more.
        No. → What do you like to do when the weather is cold?

2022-3

一次試験　2023.1.22実施
二次試験　A日程　2023.2.19実施
　　　　　B日程　2023.2.26実施

Grade 3

試験時間

筆記：50分
リスニング：約25分

＊解答・解説は別冊p.77〜112にあります。
＊面接の流れは本書p.17にあります。

1 次の (1) から (15) までの ( ) に入れるのに最も適切なものを 1, 2, 3, 4 の中から一つ選び，その番号のマーク欄をぬりつぶしなさい。

(1) *A:* Have you ( ) Mom's birthday present yet?
B: No, I'll do that tonight.
1 contacted　　2 invited　　3 wrapped　　4 climbed

(2) Last Friday, we had a ( ) lunch to welcome the new member of our team. He just started working at the company.
1 special　　2 deep　　3 weak　　4 low

(3) *A:* Have you washed the dishes yet?
B: Yes, I've ( ) done that, and I've cleaned the kitchen floor, too.
1 soon　　2 already　　3 out　　4 ago

(4) Tomorrow, we'll go to a zoo for children. They can ( ) some of the animals there.
1 build　　2 close　　3 touch　　4 shout

(5) Some people like to run for about 30 minutes every day because they think it is ( ).
1 afraid　　2 expensive　　3 crowded　　4 healthy

(6) My friend Peter is ( ). He always gets a good score on his math tests.
1 clever　　2 sunny　　3 clear　　4 early

(7) This comic book is funny. I ( ) a lot when I was reading it.
1 drove　　2 borrowed　　3 heard　　4 laughed

(8) When Keita moved to Canada, he wasn't (　　) to speak much English. But now, he speaks it very well.

    1 absent   **2** able   **3** angry   **4** another

(9) Tom's mother (　　) a message for him. She told him to walk the dog before dinner.

    1 met   **2** closed   **3** left   **4** held

(10) *A:* Did you make this yogurt, Grandma?
    B: Yes, it's easy. It's made (　　) milk.

    1 from   **2** under   **3** before   **4** over

(11) Miho doesn't (　　) much money on lunch because she always brings her lunch from home.

    1 catch   **2** stay   **3** know   **4** spend

(12) Yesterday, Mark was sick (　　) bed, so he didn't go to work today.

    1 above   **2** in   **3** across   **4** on

(13) *A:* You have a really nice house, Bob.
    B: Thank you. It was (　　) by my grandfather.

    1 build   **2** built   **3** to build   **4** building

(14) Our school is planning an event to collect plastic bottles. A local artist will (　　) them into art.

    1 recycles   **2** recycled   **3** recycle   **4** recycling

(15) *A:* Do you know (　　) the next bus to the airport leaves?
    B: Yes. In 15 minutes.

    1 which   **2** who   **3** where   **4** when

(16)　　*Father:* Have you finished your homework?
　　Daughter: No, (　　　) I'll finish it after dinner.
　　1 not so bad.　　　　　　**2** not yet.
　　3 I'm very full.　　　　　**4** I'm from here.

(17)　　*Woman:* Excuse me. I like this hat. May I try it on, please?
　　Salesclerk: Certainly. (　　　)
　　1 That's kind of you.　　　**2** Have a good day.
　　3 The mirror is over there.　**4** It's always open.

(18) *Girl 1:* I didn't know you had a violin. (　　　)
　　Girl 2: Only once or twice a month.
　　1 When did you get it?
　　2 How often do you play it?
　　3 Was it a present?
　　4 Is it an expensive one?

(19)　　*Clerk:* Welcome to the Greenwood Jazz Festival. Do you
　　　　　　have a ticket, ma'am?
　　Woman: No. (　　　)
　　Clerk: At the blue tent over there.
　　1 What color are they?
　　2 Where can I buy one?
　　3 Where's my seat?
　　4 How much are they?

(20) *Mother:* Why is your baseball cap on the sofa?　Take it to
　　　　　　your room.
　　Son: (　　　) I have practice at three.
　　1 We won again.
　　2 Did you look for it over there?
　　3 I'm going to wear it today.
　　4 Will you come and watch?

（筆記試験の問題は次のページに続きます。）

Ice-Skating Lessons

Do you want to try a new activity after school?

The Berryl City Sports Center has afternoon lessons for students.
You don't need to be good at ice-skating. Beginners are welcome.
If you practice hard, you will become very good at skating!

Place: First Floor, Berryl City Sports Center
Cost: $18 for a one-hour lesson
Lesson schedule: Every Tuesday, Thursday, and Friday from 4 p.m.
to 5 p.m.
(The sports center is closed on Wednesdays.)

If you are interested, please send Jenny Harding an e-mail or call
her between 8 a.m. and 6 p.m. on weekdays.

Jenny Harding
Phone number: 555-8778
E-mail address: ice-skating@berrylsports.com

(21) Who is this notice for?

    1 Students who want to try a new activity.
    2 Ice-skating coaches who want a new job.
    3 People who want to sell their old ice skates.
    4 Children who want to go to a snow festival.

(22) Ice-skating lessons are held

    1 at 8 a.m. on weekdays.
    2 only on Wednesdays.
    3 three times a week.
    4 on weekend afternoons.

3[B] 次のＥメールの内容に関して, (23) から (25) までの質問に対する答えとして最も適切なもの, または文を完成させるのに最も適切なものを 1, 2, 3, 4 の中から一つ選び, その番号のマーク欄をぬりつぶしなさい。

From: Beth Greene
To: The Book Worm
Date: September 4
Subject: Looking for a book

Hello,
My name is Beth, and I'm looking for a book called *Into the Forest*. It was written by my favorite writer, Charles Vance. I went to the Readers Rule bookstore in Bakersville last Friday, but they don't sell it. Charles Vance wrote it 30 years ago, so it's a little old. On Saturday, I went to my friend's house, and he told me about your store, The Book Worm. He said that you sold used books.* I checked your website yesterday, and I found your e-mail address. Do you have *Into the Forest* in your store?
Sincerely,
Beth Greene

From: The Book Worm
To: Beth Greene
Date: September 5
Subject: Sorry

Hello Ms. Greene,
I'm Sam Winters, and I'm the owner of The Book Worm. I love Charles Vance's books, too. Sorry, but I don't have *Into the Forest* in my store right now. You should check some online stores. You can probably find it on www.warmwords.com. Also, have you looked for that book at the library? Maybe you can borrow it. People bring old books to my shop every day, and I often buy them. If someone brings *Into the Forest* to my store, I'll buy it, and then I'll send you an e-mail.
Best regards,

From: Beth Greene
To: The Book Worm
Date: September 6
Subject: Thank you

Hello Sam,
Thanks for your e-mail. I checked the website you told me about. They have it, but it's too expensive for me. I also checked the library, but sadly, they don't have it. Please send me another e-mail if someone sells it to you.
Sincerely,
Beth Greene

*used book：古本

(23) Who told Beth about Sam's store?

    1 Her friend.
    2 Charles Vance.
    3 The owner of Readers Rule.
    4 A famous writer.

(24) What will Sam do if someone sells *Into the Forest* to him?

    1 Keep it at his house.
    2 Give it to another bookstore.
    3 Send Beth an e-mail.
    4 Take it to the library.

(25) Why won't Beth buy *Into the Forest* on www.warmwords.com?

    1 They don't have it.
    2 It is too expensive.
    3 She found it at the library.
    4 She doesn't like shopping on the Internet.

次の英文の内容に関して, (26) から (30) までの質問に対する答えとして最も適切なもの, または文を完成させるのに最も適切なものを 1, 2, 3, 4 の中から一つ選び, その番号のマーク欄をぬりつぶしなさい。

Lilian Bland

Lilian Bland was born in 1878. She was different from most girls at that time. Lilian enjoyed hunting, fishing, and riding horses. She also practiced a martial art* and studied art in Paris. In 1900, she moved to Ireland with her father. By 1908, she was working for newspapers in London.

In 1909, Lilian's uncle sent her postcards. One of them had a picture of Louis Blériot on it. Blériot was a pilot, and he built his own plane. He was the first person to fly a plane across the English Channel.* His plane had an accident when it landed,* but Blériot wasn't hurt. His story soon became famous.

Lilian saw the postcard and became interested in planes. She decided to design a plane and build it by herself. She used wood and simple things to build the body.* Then, she bought an engine and put it on the plane. It took her one year to make the plane, and she finished it in 1910. She named the plane "Mayfly." Then, she flew it for the first time. It stayed 10 meters high in the air for 400 meters.

Lilian wanted to build a new plane. However, her father thought that flying was too dangerous for his daughter, so she stopped flying. Then, Lilian got married and moved to Canada. In 1935, she returned to England and enjoyed a simple life there until she died in 1971. Today, people remember her because she was the first woman to build and fly her own plane.

*martial art：武術
*the English Channel：イギリス海峡
*land：着陸する
*body：(飛行機の) 胴体

(26) What was Lilian Bland's job in London?

1 She rode horses in races.
2 She was an artist.
3 She taught martial arts.
4 She worked for newspapers.

(27) How did Lilian get interested in planes?

1 She read a story in the newspaper.
2 She became friends with a pilot.
3 She got a postcard of a famous pilot.
4 She met Louis Blériot in Paris.

(28) Lilian finished making the plane named "Mayfly" in

1 1909.
2 1910.
3 1935.
4 1971.

(29) Why did Lilian stop flying?

1 Her father wanted her to stop.
2 She wanted to get married.
3 Her uncle said it was dangerous.
4 She found a new hobby.

(30) What is this story about?

1 The first woman to make and fly her own plane.
2 A famous plane company in England.
3 A school for pilots in Canada.
4 How to build plane engines.

4

ライティング
- あなたは，外国人の友達から以下のQUESTIONをされました。
- QUESTIONについて，あなたの考えとその理由を2つ英文で書きなさい。
- 語数の目安は25語〜35語です。
- 解答は，解答用紙のB面にあるライティング解答欄に書きなさい。なお，解答欄の外に書かれたものは採点されません。
- 解答がQUESTIONに対応していないと判断された場合は，0点と採点されることがあります。QUESTIONをよく読んでから答えてください。

QUESTION
What do you like to do on Sunday mornings?

（リスニングテストは次のページにあります。）

リスニング

3級リスニングテストについて

1 このテストには，第1部から第3部まであります。
☆英文は第1部では一度だけ，第2部と第3部では二度，放送されます。
第1部：イラストを参考にしながら対話と応答を聞き，最も適切な応答を 1, 2, 3 の中から一つ選びなさい。
第2部：対話と質問を聞き，その答えとして最も適切なものを 1, 2, 3, 4 の中から一つ選びなさい。
第3部：英文と質問を聞き，その答えとして最も適切なものを 1, 2, 3, 4 の中から一つ選びなさい。

2 No. 30 のあと，10秒すると試験終了の合図がありますので，筆記用具を置いてください。

||||| 第1部 ||||||||||||||||||||||||||||||||| 🔊 ▶MP3 ▶アプリ ▶CD2 **1**～**11**

〔例題〕

No. 1

No. 2

No. 3

No. 4

No. 5

No. 6

No. 7

No. 8

No. 9

No. 10

No. 11

1 Mark's.
2 Jessica's.
3 The father's.
4 The mother's.

No. 12

1 On Saturday morning.
2 On Saturday afternoon.
3 On Sunday morning.
4 On Sunday afternoon.

No. 13

1 Make dinner.
2 Get some meat.
3 Buy some carrots.
4 Wash the vegetables.

No. 14

1 Watch TV.
2 Be quiet.
3 Play with him.
4 Study with him.

No. 15

1 By train.
2 By bike.
3 By bus.
4 On foot.

No. 16

1 Go to a rock concert with him.
2 Give him a drum.
3 Stop playing the drums.
4 Join his band.

No. 17

1 It had good coffee.
2 It had many magazines.
3 It had delicious food.
4 The food was cheap.

No. 18

1 He went to the hospital.
2 He bought some shoes.
3 He found $50.
4 He visited Kristen.

No. 19

1 Sunny.
2 Rainy.
3 Cloudy.
4 Snowy.

No. 20

1 At one.
2 At five.
3 At six.
4 At seven.

No. 21
1 She will move soon.
2 She has made many friends.
3 She has finished school.
4 She saw an old friend.

No. 22
1 $50.
2 $100.
3 $150.
4 $300.

No. 23
1 Talk with her friends.
2 Watch a movie.
3 Read a music magazine.
4 Do her homework.

No. 24
1 The bus is crowded.
2 The zoo is closed.
3 The train will be late.
4 The tickets are sold out.

No. 25
1 The tennis club.
2 The table tennis club.
3 The soccer club.
4 The volleyball club.

No. 26
1 Write songs.
2 Make desserts.
3 Clean the kitchen.
4 Watch cooking shows.

No. 27   **1** Going fishing.
               2 Reading books.
               3 Riding his bicycle.
               4 Painting pictures.

No. 28   **1** Her cousin.
               2 Her friend.
               3 Her aunt.
               4 Her teacher.

No. 29   **1** His friends were busy.
               2 He needed to cook dinner.
               3 His son was sick.
               4 He wanted to watch a movie.

No. 30   **1** At her house.
               2 At the college.
               3 At the festival.
               4 At the museum.

問題カード（A 日程）　　 ▶MP3　▶アプリ　▶CD2 **34**〜**38**

Umbrellas

Umbrellas are very useful.　They help people to stay dry on rainy days.　Department stores sell different kinds of colorful umbrellas, and convenience stores are good places to buy cheap and simple ones.

Questions

No. 1   Please look at the passage. What do department stores sell?

No. 2   Please look at the picture. How many cars are there in front of the store?

No. 3   Please look at the girl wearing a cap. What is she doing?

Now, Mr. / Ms. ——, please turn the card over.

No. 4   How many hours do you sleep every night?

No. 5   Do you like to travel?
            Yes. → Please tell me more.
            No. → What are you planning to do tomorrow?

Playing the Guitar

Playing the guitar is a popular hobby. Many people want to learn how to play their favorite songs, so they practice playing the guitar every day. Some people take lessons with a guitar teacher.

Questions

No. 1   Please look at the passage. Why do many people practice playing the guitar every day?

No. 2   Please look at the picture. How many children are there under the tree?

No. 3   Please look at the boy wearing a cap. What is he going to do?

Now, Mr. / Ms. ———, please turn the card over.

No. 4   What did you do last weekend?

No. 5   Do you often go to a movie theater?
                Yes. → Please tell me more.
                No. → Why not?

2022-2

一次試験 2022.10.9実施
二次試験 A日程 2022.11. 6 実施
　　　　 B日程 2022.11.13実施

Grade 3

試験時間

筆記：50分
リスニング：約25分

＊解答・解説は別冊p.113〜148にあります。
＊面接の流れは本書p.17にあります。

1 次の (1) から (15) までの (　) に入れるのに最も適切なものを 1, 2, 3, 4 の中から一つ選び、その番号のマーク欄をぬりつぶしなさい。

(1) The principal gave (　) to the winners of the speech contest.

1 designs　　**2** mistakes　　**3** prizes　　**4** capitals

(2) *A:* Excuse me. How do I get to Bakerstown?
B: Just drive (　) down this road for about ten minutes.

1 suddenly　　**2** straight　　**3** forever　　**4** finally

(3) *A:* Are you busy tomorrow night?
B: Yes. I'll practice the piano (　) late at night. I'm taking part in a piano competition on Sunday.

1 until　　**2** over　　**3** about　　**4** since

(4) Karen is very (　) because she has to work this weekend. She had plans to see a concert on Sunday.

1 useful　　**2** bright　　**3** clean　　**4** angry

(5) *A:* Mom, I think I need glasses. I can't see the blackboard (　).
B: OK. Let's go to see the eye doctor next week.

1 clearly　　**2** greatly　　**3** quietly　　**4** slowly

(6) *A:* It was nice to meet you. Could I have your e-mail (　)?
B: Sure. I was just going to ask you the same thing.

1 address　　**2** ocean　　**3** society　　**4** coat

(7) *A:* Did you find (　) at the bookstore?
B: Yes, I did. I bought a book about the history of music.

1 nothing　　**2** nobody　　**3** anything　　**4** other

(8) Janet's friend gave her a (   ) home because it was raining hard after work.

1 point   **2** star   **3** view   **4** ride

(9) On the first day of school, the gym was (   ) with many new students and their families.

1 pulled   **2** filled   **3** ordered   **4** showed

(10) *A:* I tried calling you last night.
B: Sorry, I was talking (   ) the phone with my sister.

1 on   **2** for   **3** as   **4** of

(11) When the little boy saw a big spider on the tree, he (   ) away very quickly to his mother.

1 sat   **2** picked   **3** ran   **4** washed

(12) *A:* How did you and Chris meet?
B: We grew up together in Canada. (   ) fact, we met over 30 years ago.

1 To   **2** After   **3** In   **4** Near

(13) This baseball bat was (   ) to me by a professional baseball player.

1 gave   **2** given   **3** give   **4** giving

(14) *A:* I saw the (   ) movie on TV last night. It was so boring.
B: I think I saw the same movie.

1 too bad   **2** worse   **3** badly   **4** worst

(15) *A:* Lisa, is the baby crying again?
B: Yes, Matt. I don't know (   ) she won't go to sleep.

1 why   **2** then   **3** what   **4** which

(16) *Man:* Have you been to England before?
Woman: Actually, (　　　) My family moved to Japan when
I was eight.
1 I don't have time.
2 I have an older sister.
3 I'll ask my English teacher.
4 I was born there.

(17) *Woman:* Excuse me. Is there a bakery in this area?
Man: Sorry, I don't know. (　　　)
1 I'm glad you like it.   **2** It's delicious.
3 I'm not from here.   **4** It was my turn.

(18) *Girl 1:* Do you want to go to the aquarium with me on Sunday?
Girl 2: (　　　) I'm really interested in fish.
1 It's not mine.   **2** I'd love to.
3 That's all for today.   **4** You'll do well.

(19) *Brother:* Are you ready to go to the library?
Sister: No. Mom asked me to wash the dishes first.
(　　　)
Brother: OK. I'll see you there.
1 Please go ahead.   **2** Good job.
3 You can keep it.   **4** I've read that book.

(20) *Sister:* Let's buy a cake for Mom's birthday.
Brother: (　　　) Let's make one!
1 It was my party.   **2** I know a good cake shop.
3 She made a mistake.   **4** I have a better idea.

（筆記試験の問題は次のページに続きます。）

次の掲示の内容に関して，(21) と (22) の質問に対する答えとして最も適切な
もの，または文を完成させるのに最も適切なものを 1, 2, 3, 4 の中から一つ選
び，その番号のマーク欄をぬりつぶしなさい。

A New Café in Leadville Bookstore

From November 1, you'll be able to read books in Leadville
Bookstore's new café. The café will be inside the bookstore on
the second floor. Come and enjoy some cakes and drinks!

Cakes
Carrot cake, strawberry cake, chocolate cake

Drinks
Coffee, tea, soft drinks

If you buy two books, you'll receive a cup of coffee or tea for free!

There are more than 30,000 books to choose from in our
bookstore. We also sell calendars, magazines, and newspapers.
The café will open at 6 a.m., so come in and read a newspaper
before you go to work.

(21) What is this notice about?

    1 A bookstore that will close on November 1.

    2 A café that will open inside a bookstore.

    3 A book written by the owner of a café.

    4 A magazine with many recipes.

(22) People who buy two books will get

    1 a free magazine.

    2 a free newspaper.

    3 a free cake.

    4 a free drink.

January 3

Dear Grandma,

How are you and Grandpa doing? I hope you are both well and staying warm. The weather is so cold now. I missed you at Christmas this year. Thank you for sending a beautiful card and some money. I used the money to buy some nice paper and pens. When I use them, I always think of you.

I had a great winter vacation. Do you remember my friend Mia? You met her last year. Well, during the winter vacation, I went skiing in Yamanashi with Mia and her family. We traveled from Osaka to Yamanashi by car. On the way, we stopped in Nagoya. We went to Nagoya Castle and a train museum there. At night, Mia's mother bought us noodles for dinner. My noodles had fried beef in them. They were delicious.

We stayed in Nagoya for one night, and then we went to Yamanashi. On the first day in Yamanashi, I took a skiing lesson with Mia and her little sister. We fell over a lot, but it was a lot of fun. By the end of the trip, I could ski down the mountain really fast. We spent New Year's Eve in Yamanashi and went to a temple there on January 1.

I didn't see you and Grandpa at Christmas, so I hope I can come and see you both in the summer. Do you think I can do that? I really hope so.

Love,
Sara

---

(23) How did Sara use the money from her grandparents?

    1 To go on vacation.
    2 To buy a Christmas cake.
    3 To buy some paper and pens.
    4 To get a present for her friend.

(24) What did Sara do in Yamanashi?

    1 She went to a castle.
    2 She went skiing.
    3 She ate noodles.
    4 She went to a museum.

(25) What does Sara want to do in the summer?

    1 Visit her grandparents.
    2 Go to a temple.
    3 Get a part-time job.
    4 Go back to Yamanashi.

The Challenger Deep

Most people know the name of the highest place in the world. It is Mount Everest, and it is a mountain between Nepal and Tibet in Asia. But not many people know the lowest place in the world. It is called the Challenger Deep, and it is at the bottom of the Pacific Ocean.* The Challenger Deep is about 10,984 meters deep in the ocean. It is to the south of Japan in a part of the Pacific Ocean called the Mariana Trench.* This part of the ocean is about 2,550 kilometers long and 69 kilometers wide. The Challenger Deep is at the end of the Mariana Trench, near an island called Guam.

Scientists don't know much about the Challenger Deep. It isn't safe to go there because the water pressure* is too high for most submarines.* In the past, scientists thought that fish and other animals couldn't live in such a place. Also, there is no light from the sun, and the Challenger Deep is very cold. It is usually between 1℃ and 4℃.

In 1960, two people traveled to the Challenger Deep for the first time. They went there in a special submarine. This submarine could move in areas with high water pressure. It took the people five hours to get to the bottom of the ocean, but they could only stay there for about 20 minutes. At that time, they saw two kinds of sea animals. Now, scientists know that animals can live in such deep places.

*Pacific Ocean：太平洋
*Mariana Trench：マリアナ海溝
*water pressure：水圧
*submarine：潜水艦

106

(26) Where is the Mariana Trench?

1 In the Pacific Ocean.
2 On the island of Guam.
3 Between Nepal and Tibet.
4 At the bottom of a lake in Japan.

(27) How wide is the Mariana Trench?

1 About 2,550 meters.
2 About 10,984 meters.
3 About 20 kilometers.
4 About 69 kilometers.

(28) Why is the Challenger Deep dangerous for people?

1 The water pressure is very high.
2 Dangerous animals and fish live there.
3 The lights are too bright for their eyes.
4 The water is too hot for them.

(29) In 1960, two people

1 lost a special submarine.
2 drew a map of the bottom of the ocean.
3 went to the Challenger Deep.
4 found a mountain under the sea.

(30) What is this story about?

1 A dark and very deep place in the ocean.
2 The history of submarines.
3 A special and delicious kind of fish.
4 Places to go hiking in Asia.

4

● あなたは，外国人の友達から以下のQUESTIONをされました。
● QUESTIONについて，あなたの考えとその理由を2つ英文で書きなさい。
● 語数の目安は25語～35語です。
● 解答は，解答用紙のB面にあるライティング解答欄に書きなさい。なお，解答欄の外に書かれたものは採点されません。
● 解答がQUESTIONに対応していないと判断された場合は，0点と採点されることがあります。QUESTIONをよく読んでから答えてください。

QUESTION
Do you like eating in parks?

（リスニングテストは次のページにあります。）

リスニング

３級リスニングテストについて

1　このテストには，第1部から第3部まであります。
　☆英文は第1部では一度だけ，第2部と第3部では二度，放送されます。
　第1部：イラストを参考にしながら対話と応答を聞き，最も適切な応答を 1, 2, 3
　　　　の中から一つ選びなさい。
　第2部：対話と質問を聞き，その答えとして最も適切なものを 1, 2, 3, 4 の中から
　　　　一つ選びなさい。
　第3部：英文と質問を聞き，その答えとして最も適切なものを 1, 2, 3, 4 の中から
　　　　一つ選びなさい。
2　No. 30 のあと，10 秒すると試験終了の合図がありますので，筆記用具を置いてく
　ださい。

第1部　　　　　◀)) ▶MP3 ▶アプリ ▶CD2 43〜53

〔例題〕

No. 1

No. 2

No. 3

No. 4

No. 5

No. 6

No. 7

No. 8

No. 9

No. 10

No. 11
1 Make lunch.
2 Eat at a restaurant.
3 Go to a movie.
4 Buy some sandwiches.

No. 12
1 Leave the park with her dog.
2 Look for the man's dog.
3 Show the man around the park.
4 Get a new pet.

No. 13
1 Two.
2 Three.
3 Five.
4 Twelve.

No. 14
1 To go skiing.
2 To go hiking.
3 To see his sister.
4 To see his aunt.

No. 15
1 At 8:00.
2 At 8:30.
3 At 9:00.
4 At 9:30.

No. 16
1 Write a report.
2 Study social studies.
3 Draw a picture.
4 Buy some flowers.

No. 17   **1** Yesterday morning.
    2 Last night.
    3 This morning.
    4 This afternoon.

No. 18   **1** To the mall.
    2 To the girl's house.
    3 To a gardening store.
    4 To a park.

No. 19   **1** 160 centimeters.
    2 165 centimeters.
    3 170 centimeters.
    4 175 centimeters.

No. 20   **1** Ben.
    2 Ben's brother.
    3 Olivia.
    4 Olivia's brother.

No. 21
1 Buy a house by the sea.
2 Move to Hawaii.
3 Take swimming lessons.
4 Teach her son how to swim.

No. 22
1 Clean the living room.
2 Wash the dishes.
3 Buy food for a party.
4 Look for a new apartment.

No. 23
1 Jenny's.
2 Sara's.
3 Donna's.
4 His mother's.

No. 24
1 Paul didn't call her.
2 Paul didn't study hard.
3 Paul lost his library card.
4 Paul was late for school.

No. 25
1 Greg.
2 Greg's sister.
3 Greg's mother.
4 Greg's father.

No. 26
1 This afternoon.
2 Tomorrow morning.
3 Tomorrow afternoon.
4 Next Saturday.

No. 27	1 Potatoes. 2 Lettuce. 3 Onions. 4 Carrots.
No. 28	1 Every day. 2 Once a week. 3 Twice a week. 4 Once a month.
No. 29	1 A book about animals. 2 A book about gardening. 3 A book about traveling. 4 A book about Christmas.
No. 30	1 On the second floor. 2 On the third floor. 3 On the fourth floor. 4 On the fifth floor.

22年度第2回　リスニング

面 接

Chinese Restaurants

There are many Chinese restaurants in Japan. They usually sell noodles and other popular Chinese dishes. Some people want to eat delicious Chinese meals at home, so they order take-out food from Chinese restaurants.

Questions

No. 1   Please look at the passage. Why do some people order take-out food from Chinese restaurants?

No. 2   Please look at the picture. How many people are holding cups?

No. 3   Please look at the man wearing glasses. What is he going to do?

Now, Mr. / Ms. ——, please turn the card over.

No. 4   What time do you usually get up in the morning?

No. 5   Have you ever been to the beach?
               Yes. → Please tell me more.
               No. → What are you going to do this evening?

Beach Volleyball

Beach volleyball is an exciting sport. It is fun to play on hot summer days. Many people like seeing their favorite players, so they enjoy going to professional beach volleyball tournaments.

Questions

No. 1   Please look at the passage. Why do many people enjoy going to professional beach volleyball tournaments?

No. 2   Please look at the picture. How many people are wearing sunglasses?

No. 3   Please look at the girl with long hair. What is she going to do?

Now, Mr. / Ms. ——, please turn the card over.

No. 4   What kind of TV programs do you like?

No. 5   Do you have any plans for the winter vacation?

             Yes. → Please tell me more.

             No. → What time do you usually get up on weekends?

2022-1

一次試験 2022.6.5 実施
二次試験 Ａ日程 2022.7. 3 実施
　　　　 Ｂ日程 2022.7.10実施

Grade 3

試験時間

筆記：50分
リスニング：約25分

＊解答・解説は別冊p.149〜184にあります。
＊面接の流れは本書p.17にあります。

1 次の (1) から (15) までの ( ) に入れるのに最も適切なものを 1, 2, 3, 4 の中から一つ選び，その番号のマーク欄をぬりつぶしなさい。

(1) *A:* Where are you going, Mom?
B: To the market to get some fresh vegetables. They were all grown by local ( ).
1 doctors　　2 pilots　　3 farmers　　4 musicians

(2) In summer, I often go running just before it gets ( ). It's too hot to run during the day.
1 young　　2 quiet　　3 dark　　4 real

(3) In Japan, ( ) are useful because they sell medicine, food, and drinks.
1 churches　　2 drugstores　　3 libraries　　4 post offices

(4) *A:* I love the beach. I want to stay here ( ).
B: Me, too. But we have to leave tomorrow.
1 forever　　2 nearly　　3 straight　　4 exactly

(5) Ryuji's dream is to become a famous sushi ( ).
1 carpenter　　2 dentist　　3 chef　　4 singer

(6) For English class, Kenji has to write five ( ) about himself. Tomorrow, he will read them in front of the class.
1 storms　　2 calendars　　3 sentences　　4 centuries

(7) *A:* Mr. Smith. Could you tell me the ( ) answer to this question?
B: Sure, David. Let me see it.
1 narrow　　2 correct　　3 weak　　4 quiet

(8) *A:* I can't wait for spring.
　　B: Me, neither. I'm (　　　) of this snow and cold weather.
　　1 upset　　　　**2** tired　　　　**3** silent　　　　**4** wrong

(9) I couldn't sleep on the flight from New York, but I (　　　)
　　much better this morning. I slept really well last night.
　　1 cover　　　　**2** brush　　　　**3** feel　　　　**4** share

(10) *A:* It's going to snow (　　　) day on Saturday.
　　B: That's great. I'm going skiing this weekend.
　　1 any　　　　**2** more　　　　**3** much　　　　**4** all

(11) Next week, Dave's brother is getting (　　　). Dave will give
　　a speech at the wedding.
　　1 collected　　**2** raised　　　**3** married　　**4** crowded

(12) *A:* Peter, where were you? I was (　　　) about you!
　　B: Sorry, Mom. I went to the library after school.
　　1 worried　　**2** excited　　**3** surprised　　**4** interested

(13) *A:* Has Mom already (　　　) to work?
　　B: Yes, she left early today. She has an important meeting.
　　1 go　　　　**2** going　　　**3** went　　　**4** gone

(14) *A:* Guess what! I (　　　) second prize in the poster contest.
　　B: That's great. I'm so proud of you.
　　1 win　　　　**2** won　　　**3** winning　　**4** to win

(15) *A:* Do you think that dogs are (　　　) than cats?
　　B: I'm not sure.
　　1 smart　　　**2** smarter　　**3** smartest　　**4** most

(16) *Woman 1:* I often have lunch at the Treetop Café.
Woman 2: I do, too. (　　)
Woman 1: OK.
1 Have you tried the spaghetti there?
2 May I take your order?
3 Shall we go there together sometime?
4 Can you make some for me?

(17) *Mother:* I'm going to order the chicken curry.　What about you, Fred?
Son: (　　) It looks delicious.
1 I'll have the same.　　　2 I went to a restaurant.
3 Not at the moment.　　　4 I hope you're right.

(18) *Boy:* I called you last night, but you didn't answer the phone.
Girl: Sorry, (　　) I have to give it to my English teacher today.
1 I forgot about your question.
2 I was writing a report.
3 I don't have a phone.
4 I don't know the answer.

(19) *Grandmother:* I can't hear the TV, Tony.　It's very quiet.
(　　)
Grandson: Sure, Grandma.　I'll do it right now.
1 May I borrow your radio?　　2 Is it too loud for you?
3 Do you like this program?　　4 Can you turn it up for me?

(20) *Daughter:* Can we go shopping for clothes tomorrow?
Father: (　　) I'm really busy this week.
1 You're probably right.　　　2 Maybe some other time.
3 They're in my bedroom.　　　4 Thanks for this present.

（筆記試験の問題は次のページに続きます。）

22年度第1回　筆記

Come and Dance on Stage!

If you like dancing, please enter the school dance contest. Dance by yourself or with your friends.

When: October 21 from 3 p.m.
Where: School gym

Your performance should be about two minutes long, and you can do any kind of dancing.

Mr. Lee, our P.E. teacher, was a professional hip-hop dancer when he was young. He'll do a special performance at the contest with our principal, Mr. Sharp. Mr. Sharp has never danced on stage before, so he's very excited!

If you're interested, please see Ms. Matthews by October 10. Dancing is fun, so don't be nervous and sign up!

(21) What is this notice about?

  1 A contest at a school.
  2 A party for a teacher.
  3 A new school club.
  4 Some free dance lessons.

(22) Mr. Sharp is going to

  1 teach a P.E. class with Mr. Lee.
  2 watch a dance performance on October 10.
  3 go to a music festival with Ms. Matthews.
  4 dance in the school gym on October 21.

From: Richard Keyser
To: Kelly Peterson, Joe Rogers
Date: September 18
Subject: Mr. Tanagawa

Hi Kelly and Joe,
Did you hear about our Japanese teacher, Mr. Tanagawa? He lives
on my street, and my mom talked to his wife today. Mom heard
that Mr. Tanagawa hurt his back. He was working in his garden on
Thursday afternoon, and he got a strained back.* He can't come to
school until Wednesday. Let's do something for him. Today is
Saturday, so maybe we can get him something this weekend.
Should we get him some flowers and a card?
Your friend,
Richard

From: Kelly Peterson
To: Richard Keyser, Joe Rogers
Date: September 18
Subject: Oh no!

Hello Richard and Joe,
I'm sad to hear about Mr. Tanagawa. Flowers are a nice idea. I
think he likes sunflowers. A card will be nice, too. I have an idea!
Let's make a card for him in Japanese. All our classmates can sign
it after our class on Monday afternoon. Then, Richard can take the
card to Mr. Tanagawa. I'll make it on my computer tomorrow night
and bring it to school on Monday morning. What do you think?
See you,
Kelly

From: Joe Rogers
To: Richard Keyser, Kelly Peterson
Date: September 19
Subject: Good idea

Hi,
That's a great idea, Kelly. My uncle owns a flower shop, and I asked him about the flowers. He'll give us some sunflowers. I'll get them from his shop after school on Monday, and then, I'll take them to Richard's house. Richard can give the card and flowers to Mr. Tanagawa on Tuesday morning before school. Also, let's plan something for him when he comes back to school. We can make a sign that says, "Welcome back, Mr. Tanagawa!"
See you tomorrow,
Joe

*strained back：ぎっくり腰

(23) When did Mr. Tanagawa hurt his back?

1 On Monday.
2 On Wednesday.
3 On Thursday.
4 On Saturday.

(24) What will Kelly do tomorrow night?

1 Make a card.
2 Buy a gift.
3 Call Mr. Tanagawa.
4 Take a Japanese lesson.

(25) Who will take the sunflowers to Richard's house?

1 Richard.
2 Richard's mother.
3 Joe.
4 Joe's uncle.

次の英文の内容に関して, (26) から (30) までの質問に対する答えとして最も
適切なもの, または文を完成させるのに最も適切なものを 1, 2, 3, 4 の中から
一つ選び, その番号のマーク欄をぬりつぶしなさい。

Edwin Land

Many people like to take photos. These days, people usually take photos with smartphones or digital* cameras, so they can see their photos right away. Before digital photos, people usually had to wait to see their pictures. They took pictures on film* and sent the film to a store. Then, someone developed* the film and printed the pictures on paper. This usually took a few days. But in those days, there was one way to get pictures much more quickly. People could use instant cameras.*

A scientist named Edwin Land made the first instant camera. Land was born in 1909 in Connecticut in the United States. When he was a child, he enjoyed playing with things like radios and clocks. Land liked to understand how things worked, so he studied science at Harvard University. In 1932, he started a company with George Wheelwright, and they called it Land-Wheelwright Laboratories. In 1937, the company name was changed to Polaroid.

One day, Land was on vacation with his family. He took a photo of his daughter. She asked him, "Why can't I see the photo now?" This gave him an idea. Land built an instant camera in 1947. It developed and printed photos in less than one minute.

Land's company made 60 instant cameras in 1948. The cameras were very popular, and they were sold out in one day. The company made more instant cameras, and customers all around the United States bought them. After that, people were able to see their pictures right away.

*digital：デジタルの

*film：フィルム

*develop: ～を現像する

*instant camera：インスタントカメラ

(26) What did Edwin Land like to do when he was a child?

1 Play with radios and clocks.
2 Make things with paper.
3 Dream about starting a company.
4 Study to get into a good school.

(27) What happened in 1937?

1 Land got into Harvard University.
2 Land met George Wheelwright.
3 Land-Wheelwright Laboratories changed its name.
4 Polaroid built a new kind of camera.

(28) Who gave Land the idea for an instant camera?

1 His daughter.
2 His wife.
3 A customer.
4 A friend.

(29) The first instant cameras

1 were too expensive.
2 were all sold very quickly.
3 could only be used for one day.
4 took a few minutes to print pictures.

(30) What is this story about?

1 The history of digital cameras.
2 A famous photo collection.
3 The first smartphone with a camera.
4 A man who built a special camera.

22
年度第
1
回 筆記

4
● あなたは，外国人の友達から以下のQUESTIONをされました。
● QUESTIONについて，あなたの考えとその理由を2つ英文で書きなさい。
● 語数の目安は25語～35語です。
● 解答は，解答用紙のＢ面にあるライティング解答欄に書きなさい。なお，解答欄の外に書かれたものは採点されません。
● 解答がQUESTIONに対応していないと判断された場合は，0点と採点されることがあります。QUESTIONをよく読んでから答えてください。

QUESTION
Do you like going to festivals in summer?

（リスニングテストは次のページにあります。）

リスニング

３級リスニングテストについて

1　このテストには，第1部から第3部まであります。
☆英文は第1部では一度だけ，第2部と第3部では二度，放送されます。
第1部：イラストを参考にしながら対話と応答を聞き，最も適切な応答を 1, 2, 3 の中から一つ選びなさい。
第2部：対話と質問を聞き，その答えとして最も適切なものを 1, 2, 3, 4 の中から一つ選びなさい。
第3部：英文と質問を聞き，その答えとして最も適切なものを 1, 2, 3, 4 の中から一つ選びなさい。

2　No. 30 のあと，10 秒すると試験終了の合図がありますので，筆記用具を置いてください。

||||| 第 1 部 ||||||||||||||||||||||||||||||||||||||||||||||| 🔊 ▶ MP3 ▶ アプリ ▶ CD3 **1** ～ **11**

〔例題〕

No. 1

No. 2

No. 3

No. 4

No. 5

No. 6

No. 7

No. 8

No. 9

No. 10

No. 11
1 Tonight.
2 Tomorrow morning.
3 Tuesday afternoon.
4 Tuesday night.

No. 12
1 Bob's father.
2 Bob's friend.
3 Bob's mother.
4 Bob's mother's friend.

No. 13
1 It was too expensive.
2 He was far from the mountains.
3 He had a bad headache.
4 There wasn't enough snow.

No. 14
1 He went on a business trip.
2 He bought a Japanese textbook.
3 He visited Alice's family.
4 He looked for a new office.

No. 15
1 Pick up Sam.
2 Clean the house.
3 Buy dinner.
4 Call her friend.

No. 16
1 At a supermarket.
2 At a bank.
3 At a library.
4 At an airport.

No. 17

1 Two.
2 Three.
3 Four.
4 Five.

No. 18

1 Send an e-mail to Mr. Kim.
2 Take a math test.
3 Ask Meg about their homework.
4 Look for their textbooks.

No. 19

1 The pizza.
2 The sandwiches.
3 The potato salad.
4 The vegetable soup.

No. 20

1 Work at a bookstore.
2 Go shopping with her friend.
3 Buy a Christmas present.
4 Make some cards.

22
年度第1回

リスニング

No. 21
1 $10.
2 $14.
3 $25.
4 $40.

No. 22
1 In Canada.
2 In the United States.
3 In Japan.
4 In England.

No. 23
1 He runs in a park.
2 He calls his friend.
3 He works late.
4 He walks to his office.

No. 24
1 The water was warm.
2 They met a famous swimmer.
3 They saw a dolphin.
4 They got a new pet.

No. 25
1 He lost his notebook.
2 He forgets people's names.
3 His notebook is too small.
4 He is not good at writing.

No. 26
1 Buy some tickets.
2 Go to Mexico.
3 Get a passport.
4 Clean her suitcase.

No. 27	1 A tent.
	2 A jacket.
	3 A hat.
	4 A blanket.
No. 28	1 Rice.
	2 Curry.
	3 Meat.
	4 Vegetables.
No. 29	1 At a rock concert.
	2 At a music store.
	3 At her brother's school.
	4 At a birthday party.
No. 30	1 On Tuesday night.
	2 On Wednesday morning.
	3 On Thursday night.
	4 On Friday morning.

22
年度第
1
回

リスニング

面　接

Ice Cream

Ice cream is a popular dessert.　Many people eat it outside on hot summer days.　People often buy ice cream at supermarkets, and some people like to make different kinds of ice cream at home.

Questions

No. 1   Please look at the passage. What do some people like to do at home?

No. 2   Please look at the picture. How many people are wearing caps?

No. 3   Please look at the woman. What is she going to do?

Now, Mr. / Ms. ——, please turn the card over.

No. 4   How did you come here today?

No. 5   Do you enjoy going shopping in your free time?
           Yes. → Please tell me more.
           No. → Where would you like to go next weekend?

22
年度第
1
回

面接

Climbing Mountains

Climbing mountains can be exciting. Many people like taking photos of nature, so they carry a camera with them when they climb mountains. People should always take a map and warm clothes with them, too.

Questions

No. 1   Please look at the passage. Why do many people carry a camera with them when they climb mountains?

No. 2   Please look at the picture. How many birds are flying?

No. 3   Please look at the woman with long hair. What is she going to do?

Now, Mr. / Ms. ———, please turn the card over.

No. 4   What do you want to do this summer?

No. 5   Do you like to eat at restaurants?
                  Yes. → Please tell me more.
                  No. → Why not?

2021-3

一次試験 2022.1.23実施
二次試験 A日程 2022.2.20実施
　　　　 B日程 2022.2.27実施

Grade 3

試験時間

筆記：50分
リスニング：約25分

＊解答・解説は別冊p.185～220にあります。
＊面接の流れは本書p.17にあります。

1 次の (1) から (15) までの (　) に入れるのに最も適切なものを 1, 2, 3, 4 の中から一つ選び，その番号のマーク欄をぬりつぶしなさい。

(1) **A:** Mom, look! I taught Shiro to open the door.
 B: Wow. He's a very (　) dog, isn't he?
 1 correct **2** careless **3** clear **4** clever

(2) **A:** I don't know much about baseball. Can you (　) the rules to me?
 B: Sure. It's easy.
 1 sell **2** save **3** happen **4** explain

(3) **A:** These pancakes are good, Mom. Can I have (　) one?
 B: Yes, here you are.
 1 other **2** all **3** another **4** anything

(4) **A:** Do you have any (　) for tomorrow?
 B: Yes. I'm going shopping in Shibuya.
 1 plans **2** symbols **3** kinds **4** voices

(5) **A:** Brian, where's Janet?
 B: She's (　) at the library. She said she had to study for a math test.
 1 slowly **2** widely **3** probably **4** cheaply

(6) **A:** What did you think of the new French restaurant?
 B: It was great. The food looked beautiful, and it (　) nice, too.
 1 grew **2** held **3** tasted **4** joined

(7) In the United States, it's a (　) to watch fireworks on the Fourth of July.
 1 voice **2** surprise **3** tradition **4** meaning

(8) *A:* Bob, could you give me a (　　　　)? I have to move this desk.

B: Sure.

1 face　　　**2** hand　　　**3** finger　　　**4** head

(9) *A:* This jacket is a little big for me. Can I (　　　) on a smaller one?

B: Certainly, sir. How about this one?

1 hit　　　**2** make　　　**3** enter　　　**4** try

(10) Laura's mother was reading a sad book to her at bedtime. At the (　　　) of the story, Laura cried.

1 back　　　**2** end　　　**3** page　　　**4** letter

(11) *A:* Are you (　　　) for your piano concert, Paula?

B: Yes. I practiced for three hours every day this week.

1 late　　　**2** ready　　　**3** near　　　**4** dark

(12) The ice skater didn't (　　　) any mistakes. She skated beautifully, so she got a great score.

1 meet　　　**2** make　　　**3** move　　　**4** miss

(13) *A:* Where did you meet Jack?

B: We met in high school, so I've (　　　) him for over 20 years.

1 knows　　　**2** knew　　　**3** known　　　**4** knowing

(14) Peter is very good at (　　　) stories. His English teacher says he should become a writer.

1 writing　　　**2** to write　　　**3** wrote　　　**4** writes

(15) *A:* I want to buy something for Jacob's birthday.

B: I know (　　　) he wants. Let's go shopping together.

1 what　　　**2** that　　　**3** how　　　**4** why

(16) *Brother:* What are you looking for?
    Sister: My red scarf. ( )
    Brother: No, not today.
    1 Can I give you some?   **2** Have you seen it?
    3 May I get it?   **4** Do you like the color?

(17)   *Son:* Why isn't Mom eating dinner with us tonight?
    Father: ( ) so she went to bed.
    1 She loves chicken curry,
    2 She's still at her office,
    3 She called me this afternoon,
    4 She has a bad stomachache,

(18)   *Wife:* How many cups of coffee have you had today?
    Husband: ( )
    Wife: Wow, that's a lot.
    1 This is my fourth one.   **2** You can have one, too.
    3 Only one dollar each.   **4** I'll have tea, please.

(19) *Man 1:* I'm going fishing with Jim Clark tomorrow. Do you know him?
    Man 2: Yes, we're friends. ( )
    Man 1: I will.
    1 He has a fishing boat.
    2 Thanks for asking me.
    3 I'd like to go with you.
    4 Say hello to him for me.

(20) *Girl:* The movie starts in 20 minutes. Are we going to be late?
    Boy: Don't worry. ( )
    1 I lost your ticket.   **2** We'll be on time.
    3 That's a nice idea.   **4** I like that actor.

（筆記試験の問題は次のページに続きます。）

Staff Member Wanted

Are you interested in a part-time job? Do you enjoy riding a bike? Perry's Pizza Place is looking for a new staff member to take our pizzas to people's houses by bike.

Hours: Fridays 5 p.m. to 8 p.m. and Saturdays 11 a.m. to 6 p.m.
Pay: $10 an hour

You need to be 18 or older to do this job. You can use one of our bikes, so you don't need your own. You don't need to do any cooking or cleaning for this job.

If you're interested in this job, please send an e-mail to our manager, Perry Pitino (pitino@pizzaplace.com).

(21) What time will the new staff member finish work on Saturdays?

    1 At 11 a.m.
    2 At 5 p.m.
    3 At 6 p.m.
    4 At 8 p.m.

(22) People can't do this job if they

    1 can't make delicious pizzas.
    2 don't have their own bike.
    3 are busy on Friday mornings.
    4 are 17 years old or younger.

次のEメールの内容に関して, (23) から (25) までの質問に対する答えとして最も適切なものを 1, 2, 3, 4 の中から一つ選び, その番号のマーク欄をぬりつぶしなさい。

From: Sandra Noble
To: Smithville Garden Center
Date: March 25
Subject: Flowers

- -

Hello,
My name is Sandra Noble. My friend said your garden center is the best, but it's far from my house. I want to ask you for some advice, and maybe I'll visit your garden center next week. My husband and I bought a house in Smithville in January. This spring, we want to plant some flowers in front of our house. I don't have much time for gardening every year, so I want flowers that live longer than one or two years. What kind of flowers would be good?
Sincerely,
Sandra Noble

From: Smithville Garden Center
To: Sandra Noble
Date: March 25
Subject: My advice

- -

Dear Ms. Noble,
Thanks for your e-mail. Flowers that live longer than two years are called perennials. We have lots of perennials at Smithville Garden Center. Many of them are easy to take care of, but different flowers need different things. Some flowers need lots of sun, but others don't. Some flowers even like dry soil.* You said you wanted to put the flowers in front of your house. How many hours of sunshine* does that area get? Is the soil dry? What colors do you like? I'll be at the center every day next week from eight until noon.
Best wishes,
Gary Logan

From: Sandra Noble
To: Smithville Garden Center
Date: March 26
Subject: Thank you

Hello Mr. Logan,
My front yard has some big trees, so it doesn't get much sun in summer. The soil is a little wet. I'd like to have some pink or blue flowers. I'll come and visit your garden center and speak to you next Wednesday.
Sincerely,
Sandra Noble

*soil：土
*sunshine：日光

(23) What did Sandra Noble do in January?

   1 She got married.
   2 She got a new house.
   3 She asked her friend for advice.
   4 She visited a garden center.

(24) What does Gary Logan say about flowers called perennials?

   1 His garden center doesn't sell them.
   2 They don't need any sunlight.
   3 They are too expensive to buy.
   4 They live longer than two years.

(25) What will Sandra Noble do next week?

   1 Meet with Gary Logan.
   2 Buy some soil.
   3 Plant trees in front of her house.
   4 Start working at a garden center.

21
年度第
3
回　筆記

Phar Lap

Around the world, many people love to watch horse racing. Each year, thousands of horses take part in races. Most of them don't win, but sometimes there are horses that become famous. One of these horses was from New Zealand, and his name was Phar Lap.

Phar Lap was born in 1926. His father was a champion racehorse, so Phar Lap's owners thought he would run fast, too. But when Phar Lap was young, he was thin and weak,* and he lost every race he took part in. His owners weren't happy with him, so they sold him to an American businessman named David J. Davis in 1928. The trainer* for Phar Lap was a man from Australia named Harry Telford.

When Telford saw Phar Lap for the first time, he was very surprised to see the horse's bad health. However, he thought Phar Lap could become a successful racehorse, so they began training very hard together. Phar Lap became stronger and grew to 174 centimeters tall. Although he lost his first few races in Australia, in April 1929, he finally won his first race, the Maiden Juvenile Handicap in Rosehill.

After that, Phar Lap became much more popular with people. Between 1929 and 1931, large groups of people came to watch his races in Australia and other countries. During this time, he won 36 of the 41 races he took part in. He also made many new world records.* Because of this, Phar Lap will always be remembered as an amazing racehorse in the history of horse racing.

*weak：弱い
*trainer：調教師
*world record：世界記録

(26) When was Phar Lap sold?

    1 In 1926.
    2 In 1928.
    3 In 1929.
    4 In 1931.

(27) Who was Harry Telford?

    1 An Australian horse racer.
    2 An Australian horse trainer.
    3 An American businessman.
    4 An American runner.

(28) What happened in Australia in April 1929?

    1 Telford won a lot of money.
    2 Telford first met Phar Lap.
    3 Phar Lap won a race for the first time.
    4 Phar Lap started taking part in races.

(29) People will never forget Phar Lap because he

    1 never lost a horse race.
    2 ran in every race in Australia.
    3 was the smallest horse at horse races.
    4 made a lot of new world records.

(30) What is this story about?

    1 A famous racehorse.
    2 Different types of horse racing.
    3 How to train horses.
    4 A popular place for pet owners.

ライティング
● あなたは，外国人の友達から以下のQUESTIONをされました。
● QUESTIONについて，あなたの考えとその理由を2つ英文で書きなさい。

4
● 語数の目安は25語〜35語です。
● 解答は，解答用紙のB面にあるライティング解答欄に書きなさい。なお，解答欄の外に書かれたものは採点されません。
● 解答がQUESTIONに対応していないと判断された場合は，0点と採点されることがあります。QUESTIONをよく読んでから答えてください。

QUESTION
What do you enjoy doing on weekends?

（リスニングテストは次のページにあります。）

21
年度第3回　筆記

リスニング

３級リスニングテストについて

1　このテストには，第1部から第3部まであります。
　☆英文は第1部では一度だけ，第2部と第3部では二度，放送されます。
　第1部：イラストを参考にしながら対話と応答を聞き，最も適切な応答を 1, 2, 3 の中から一つ選びなさい。
　第2部：対話と質問を聞き，その答えとして最も適切なものを 1, 2, 3, 4 の中から一つ選びなさい。
　第3部：英文と質問を聞き，その答えとして最も適切なものを 1, 2, 3, 4 の中から一つ選びなさい。
2　No. 30 のあと，10 秒すると試験終了の合図がありますので，筆記用具を置いてください。

|||||| 第 1 部 ||||||　　🔊 ▶MP3 ▶アプリ ▶CD3 **43**〜**53**

〔例題〕

No. 1

No. 2

No. 3

No. 4

No. 5

No. 6

No. 7

No. 8

No. 9

No. 10

No. 11
1 Looking for his ruler.
2 Buying a pencil case.
3 Cleaning his desk.
4 Doing his homework.

No. 12
1 She opened her own store.
2 She called Dan.
3 She went to the bank.
4 She bought a necklace.

No. 13
1 One and a half hours.
2 Two hours.
3 Two and a half hours.
4 Three hours.

No. 14
1 He is older than her.
2 She is taller than him.
3 They got birthday presents.
4 They have the same birthday.

No. 15
1 Make pies.
2 Talk to his grandmother.
3 Eat blueberries.
4 Go shopping.

No. 16
1 The English club.
2 The science club.
3 The music club.
4 The drama club.

No. 17	1 Eat at a restaurant.
	2 Save money for a trip.
	3 Travel to Japan.
	4 Learn how to make curry.

No. 18	1 Jenny's.
	2 Jenny's sister's.
	3 Jenny's friend's.
	4 The man's.

No. 19	1 In Carl's office.
	2 In the meeting room.
	3 On Tracy's desk.
	4 On the copy machine.

No. 20	1 Once a week.
	2 Twice a week.
	3 Once a month.
	4 Twice a month.

21
年度第3回

リスニング

No. 21
1 Some balloons.
2 Some drinks.
3 Some cake.
4 Some presents.

No. 22
1 At school.
2 At her friend's house.
3 At the park.
4 At home.

No. 23
1 The monkeys.
2 The elephants.
3 The birds.
4 The snakes.

No. 24
1 A famous baseball player.
2 A new baseball stadium.
3 His ski trip.
4 His job.

No. 25
1 She took a bus tour.
2 She made new friends.
3 She went to a church.
4 She visited a museum.

No. 26
1 In his bag.
2 In the library.
3 In his classroom.
4 In the cafeteria.

No. 27	1 His friend.
	2 His children.
	3 His high school teacher.
	4 His father.

No. 28	1 Her mother was sick.
	2 Her mother was busy.
	3 Her father is the coach.
	4 Her father loves sports.

No. 29	1 He goes by train.
	2 He goes by bus.
	3 He rides his bike.
	4 He walks.

No. 30	1 Give a speech.
	2 Clean the cafeteria.
	3 Make some posters.
	4 Make some cookies.

21
年度第3回

リスニング

問題カード（A 日程）　　◀》 ▶MP3　▶アプリ　▶CD3 76～80

Pasta

Pasta is eaten in countries around the world. Pasta tastes good with both meat and vegetables, so it is a popular dish with many people. Some stores sell many different kinds and colors of pasta.

Questions

No. 1   Please look at the passage. Why is pasta a popular dish with many people?

No. 2   Please look at the picture. How many tomatoes is the man holding?

No. 3   Please look at the girl with long hair. What is she going to do?

Now, Mr. / Ms. ——, please turn the card over.

No. 4   What did you do during your winter vacation?

No. 5   Do you like to go to festivals?
                Yes. → Please tell me more.
                No. → What would you like to do this spring?

Lakes

Japan has many beautiful lakes. They are often quiet and relaxing places to visit. There are places to camp near some lakes, and some people like to go swimming in lakes when it is sunny.

Questions

No. 1   Please look at the passage. What do some people like to do when it is sunny?

No. 2   Please look at the picture. How many people are sitting in the boat?

No. 3   Please look at the man wearing a hat. What is he doing?

Now, Mr. / Ms. ——, please turn the card over.

No. 4   What are you going to do this evening?

No. 5   Would you like to study abroad?
          Yes. → Please tell me more.
          No. → Why not?

旺文社の英検®書

2024年度版

文部科学省後援

英検®
3級
過去6回
全問題集

別冊解答

旺文社

2024年度版

文 部 科 学 省 後 援

英検®
3級

過去6回
全問題集

別冊解答

英検®は、公益財団法人 日本英語検定協会の登録商標です。　旺文社

もくじ

Contents

正答率 **★75%以上** は，旺文社「英検®一次試験 解答速報サービス」において
回答者の正答率が 75%以上だった設問を示しています。

2023-2

解答一覧

一次試験・筆記

1

(1)	4	(6)	4	(11)	2
(2)	2	(7)	1	(12)	1
(3)	2	(8)	2	(13)	3
(4)	3	(9)	4	(14)	4
(5)	1	(10)	4	(15)	2

2

(16)	4	(18)	3	(20)	1
(17)	4	(19)	3		

3 A

(21)	1	**3 B**	
(22)	1	(23)	2
		(24)	2
		(25)	4

3 C

(26)	3	(28)	1	(30)	3
(27)	1	(29)	4		

4　解答例は本文参照

一次試験・リスニング

第1部

No. 1	1	No. 5	3	No. 9	3
No. 2	3	No. 6	2	No.10	1
No. 3	1	No. 7	2		
No. 4	1	No. 8	1		

第2部

No.11	3	No.15	3	No.19	2
No.12	3	No.16	2	No.20	2
No.13	2	No.17	1		
No.14	4	No.18	1		

第3部

No.21	1	No.25	1	No.29	1
No.22	2	No.26	4	No.30	2
No.23	3	No.27	3		
No.24	4	No.28	1		

(1) 解答 **4**

訳 A「この本を私に貸してくれてありがとう。とても楽しんだわ」
B「よかったらそれを持っていていいよ」

解説 lend は「(人) に〜を貸す」という意味で，A は B に本を貸してくれたことを感謝している。You can 〜「〜してもよい」と if you like「もしよければ」とのつながりから，keep「〜を持ち続ける」が正解。win「(〜に) 勝つ」，wait「待つ」，rise「上がる」。

(2) 解答 **2**

訳 「私は今日，雨の中でサッカーをしたので，私のユニフォームは今とても汚れている」

解説 文の前半に雨の中でサッカーをしたことが説明されていて，後半の so「だから」以降の主語が my uniform「私のユニフォーム」なので，dirty「汚れて」が正解。new「新しい」，long「長い」，quick「すばやい」。

(3) 解答 **2**

訳 A「あなたは毎朝 5 キロ走るそうね」
B「それは正しくないよ。ぼくは普段 3 キロ走るだけだよ」

解説 A の you run five kilometers every morning に対して，B は I usually only run three kilometers. と言っているので，5 キロ走るのは true「真実の，本当の」ことではないということになる。warm「暖かい」，ready「用意のできた」，fast「速い」。

(4) 解答 **3**

訳 「先月日本へ行く前に，私は父からいいアドバイスをもらった。父は私に，旅行の前にいくつかの簡単な日本語を覚えるように言った」

解説 told は tell の過去形で，〈tell + (人) + to 〜〉で「(人) に〜するように言う」という意味。He told me to 〜以下が，日本へ行く

前に父親が自分に伝えたことで，その内容から advice「アドバイス，助言」が正解。sky「空」，meaning「意味」，time「時間」。

(5)　解答 ①

訳
「今日は雪が降っていたが，リンダは暖かい手袋をつけずに外出した。彼女の手はとても冷たくなった」

解説
Her hands became very cold. から，リンダは warm gloves「暖かい手袋」をしなかったと推測して，without「～なしで」を選ぶ。without ～ing で「～しないで」という意味。among「～の間で」，through「～を通って」，between「～の間に」。

(6)　解答 ④

訳
A「大丈夫，ジム？」
B「指が痛いんだ。保健室の先生に診てもらいに行くよ」

解説
空所の前にある主語 My finger「ぼくの指」につながる動詞は hurt「痛む」で，ここでは3人称単数現在形の hurts になっている。school nurse は「保健室の先生，養護教諭」という意味。shout(s)「叫ぶ」，laugh(s)「笑う」，know(s)「知っている」。

(7)　解答 ①

訳
「ポールは自分の誕生日パーティーに9人の友だちを招待したが，6人しか来なかった。他の3人は忙しすぎた」

解説
空所に入る動詞の目的語になる nine friends と，to his birthday party「彼の誕生日パーティーに」との意味的なつながりから，invite「～を招待する」の過去形 invited が正解。2，3，4 はそれぞれ introduce「～を紹介する」，meet「(～に) 会う」，feel「(～を) 感じる」の過去形。

(8)　解答 ②

訳
A「どれくらいの頻度でスキーをしに行くの？」
B「年に2，3回だよ。いつもは新潟に1回と長野に1回行くんだ」

解説
How often は頻度を尋ねる表現。空所前後の A と of とのつながりを考えて，a couple of ～「2，3の～」とする。time(s) は「回」

という意味。hobby「趣味」，fact「事実」，group「グループ」。

(9) 解答 ④

訳 A「今日のルーシーの水泳のレースはどうだった？」
B「優勝はしなかったけど，彼女はベストを尽くしたわ。彼女を誇りに思うわ」

解説 空所の前の did her とつながるのは best で，do *one's* best は「ベスト[最善]を尽くす」という意味の表現。be proud of ～ は「～を誇りに思う」という意味。just「ちょうど」，next「次の」，first「最初の」。

(10) 解答 ④

訳 A「今夜のディナーパーティーの前に，家を掃除する必要があるわ」
B「そうだね。最初に，居間を掃除しよう。それからその後に，台所と浴室を掃除すればいいよ」

解説 空所の後の of all に注目して，first of all「最初に」という表現にする。First of all, ～. Then …「最初に～。それから…」という順序を説明する表現に慣れておこう。right「右の，正しい」，straight「まっすぐに」，next「次の」。

(11) 解答 ②

訳 「ユウコの父親はスペイン語を少し話すことができる。彼は子どもの頃，しばらくの間スペインに住んでいた」

解説 He lived in Spain「彼（＝ユウコの父親）はスペインに住んでいた」という内容と，空所の前の for a とのつながりから，for a while「しばらくの間」という表現にする。matter「事柄」，chance「機会」，future「未来」。

(12) 解答 ①

訳 「スコットがボストンにいたのは1日だけだったが，有名な美術館を見て回る時間があった。彼はそこで多くの美しい絵画を見た」

解説 空所の前にある動詞 look とのつながりと，空所の後に a famous art museum という場所が続いていることから，look around ～

「〜を見て回る」という表現にする。against「〜に反対して」,away「離れて」,like「〜のような」。

(13) 解答 ③

正答率 ★75%以上

訳 A「あのビルは東京タワーより高いの？」
B「そう思うよ」

解説 空所の後に than が続いているので,that building と Tokyo Tower を比較している文。tall を比較級にして taller than 〜「〜より高い」とする。1 の tallest は tall の最上級,4 の too tall は「高すぎる」という意味。

(14) 解答 ④

訳 A「ピーターは午後5時の会議に来る？」
B「ううん。彼はもう家に帰ったよ。体調がよくないと言ってた」

解説 B の2文目が He has already 〜 で始まっていることに注目して,現在完了形〈have [has]＋過去分詞〉の形にする。go の過去分詞は gone で,has already gone home は「もう家に帰った」という意味。

(15) 解答 ②

訳 「ユリコには2人の兄弟がいる。彼女は毎週末,兄弟と一緒にテレビゲームをして楽しんでいる」

解説 enjoy は「〜を楽しむ」という意味の動詞。この後にさらに動詞を続けて「〜をして楽しむ」と表現するためには,〈enjoy＋〜ing〉の形にする必要がある。1 の played は過去形,3 の plays は3人称単数現在形。

一次試験・筆記 2 問題編 p.28

(16) 解答 ④

正答率 ★75%以上

訳 男の子「今週末に泳ぎに行くんだ。ぼくと一緒に行かない？」
女の子「ごめん,とても忙しいの。また今度ね」

9

解説 Do you want to ～? は「～したいですか，～しませんか」という意味で，男の子は女の子に一緒に泳ぎに行かないか誘っている。女の子の Sorry, I'm really busy. から行けないことがわかるので，この後に続くのは 4 の Maybe some other time.「また今度ね」。

(17) 解答 ④

訳 男の子1「メリークリスマス！　よい冬休みを」
男の子2「君もね，マイク。また来年ね」

解説 男の子1の Have a nice winter vacation.「よい冬休みを（送ってね）」に，どの選択肢が適切な応答になっているかを考える。正解 4 の Same to you は，相手の発話に対して「あなたもね」と返すときの表現。

(18) 解答 ③

訳 息子「暗くなってきているね。明かりをつけようか？」
母親「ええ，お願い。それとカーテンも閉めてね」

解説 息子の It's getting dark. から暗くなってきている状況だとわかるので，明かりをつけるかどうか尋ねている 3 の Shall I turn on the light? が正解。Shall I ～? は「（私が）～しましょうか」，turn on ～ は「（明かり）をつける，（電源）を入れる」という意味。

(19) 解答 ③

訳 母親「中国史の授業はどう，ボビー？」
息子「すごくおもしろいよ。とても勉強になってる」

解説 How do you like ～? は「～はどうですか」という意味で，母親は息子に Chinese history class「中国史の授業」の感想を尋ねている。息子はそれが interesting だと言っているので，その後に続くのは 3 の I'm learning a lot.「とても勉強になっている」。

(20) 解答 ①　　　　　　　　　　　　　　正答率 ★75%以上

訳 父親「ルーシー，道路を走って渡っちゃだめだよ。危ないから」
娘「心配しないで，お父さん。そうしないわ」

解説 Don't ～ は「～してはいけない」，run across ～ は「～を走って

渡る」という意味。don't run across the street の後に続くのは，それが dangerous「危険な」ことだと言っている 1。娘の I won't. は，I won't run across the street. ということ。

一次試験・筆記 **3A** | 問題編 p.30〜31

ポイント ブラウンズビル中学校のバスケットボールチームの試合に関する掲示。試合会場となるスプリングフィールド中学校までの行き方や，複数出てくる時刻がそれぞれ何を表しているか読み取ろう。

全 訳
今週土曜日のバスケットボールの試合
ブラウンズビル中学校のバスケットボールチームが，今週末に大事な試合を行います。生徒全員に来てほしいです！

場所：スプリングフィールド中学校の体育館
親にスプリングフィールド中学校まで連れて行ってもらうようにお願いしてください。遠いので，そこへは車で行く必要があるでしょう。学校の近くの駐車場に車を入れることができます。そして，そこから正門までは5分歩かなければなりません。

時間：午後7時〜午後8時30分
試合は午後7時に開始しますが，午後6時30分までに到着してください。学校のドアは午後6時まで閉まっています。
楽しみましょう！

語 句 junior high school「中学校」, this weekend「今週末」, want 〜 to ...「〜に…してほしい」, gym「体育館」, ask 〜 to ...「〜に…するように頼む」, far away「遠く離れて」, parking lot「駐車場」, minute(s)「分」, front gate「正門」, 〜 p.m.「午後〜時」, until「〜まで」, have fun「楽しむ」

(21) 解答

質問の訳 「生徒が試合を見たければ，行くべきなのは」
選択肢の訳 1 駐車場から正門まで徒歩で。
2 ブラウンズビル中学校の体育館まで車で。

3 スプリングフィールド中学校まで自転車で。

4 スプリングフィールドまで電車で。

解説 Place「場所」の部分に，試合会場のスプリングフィールド中学校までの行き方が説明されている。その最後に，Then you have to walk five minutes from there to the front gate. とある。there はその前の文に出ている the parking lot を指している。この内容をまとめた **1** が正解で，on foot は「徒歩で」という意味。

(22) 解答 ①

質問の訳 「土曜日には学校のドアはいつ開くか」

選択肢の訳
1 午後6時に。 　　　　　　　　**2** 午後6時30分に。
3 午後7時に。 　　　　　　　　**4** 午後8時30分に。

解説 Time「時間」の部分の最後に，The doors of the school will be closed until 6:00 p.m. と書かれている。will be closed until 6:00 p.m.「午後6時まで閉まっている」ということは，午後6時に開くということなので，**1** が正解。

一次試験・筆記	**3B**	問題編 p.32〜33

ポイント 姉妹のキャシーとアリソンが，いい大学へ行くことになった弟のマークのために行うパーティーについてやり取りしている E メール。パーティーの準備について，キャシーがアリソンに何を頼んでいるかや，アリソンはそれにどう答えているかを読み取ろう。

全訳 送信者：キャシー・ラミレス
受信者：アリソン・ラミレス
日付：4月3日
件名：マークのためのパーティー

こんにちは，アリソン，

ねえ聞いて。マークがヒルサイド大学に進学して4年間勉強することになったの！ 私たちの弟がそんないい大学へ行くなんて信じられないわ。その知らせを聞いたとき，私はとても驚いたけど，彼が高校で一生懸命勉強して，よい成績だったことは知ってるわ。彼は科学を勉強すると言ってる。今週の土曜日に，お母さんとお

12

父さんの家で彼のためのパーティーを計画しているの。彼の友だちにも何人か来てもらうように聞いてみるわ。私がパーティーの準備をするのを手伝ってくれる？　午後4時に始まるから，あなたには午後3時までに着いて，私と一緒に両親の家を掃除してほしいの。もちろん，お母さんとお父さんも手伝うわよ。それと，カレーライスを作ってパーティーに持ってきてくれる？　カレーライスはマークの大好物で，マークはあなたの料理をとてもおいしいと思っているわ。

姉，

キャシー

送信者：アリソン・ラミレス

受信者：キャシー・ラミレス

日付：4月3日

件名：すばらしいニュースね！

こんにちは，キャシー，

それはすばらしいニュースね！　マークがもうすぐ大学へ行くなんて信じられないわ！　彼は本当にいい大学へ行きたがっていたので，きっととても喜んでいると思うわ。土曜日にパーティーの準備をするのを手伝えるわよ。午前10時から11時30分までは歌のレッスンがあるの。その後，スーパーマーケットに行って肉と野菜を買って，それから，家でカレーライスを作るわ。午後2時30分にお母さんとお父さんの家に着くわ。それから家の掃除を手伝えるわよ。

それじゃ土曜日に，

アリソン

（　語　句　）　Guess what?「ねえ聞いて，何だと思う？」, university「大学」, such a ～「そんな～」, heard＜hear「～を聞く」の過去形, do well「よい成績をあげる，うまくいく」, get ready for ～「～の準備をする」, of course「もちろん」, curry and rice「カレーライス」, delicious「とてもおいしい」, I'm sure ～「きっと～だと思う」, prepare for ～「～の準備をする」,

(23) 解答 2 ━━━━━━━━━━━━━━━━━━━━━ 正答率 ★75%以上

質問の訳 「なぜキャシーは驚いたのか」

選択肢の訳
1 彼女の弟が高校で成績がよくなかった。
2 彼女の弟がヒルサイド大学に進学する。
3 彼女の弟が科学は好きではないと言った。
4 彼女の弟が別の高校へ行く。

解 説 キャシーが書いた最初の E メールの 4 文目に「その知らせ」を聞いたときに surprised「驚いた」とある。この that news はその前の内容から,2 人の弟が Hillside University に進学することである。

(24) 解答 2 ━━━━━━━━━━━━━━━━━━━━━ 正答率 ★75%以上

質問の訳 「キャシーがアリソンにしてほしいことは」

選択肢の訳
1 マークの友人たちに電話する。
2 パーティーのために料理を作る。
3 両親にキャシーの計画について話す。
4 パーティーをする場所を見つける。

解 説 最初の E メールの 8 文目に Can you help me to get ready for the party? とあり,これ以降,キャシーはアリソンに手伝ってもらいたいことを伝えている。11 文目の Also, could you make curry and rice and bring it to the party? から,**2** が正解。Could you ~? は「~してくれませんか」と依頼をする表現。正解では,curry and rice を some food に置き換えている。

(25) 解答 4 ━━━━━━━━━━━━━━━━━━━━━ 正答率 ★75%以上

質問の訳 「アリソンは歌のレッスンの後に何をするか」

選択肢の訳
1 彼女はレストランでカレーライスを食べる。
2 彼女は自分の家を掃除する。
3 彼女はマークを学校へ迎えに行く。
4 彼女はスーパーマーケットへ買い物に行く。

解 説 アリソンが書いた 2 番目の E メールの 5 文目に,I have a

singing lesson from 10:00 a.m. until 11:30 a.m. とある。次の
文の After that「その後」は，歌のレッスンの後ということで，
続く I'll go to the supermarket and buy meat and vegetables
の内容を短くまとめた **4** が正解。

一次試験・筆記 **3C** | 問題編 p.34～35

ポイント　多くの国々で使われている香辛料のサフランに関する4段落構成
の英文。サフランがどこで，どのような用途で使われてきたかと
ともに，サフランを作るのが容易ではない理由や，サフランの味
の特徴などを中心に読み取ろう。

全　訳

サフラン

　サフランは，世界中の多くの国々で料理に使われる香辛料であ
る。それは，クロッカスと呼ばれる花の小さな部分から作られる。
この部分は赤い色をしているが，サフランを使って作られた料理
は黄色い。多くの人は，その味が強くてとてもおいしいと思って
いる。サフランは，米，肉，スープなどたくさんの種類の食べ物
を料理するために使われる。

　アジア各地の人々は長い間，料理をするときにサフランを使っ
てきた。また，サフランは何百年もの間，南ヨーロッパ各地でも
親しまれてきた。その後，他の地域の人々もサフランを使い始め
た。多くの人々はサフランを料理に使ったが，他のことに使う人
たちもいた。それは，気分がよくなるよう病気の人たちに与えら
れたり，人々は衣服を染めるためにそれを使ったりもした。

　サフランを作るのは簡単ではない。1グラムのサフランを作る
には，通常150個以上のクロッカスの花を集めなければならない。
その花は，秋と冬の2～3か月間しか育たない。花は弱いので，
人々は手で集めなければならない。これには長い時間がかかるの
で，それを集めるにはたくさんの人が必要だ。また，花は太陽が
傷つけてしまう前の早朝に集められる必要がある。

　こうした理由から，サフランは高価だ。それは，世界で最も高
価な香辛料である。昔は，金よりも高価だった。しかし，サフラ

15

ンの強い味のために，人々は料理をするときにあまり多くを使う
必要はない。そのため，多くの人はそれでもサフランを買って家
で使う。

（語句）　part(s)「部分」，called ～「～と呼ばれる」，food cooked
with saffron「サフランを使って作られた料理」，many kinds
of ～「たくさんの種類の～」，such as ～「～のような」，
hundreds of ～「何百もの～」，given＜give「(人) に～を与え
る」の過去分詞，feel better「気分がよくなる」，more than
～「～以上の」，weak「弱い」，reason(s)「理由」，expensive
「高価な」，in the past「昔は」，however「しかし」

(26) 解答 3 　　　　　　　　　　　　　正答率 ★75%以上

質問の訳　「サフランは何から作られるか」

選択肢の訳　**1** 肉。　　　**2** 米。　　　**3** 花の一部。　　**4** 黄色い野菜。

解説　be made from ～ は「～から作られる」という意味。第1段落の
2文目に，It is made from small parts of a flower called a
crocus. とあり，これを短くまとめた3が正解。It は1文目の主
語 Saffron を指している。parts of ～ は「～の一部」という意味。

(27) 解答 1

質問の訳　「南ヨーロッパ各地で長い間，何が人々に親しまれてきたか」

選択肢の訳　**1** 食事にサフランを使うこと。

2 病気のときに黄色い服を着ること。

3 衣服をサフランで洗うこと。

4 アジアの医者を訪ねること。

解説　第2段落1文目の People in parts of Asia have used saffron
when they cook for a long time. から，アジア各地の人々が料
理でサフランを使ってきたことがわかる。続く2文目に，It has
also been popular for hundreds of years in parts of southern
Europe. とあり，同様に南ヨーロッパ各地でもサフランが親しま
れてきたということから1が正解。for hundreds of years は「何
百年もの間」という意味。

(28) 解答 1 ━━━━━━━━━━━━━━━ 正答率 ★75%以上

質問の訳 「クロッカスの花を集めるとき，人々は何をする必要があるか」

選択肢の訳
1 手を使う。
2 外が暑いときに始める。
3 古い機械を使う。
4 午後の早い時間に始める。

解説 crocus flowers については，第3段落に書かれている。その4文目に，The flowers are weak, so people have to collect them with their hands. と説明されている。them はクロッカスの花のことで，with their hands は「手を使って」という意味。

(29) 解答 4 ━━━━━━━━━━━━━━━━━━━━━━━━━━━

質問の訳 「人々が料理をするときにたくさんのサフランを使わない理由は」

選択肢の訳
1 それはほとんどの人の気分を悪くする。
2 赤は人気のある色ではない。
3 それは買うのが難しい。
4 それは強い味がする。

解説 第4段落の4文目に，However, people don't need to use much of it when they cook とあり，人々が料理をするときにあまり多くのサフランを使わないことが説明されている。続く because of its strong taste がその理由で，because of ～は「～のために」という意味。

(30) 解答 3 ━━━━━━━━━━━━━━━━━━━━━━━━━━━

質問の訳 「この話は何についてか」

選択肢の訳
1 人々がもう食べなくなった香辛料。
2 多くの種類の花を育てる新しい方法。
3 多くの料理に使われる人気のある香辛料。
4 花で有名な場所。

解説 タイトルにある通り saffron に関する英文で，第1段落1文目の Saffron is a spice that is used for cooking in many countries around the world. から，サフランが多くの国で料理に使われる香辛料であること，5文目の Saffron is used to cook many

17

kinds of food, … から，多くの種類の食べ物に使われることがわかる。

質問の訳 「あなたは将来，外国で働きたいですか」

解答例 Yes, I do. First, I want to work with foreign people and learn about their cultures. Second, my dream is to work for a famous fashion company in Europe.

解答例の訳 「はい，働きたいです。第1に，私は外国の人たちと一緒に仕事をして，彼らの文化について学びたいです。第2に，私の夢は，ヨーロッパの有名なファッション会社で働くことです」

解 説 最初に，want to work in a foreign country in the future「将来，外国で働きたい」かどうかを，Yes, I do. または No, I don't. の形で書く。続けて，その理由を2つ説明する。解答例では，1文目：自分の考え（将来，外国で働きたい），2文目：1つ目の理由（外国の人たちと一緒に仕事をして，彼らの文化を学びたい），3文目：2つ目の理由（将来の夢が，ヨーロッパの有名なファッション会社で働くことだ）という構成になっている。2つの理由を列挙する First, ～「第1に，～」や Second, ～「第2に，～」の使い方に慣れておこう。

語 句 foreign「外国の」，culture(s)「文化」，my dream is to ～「私の夢は～することだ」，work for ～「～で働く」，fashion company「ファッション会社」，Europe「ヨーロッパ」

例題　解答 **3**

放送文 ★：I'm hungry, Annie.

☆：Me, too. Let's make something.

★：How about pancakes?

1 On the weekend.　　　　　**2** For my friends.

3 That's a good idea.

放送文の訳 ★：「おなかがすいたよ，アニー」

☆：「私もよ。何か作りましょう」

★：「パンケーキはどう？」

1 週末に。　　　　　　**2** 私の友だちに。

3 それはいい考えね。

No. 1　解答 **1**

正答率 ★75%以上

放送文 ☆：What did you do last weekend?

★：I went to Forest Park.

☆：Oh, that park is beautiful.

1 It's my favorite place.

2 We have an hour.

3 I'll do it later.

放送文の訳 ☆：「先週末は何をしたの？」

★：「フォレストパークに行ったよ」

☆：「あら，あの公園はきれいよね」

1 それはぼくのお気に入りの場所なんだ。

2 ぼくたちには1時間あるよ。

3 ぼくが後でそれをするよ。

解　説　女性の Oh, that park is beautiful. は，男性が先週末に行った Forest Park のこと。この後に続く男性の発話として適切なのは，その公園が my favorite place「ぼくのお気に入りの場所」だと言っている**1**。

No. 2　解答 ❸ 　━━━━━━━━━━━━━━━━━━

放送文　☆：Hi, Mike.

★：Hi, Tracy.　Is that a new phone?

☆：Yeah, I bought it yesterday.

　　1 I sent one this morning.

　　2 Not yet.

　　3 It looks cool.

放送文の訳　☆：「こんにちは，マイク」

★：「やあ，トレイシー。それは新しい電話なの？」

☆：「そうよ，昨日買ったの」

　　1 ぼくは今朝１つ送ったよ。

　　2 まだだよ。

　　3 かっこよく見えるね。

解　説　女の子が持っている a new phone「新しい（携帯）電話」が話題。女の子の Yeah, I bought it yesterday. の後の応答として適切なのは，その電話が looks cool と言っている **3**。look は「～に見える」，cool は「かっこいい，すばらしい」という意味。

No. 3　解答 ❶ 　━━━━━━━━━━━━━━━━━━

放送文　☆：Have you seen this movie yet?

★：Yeah.　I saw it last week.

☆：How was it?

　　1 It was funny.

　　2 Two and a half hours.

　　3 Only seven dollars.

放送文の訳　☆：「この映画をもう見た？」

★：「うん。先週見たよ」

☆：「どうだった？」

　　1 おもしろかったよ。

　　2 ２時間半。

　　3 たった７ドル。

解　説　How was ～?「～はどうでしたか」は感想などを尋ねる表現で，女の子は男の子に，先週見た映画がどうだったかを尋ねている。

感想になっているのは1で，funny は「おもしろい，おかしな」という意味。

No. 4　解答 **1**

放送文
☆：You look happy, Peter.

★：Yeah, I got into Carlton University.

☆：Well done! What are you going to study?

 1　European history.

 2　About three hours a day.

 3　I'll do my best.

放送文の訳
☆：「うれしそうね，ピーター」

★：「はい，カールトン大学に合格しました」

☆：「よくやったわ！　何を勉強するの？」

 1　ヨーロッパ史です。

 2　1日約3時間です。

 3　ベストを尽くします。

解　説
女性の What are you going to study? は，Carlton University「カールトン大学」に合格したと言っている男の子に大学で何を勉強するのかを尋ねた質問。この質問に，European history.「ヨーロッパ史」と具体的に答えている **1** が正解。

No. 5　解答 **3**

放送文
☆：Do you need help, Carl?

★：Yes. Can you try this soup?

☆：Hmm. I think there isn't enough pepper.

 1　I like Italian food.

 2　I went to the supermarket.

 3　I'll put some more in, then.

放送文の訳
☆：「手伝いが必要，カール？」

★：「うん。このスープを飲んでみてくれる？」

☆：「うーん。コショウが十分じゃないと思うわ」

 1　ぼくはイタリア料理が好きだよ。

 2　ぼくはスーパーマーケットへ行ったよ。

 3　それじゃ，もう少し入れるね。

解説　スープを飲んでみるように言われた女性は，I think there isn't enough pepper. と，pepper「コショウ」が十分ではないと思うと伝えている。その後の男性の応答としては，put some more in 「もう少し（コショウを）入れる」と言っている **3** が適切。

No.6　解答 **2**

放送文 ☆：You look lost. What's wrong?

★：I'm looking for the Garden Hotel.

☆：It's on the next block.

1 On business.

2 Thanks for your help.

3 He was late.

放送文の訳 ☆：「迷われているようですね。どうなさいましたか」

★：「ガーデンホテルを探しているんですが」

☆：「それは隣の区画にありますよ」

1 仕事で。

2 助けてくれてありがとう。

3 彼は遅刻しました。

解説　lost は「道に迷った」という意味で，女性が迷った様子の男性に声をかけている。the Garden Hotel を探しているという男性に，女性は It's on the next block. とホテルの場所を教えているので，Thanks for your help. と感謝の気持ちを伝える **2** が正解。

No.7　解答 **2**

放送文 ☆：Alex, where are you going?

★：To the park to play soccer.

☆：OK, but let's have dinner at six.

1 I've been there, Mom.

2 I'll be home by then.

3 That's my soccer ball, Mom.

放送文の訳 ☆：「アレックス，どこへ行くの？」

★：「サッカーをしに公園へ」

☆：「わかったわ，でも 6 時に夕食を食べましょう」

1 ぼくはそこへ行ったことがあるよ，お母さん。

2 そのときまでには帰るよ。

3 それはぼくのサッカーボールだよ，お母さん。

解説　サッカーをしに公園へ出かけようとしているアレックスに，母親は OK, but let's have dinner at six. と夕食の時間を伝えている。これに応じた発話になっているのは **2** で，by then「そのときまでには」は，「（夕食を食べる）6時までには」ということ。

No. 8　解答 ①

放送文　☆：Could you take this chair outside?

★：Sure.

☆：You're so helpful.　Thanks.

   1 My pleasure.

   2 In the garden.

   3 Me, too.

放送文の訳　☆：「このいすを外に持って行ってくれる？」

★：「いいよ」

☆：「とても助かるわ。ありがとう」

   1 どういたしまして。

   2 庭に。

   3 ぼくもだよ。

解説　女性からいすを外に持っていくように頼まれた男性は，Sure. と応じている。これに女性は You're so helpful.　Thanks. と感謝の気持ちを伝えているので，お礼を言われたときの返答である **1** の My pleasure. が正解。

No. 9　解答 ③

放送文　★：Jane, how was your trip to Mexico?

☆：Great!

★：Will you go again?

   1 Enjoy your trip.

   2 A new passport.

   3 Maybe next year.

放送文の訳　★：「ジェーン，メキシコへの旅行はどうだった？」

☆：「とてもよかったわ！」

★：「また行くの？」

1 旅行を楽しんでね。

2 新しいパスポート。

3 たぶん来年かな。

解説　女性が行ったメキシコ旅行が話題。男性の Will you go again? は，女性がまたメキシコへ行くつもりかどうかを尋ねた質問。これに応じた発話になっているのは 3 で，maybe「たぶん」を使って行くかもしれない時期を答えている。

No.10 解答 ①

放送文　☆：Dad, can you please bring me a red pencil?

★：Sure. Why?

☆：I'm drawing a picture.

1 I'd love to see it.

2 On the desk.

3 We can go together.

放送文の訳　☆：「お父さん，私に赤鉛筆を持ってきてくれる？」

★：「いいよ。どうして？」

☆：「絵を描いているの」

1 それをぜひ見たいな。

2 机の上に。

3 一緒に行けるよ。

解説　女の子が父親に，a red pencil を持ってきてくれるように頼んでいる場面。女の子は I'm drawing a picture.「絵を描いている」と言っているので，I'd love to ～「ぜひ～したい」を使ってその絵を見たいと伝えている 1 が正解。

一次試験・リスニング	第**2**部	問題編 p.40～41	🔊	▶MP3 ▶アプリ ▶CD 1 **12**～**22**

No.11 解答 ③　　　　　　　　　正答率 ★75%以上

放送文　☆：You look sad, Bob. What's wrong?

★：My friend Mike called. He can't come to my birthday

24

party tonight.

☆：Oh no! Why not?

★：He caught a cold.

Question: Why is Bob sad?

放送文の訳　☆：「悲しそうね，ボブ。どうしたの」

★：「友だちのマイクから電話があったんだ。今夜のぼくの誕生日パー
ティーに来られないって」

☆：「そんな！　どうして？」

★：「彼は風邪をひいたんだ」

質問の訳　「ボブはなぜ悲しいのか」

選択肢の訳　1　彼はプレゼントを買い忘れた。

2　彼の母親が風邪をひいた。

3　マイクが彼のパーティーに来られない。

4　誰も彼の誕生日ケーキが気に入らなかった。

解説　悲しそうな様子のボブに，女の子は What's wrong?「どうした
の？」と尋ねている。それに対してボブは，My friend Mike
called. He can't come to my birthday party tonight. と理由
を説明している。

No. 12 解答 3

放送文　☆：Do you want to go to a movie?

★：Sure, Mom. But I want to finish my homework first.

☆：OK. The movie starts at three.

★：Let's leave at 2:30.

Question: What time does the movie start?

放送文の訳　☆：「映画を見に行かない？」

★：「いいよ，お母さん。でも，先に宿題を終わらせたいんだ」

☆：「いいわよ。映画は3時に始まるわ」

★：「2時30分に出発しよう」

質問の訳　「映画は何時に始まるか」

選択肢の訳　1　1時に。　　　　　　　　　2　2時30分に。

3　3時に。　　　　　　　　　4　3時30分に。

解説　質問では，映画が始まる時間を尋ねている。母親の The movie

25

starts at three. から，**3** が正解。**2** の 2:30（two-thirty）は，男の子が言った，家を出発する時間。

No.13 解答 ②

（放送文）★：Are you going to the concert tomorrow night, Sue?

☆：Yes, my aunt and I are going together. How about you, Tom?

★：I can't go, but my brother and my cousin are going.

☆：I see.

Question: Who will Sue go to the concert with?

（放送文の訳）★：「明日の夜にコンサートに行くの，スー？」

☆：「ええ，おばと一緒に行くの。あなたは，トム？」

★：「ぼくは行けないけど，兄［弟］といとこが行くよ」

☆：「そうなのね」

（質問の訳）「スーは誰と一緒にコンサートへ行くか」

（選択肢の訳）**1** 彼女の兄［弟］。　　　　**2** 彼女のおば。

3 トム。　　　　　　　　**4** トムのいとこ。

（解説）トムはスーに，明日の夜にコンサートに行くかどうかを尋ねている。スーは，Yes, my aunt and I are going together. と答えているので，**2** が正解。トムの my brother and my cousin are going を聞いて **1** や **4** を選んでしまわないように注意する。

No.14 解答 ④

（放送文）★：Is there any dessert today, Mom?

☆：Yes. I made an apple pie.

★：Can I have some now?

☆：No, Bob. You have to wait until dinnertime.

Question: What does Bob want to do now?

（放送文の訳）★：「今日は何かデザートはある，お母さん？」

☆：「ええ。アップルパイを作ったわ」

★：「今少し食べてもいい？」

☆：「だめよ，ボブ。夕食の時間まで待たなくちゃだめよ」

（質問の訳）「ボブは今，何をしたいか」

（選択肢の訳）**1** 外に行って遊ぶ。　　　　**2** 自分の夕食を作る。

3 母親を手伝う。　　　　　4 デザートを食べる。

解説　母親の I made an apple pie. を聞いた後，ボブは Can I have some now? と言っている。Can I 〜?「〜してもいいですか」は許可を求める表現で，ボブはアップルパイを食べてもいいかどうかを母親に尋ねている。

No.15 解答 3

放送文　☆：Hello, Mary Smith speaking.

★：Hi. It's Todd. Sorry, I can't come to work today.

☆：Oh. What's the matter?

★：My son has a fever. I need to take care of him.

Question: What will Todd do today?

放送文の訳　☆：「もしもし，メアリー・スミスです」

★：「やあ。トッドです。悪いけど，今日は仕事に行けないんだ」

☆：「あら。どうしたの？」

★：「息子が熱を出して。息子を看病する必要があるんだ」

質問の訳　「トッドは今日，何をするか」

選択肢の訳　1 遅れて仕事を始める。　　2 仕事を早く切り上げる。
　　　　　　3 息子を看病する。　　　　4 医者に診てもらう。

解説　トッドは最後に，My son has a fever. I need to take care of him. と言っている。fever は「熱」，take care of 〜は「〜の世話をする」という意味で，トッドは熱を出した息子の看病をすることがわかる。正解の 3 では，take care of 〜と同じ意味で look after 〜が使われていることに注意する。

No.16 解答 2

放送文　★：I need notebooks for my project, Mom.

☆：I have two here.

★：Thanks, but I need five.

☆：OK, I'll buy three more tonight.

Question: How many notebooks will the woman buy?

放送文の訳　★：「ぼくの研究課題でノートが必要なんだ，お母さん」

☆：「ここに2冊あるわよ」

★：「ありがとう，でも5冊必要なんだ」

☆：「わかったわ，今夜もう 3 冊買うわね」

質問の訳 「女性は何冊のノートを買うか」

選択肢の訳 1 2 冊。　　 2 3 冊。　　 3 4 冊。　　 4 5 冊。

解説 母親は最後に，OK, I'll buy three more tonight. と言っているので，2 が正解。three more は three more notebooks「もう 3 冊のノート」ということ。1 の Two. は母親が今持っているノートの冊数，4 の Five. は男の子が必要なノートの冊数。

No.17 解答 ① 　　　　　　　　　　　　　　　 正答率 ★75%以上

放送文 ☆：Hey, Mark. What's wrong?

★：I can't find my pen.

☆：Is it in your bag?

★：No, I think it's on my desk at home.

Question: What is the boy's problem?

放送文の訳 ☆：「あら，マーク。どうしたの」

★：「ぼくのペンが見つからないんだ」

☆：「かばんの中にある？」

★：「いや，家のぼくの机の上にあると思う」

質問の訳 「男の子の問題は何か」

選択肢の訳 1 彼は今，ペンを持っていない。

2 彼はかばんをなくした。

3 彼は机を壊した。

4 彼の教科書が家にある。

解説 女の子の What's wrong?「どうしたの？」に，男の子は I can't find my pen. と答えている。これが男の子の problem「問題」で，このことを正解の 1 では He doesn't have his pen now. と言い換えている。

No.18 解答 ①

放送文 ☆：Is that a new watch?

★：Yes. My mom bought it for me.

☆：I want a watch like that.

★：You should ask for one for your birthday.

Question: Who has a new watch?

放送文の訳 ☆:「それは新しい腕時計なの？」

★:「うん。お母さんがぼくに買ってくれたんだ」

☆:「私もそんな腕時計がほしいわ」

★:「君の誕生日にお願いしてみるといいよ」

質問の訳 「誰が新しい腕時計を持っているか」

選択肢の訳 1 男の子。　　　　　2 女の子。
3 男の子の母親。　　4 女の子の母親。

解説 女の子の Is that a new watch? に，男の子は Yes. My mom bought it for me. と答えているので，男の子がお母さんに買ってもらった腕時計を持っていることがわかる。女の子の a watch like that は「そのような腕時計」という意味。

No.19 解答 ②　　　　　　　　　　　正答率 ★75%以上

放送文 ★:I hope I do well on the math test.

☆:Me, too. It's in two days. Are you ready?

★:Almost. I should study for three or four more hours.

☆:Good luck!

Question: When is the math test?

放送文の訳 ★:「数学のテストでいい点が取れるといいな」

☆:「私も。テストは2日後ね。準備はできてる？」

★:「だいたいね。あと3，4時間勉強した方がいいかな」

☆:「がんばってね」

質問の訳 「数学のテストはいつか」

選択肢の訳 1 1日後。　2 2日後。　3 3日後。　4 4日後。

解説 女の子の It's in two days. の主語 It は，その前で男の子が言っている the math test「数学のテスト」を指している。ここでの in は「〜後に」という意味で使われていて，数学のテストは2日後にあるということ。

No.20 解答 ②

放送文 ★:You'll be 12 next month, Ellie. Do you want to have a party?

☆:Yes, I want to invite 15 friends!

★:Our apartment isn't very big. How about 10?

☆ : OK, Dad.

Question: How many friends will Ellie invite?

放送文の訳 ★ :「来月12歳になるね，エリー。パーティーをしたい？」

☆ :「うん，友だち15人を呼びたいわ！」

★ :「うちのアパートはあまり大きくないよ。10人はどう？」

☆ :「いいよ，お父さん」

質問の訳 「エリーは何人の友だちを招待するか」

選択肢の訳 **1** 5人。 **2** 10人。 **3** 12人。 **4** 15人。

解説 来月12歳になるエリーのパーティーが話題。招待したい友だちの人数について，エリーの I want to invite 15 friends! を聞いて，父親は How about 10? と尋ねている。これにエリーは OK と答えているので，招待する友だちの人数は 10 人。

No.21 解答 ①

正答率 ★75%以上

放送文 Kazu is good at sports. He is on the swimming team at his high school, and he plays golf on weekends. He hopes to become a professional golfer after university.

Question: What does Kazu want to do in the future?

放送文の訳 「カズはスポーツが得意だ。彼は高校で水泳チームに入っていて，週末にはゴルフをする。大学卒業後は，プロゴルファーになりたいと思っている」

質問の訳 「カズは将来，何をしたいか」

選択肢の訳 **1** プロゴルファーになる。

2 水泳のチームに入る。

3 子どもたちにスポーツを教える。

4 大学で働く。

解説 質問の in the future「将来」に注意する。カズが将来何をしたいかは，最後の He hopes to become a professional golfer after university. で説明されている。professional は「プロの」，golfer は「ゴルファー」という意味。2文目の He is on the swimming team … や he plays golf … は現在のこと。

No. 22　解答 ②

正答率 ★75%以上

放送文　The weather has been strange this week. It was sunny and warm on Tuesday, but the next day it snowed. Then, it rained all Thursday and Friday.
Question: When did it snow?

放送文の訳　「今週は天気が変だ。火曜日は晴れて暖かかったが，翌日は雪が降った。そして，木曜日と金曜日はずっと雨だった」

質問の訳　「いつ雪が降ったか」

選択肢の訳　1　火曜日に。　2　水曜日に。　3　木曜日に。　4　金曜日に。

解説　It was sunny and warm on Tuesday, but the next day it snowed. の聞き取りがポイント。the next day「翌日」は Tuesday「火曜日」の次の日なので，雪が降ったのは Wednesday「水曜日」ということ。

No. 23　解答 ③

放送文　George usually washes his mother's car on Saturdays. Last Saturday, he had a football game, so he asked his sister to wash it. She wasn't happy, but she did it.
Question: Who washed the car last Saturday?

放送文の訳　「ジョージは普段，土曜日に母親の車を洗う。先週の土曜日，彼はフットボールの試合があったので，姉[妹]に車を洗うよう頼んだ。彼女はうれしくなかったが，それをやった」

質問の訳　「先週の土曜日に，誰が車を洗ったか」

選択肢の訳　1　ジョージ。　　　　2　ジョージの母親。
3　ジョージの姉[妹]。　4　ジョージの父親。

解説　Last Saturday, …, so he asked his sister to wash it. の it は，1文目に出ている his mother's car を指していて，ジョージは姉[妹]に母親の車を洗うように頼んだことがわかる。また，最後の she did it は，姉[妹]が母親の車を洗ったということ。

No. 24　解答 ④

放送文　Sarah went to a film festival and saw three movies. On

31

the first day, she saw a musical. The next day, she saw a
horror movie. But her favorite was a comedy about a dog.
Question: Which movie did Sarah like the most?

放送文の訳　「サラは映画祭に行って，3本の映画を見た。初日に，彼女はミュー
ジカルを見た。翌日，ホラー映画を見た。でも，彼女のお気に入
りは犬に関するコメディーだった」

質問の訳　「サラはどの映画がいちばん気に入ったか」

選択肢の訳　1　ホラー映画。　　　　　　　2　アクション映画。
3　ミュージカル。　　　　　　4　コメディー。

解　説　サラが a film festival「映画祭」で見た映画が話題。最後の But
her favorite was a comedy about a dog. に正解が含まれている。
favorite は「お気に入り」という意味で，a comedy about a dog
「犬に関するコメディー」がいちばん気に入ったということ。

No. 25 解答 ①

放送文　I love music. I play the piano, and I also play the drums
in a band. However, I can't sing well, so I started taking
lessons. My teacher is great.
Question: What is the man trying to do?

放送文の訳　「ぼくは音楽が大好きだ。ピアノを弾くし，バンドでドラムもたた
く。でも，うまく歌うことができないので，レッスンを受け始め
た。ぼくの先生はすばらしい」

質問の訳　「男性は何をしようとしているか」

選択肢の訳　1　歌い方を習う。　　　　　　2　音楽の先生になる。
3　自分のピアノを売る。　　　4　バンドに参加する。

解　説　3文目の However, I can't sing well, so I started taking lessons.
の聞き取りがポイント。「うまく歌えない」→「レッスンを受け始
めた」ということから，男性がしようとしているのは how to
sing「歌い方」を習うこと。

No. 26 解答 ④　　　　　　　　　　　　　　　　　正答率 ★75%以上

放送文　I had lunch with my sister yesterday. She told me about
her new math teacher. After that, I told her about my new
basketball coach and my field trip to the art museum.

Question: What did the boy's sister talk about yesterday?

「昨日，ぼくは姉[妹]と一緒に昼食を食べた。姉[妹]はぼくに，新しい数学の先生のことを話した。その後，ぼくは姉[妹]に，新しいバスケットボールのコーチのことと，美術館への遠足のことを話した」

質問の訳 「男の子の姉[妹]は昨日，何について話したか」

選択肢の訳 1 彼女の大好きな美術館。
2 彼女のバスケットボールのコーチ。
3 彼女の遠足。
4 彼女の数学の先生。

解説 She told me about her new math teacher. に正解が含まれている。told は tell の過去形で，〈tell ＋（人）＋ about ～〉は「（人）に～について話す」という意味。basketball coach や field trip について話したのは男の子の姉[妹]ではなく，男の子自身。

No.27 解答 ③　　　　　　　　　　　正答率 ★75%以上

放送文 Jim had a headache this morning, so he asked his sister to bring him some tea from the convenience store. She bought him some mango ice cream, too.
Question: What did Jim ask his sister to do?

放送文の訳 「ジムは今朝頭痛がしたので，姉[妹]にコンビニエンスストアで紅茶を買ってきてもらうように頼んだ。姉[妹]は彼に，マンゴーのアイスクリームも買った」

質問の訳 「ジムは姉[妹]に何をするように頼んだか」

選択肢の訳 1 店で彼に会う。　　　　　　2 くだものを切る。
3 紅茶を買う。　　　　　　　4 彼の医者に電話する。

解説 1文目の後半の so he asked his sister to … 以降が，ジムが姉[妹]に頼んだこと。bring him some tea from the convenience store は「彼にコンビニエンスストアから紅茶を持ってくる」，つまり「彼にコンビニエンスストアで紅茶を買う」ということ。

No.28 解答 ①　　　　　　　　　　　正答率 ★75%以上

放送文 Cathy's uncle made some beef soup for dinner today. Cathy doesn't eat meat, so she made some salad and rice.

Cathy's mother made apple pie for dessert.

Question: What did Cathy's uncle make?

放送文の訳 「キャシーのおじは今日の夕食に牛肉のスープを作った。キャシー
は肉を食べないので，彼女はサラダとごはんを作った。キャシー
の母親はデザートにアップルパイを作った」

質問の訳 「キャシーのおじは何を作ったか」

選択肢の訳 1 スープ。 2 ごはん。
3 サラダ。 4 アップルパイ。

解説 誰が何を作ったかについて，Cathy's uncle → some beef soup,
Cathy → some salad and rice, Cathy's mother → apple pie
の各情報を聞き分けるようにする。質問では，キャシーのおじが
何を作ったか尋ねているので，1 が正解。

No.29 解答 ①　　　　　　　　　　　　　　　　　　　　正答率 ★75%以上

放送文 Everyone, please follow me. First, we'll see the monkeys
and gorillas. Then we'll see some other animals from
Africa, like lions and elephants.

Question: Where is the woman talking?

放送文の訳 「みなさん，私についてきてください。まず，サルとゴリラを見ま
す。それから，ライオンやゾウのようなアフリカの他の動物を見
ます」

質問の訳 「女性はどこで話しているか」

選択肢の訳 1 動物園で。 2 学校で。
3 コンサートで。 4 書店で。

解説 see the monkeys and gorillas「サルやゴリラを見る」，see
some other animals from Africa, like lions and elephants「ラ
イオンやゾウのようなアフリカの他の動物を見る」などから，女
性はこれらの動物を見ることができる zoo で話していることが推
測できる。

No.30 解答 ②

放送文 Brianna took two tests on Friday, and then she had a
soccer tournament on Saturday. She feels tired and a little
sick now. Her mother told her to rest at home today, so

she will.

Question: Why is Brianna staying home today?

放送文の訳 「ブリアンナは金曜日に2つのテストを受けて，それから土曜日にはサッカーの大会があった。彼女は今，疲れを感じていて，少し具合が悪い。母親が彼女に今日は家で休むように言ったので，彼女はそうするつもりだ」

質問の訳 「ブリアンナは今日，なぜ家にいるか」

選択肢の訳
1 テストの勉強をするため。
2 休息をとるため。
3 彼女の母親の世話をするため。
4 大会の準備をするため。

解説 最後のHer mother told her to rest at home today, so she will. を確実に聞き取るようにする。she will「彼女はそうする」とは，その前のrest at home todayを受けて「今日は家で休む」ということで，これがブリアンナが家にいる理由。放送文のrestは動詞だが，正解2のrestは「休息」という意味の名詞。

全 訳

野球帽

野球帽は日本で人気がある。野球ファンはお気に入りのチームを観戦するときに，スタジアムでよく野球帽をかぶる。強い日差しが気になるので，夏の暑い日に野球帽をかぶる人たちもいる。

質問の訳

No.1 パッセージを見てください。なぜ夏の暑い日に野球帽をかぶる人たちがいますか。

No.2 イラストを見てください。木の下に何人が座っていますか。

No.3 長い髪の女の子を見てください。彼女は何をしようとしていますか。

さて，〜さん，カードを裏返しにしてください。

No.4 あなたは普段，何時に寝ますか。

No.5 あなたは動物園へ行ったことがありますか。

はい。 → もっと説明してください。

いいえ。→ あなたは冬に何をすることが好きですか。

No. 1

解答例

Because they worry about strong sunlight.

解答例の訳

「強い日差しが気になるからです」

解 説

3文目に正解が含まれているが，①質問の主語と重なる Some people を3人称複数の代名詞 they に置き換える，②文の後半 so they wear baseball caps on hot summer days「だから，彼らは夏の暑い日に野球帽をかぶる」は質問と重なる内容なので省く，という2点に注意する。worry about 〜は「〜を気にする[心配する]」，sunlight は「日差し，日光」という意味。

No. 2

解答例

Two people are sitting under the tree.

解答例の訳

「2人が木の下に座っています」

解 説

〈How many＋複数名詞〉は数を尋ねる表現。sit「座る」が現在進行形で使われていて，何人が木の下に座っているかを尋ねている。イラストでは2人が木の下に座っているが，単に Two. や

Two people. ではなく，質問の現在進行形に合わせて Two people are sitting under the tree. と答える。

No. 3

解答例　She's going to throw the ball.

解答例の訳　「彼女はボールを投げようとしています」

解　説　イラスト中の the girl with long hair「長い髪の女の子」に関する質問。be going to ～ は「～しようとしている」という意味で，女の子がこれからとる行動は吹き出しの中に描かれている。質問に合わせて，She's [She is] going to ～（動詞の原形）の形で答える。「ボールを投げる」は throw the [a] ball と表現する。

No. 4

解答例　I go to bed at ten.

解答例の訳　「私は 10 時に寝ます」

解　説　usually は「普段」，go to bed は「寝る」という意味で，自分が普段，何時に寝るかを答える。単に Ten. のように時刻だけではなく，I (usually) go to bed at ～（時刻）. という文の形で答えるようにしよう。

No. 5

解答例　Yes. → Please tell me more.

　　　　— I visited a zoo on Sunday.

　　　　No. → What do you like to do in winter?

　　　　— I go skiing with my friends.

解答例の訳　「はい」→ もっと説明してください。

　　　　—「私は日曜日に動物園へ行きました」

　　　　「いいえ」→ あなたは冬に何をすることが好きですか。

　　　　—「私は友だちと一緒にスキーをしに行きます」

解　説　最初の質問の Have you ever been to ～? は「あなたはこれまでに～へ行ったことがありますか」という意味で，zoo「動物園」へ行ったことがあるかどうかを Yes(, I have). / No(, I haven't). で答える。Yes の場合の2番目の質問 Please tell me more. には，いつ，誰と動物園へ行ったかなどを答えればよい。No の場合の2番目の質問 What do you like to do in winter? には，冬に何をすることが好きかを I (like to) ～ の形で答える。解答例の他に，

37

（Yes の場合）My family and I went to a zoo last year.「昨年，私は家族と動物園へ行きました」，（No の場合）I like to have a Christmas party with my friends.「私は友だちとクリスマスパーティーをすることが好きです」のような解答も考えられる。

| 二次試験・面接 | 問題カード **B** 日程 | 問題編 p.46〜47 | 🔊 | ▶MP3 ▶アプリ
▶CD 1 **39**〜**42** |

全訳

花屋

日本にはたくさんの花屋がある。そこでは，いろいろな種類の色とりどりの花を売っている。多くの人は自分の家にきれいな花を飾っておくことが好きなので，季節ごとに花を買いに行く。

質問の訳

No.1 パッセージを見てください。なぜ多くの人は季節ごとに花を買いに行きますか。

No.2 イラストを見てください。猫はどこにいますか。

No.3 長い髪の女性を見てください。彼女は何をしようとしていますか。

さて，〜さん，カードを裏返しにしてください。

No.4 あなたは普段，平日は何時に起きますか。

No.5 あなたは生徒ですか。

　　　はい。　→ もっと説明してください。

　　　いいえ。→ あなたは今晩何をする予定ですか。

No.1

解答例　Because they like to keep beautiful flowers in their homes.

解答例の訳「自分の家にきれいな花を飾っておくことが好きだからです」

解説　3文目に正解が含まれているが，①質問の主語と重なる Many people を3人称複数の代名詞 they に置き換える，②文の後半 so they go shopping for flowers each season「だから，彼らは季節ごとに花を買いに行く」は質問と重なる内容なので省く，という2点に注意する。keep は「〜を持ち続ける」という意味で，ここでは beautiful flowers が目的語なので，「（きれいな花）を飾っておく」ということ。

No. 2

解答例 It's on the chair.

解答例の訳 「いすの上にいます」

解　説 質問は Where「どこに」で始まり，猫がどこにいるかを尋ねている。解答では，質問の主語 the cat を 3 人称単数の代名詞 It で置き換え，動詞は質問と同じ is を使う。猫はいすの上にいるので，It's [It is] の後に，on the chair「いすの上に」をつなげる。chair の前に，the または a をつけることに注意する。

No. 3

解答例 She's going to open a box.

解答例の訳 「彼女は箱を開けようとしています」

解　説 イラスト中の the woman with long hair「長い髪の女性」に関する質問。be going to ～ は「～しようとしている」という意味で，女性がこれからとる行動は吹き出しの中に描かれている。質問に合わせて，She's [She is] going to ～（動詞の原形）の形で答える。「箱を開ける」は open a box と表現する。

No. 4

解答例 I get up at seven.

解答例の訳 「私は 7 時に起きます」

解　説 get up は「起きる」，on weekdays は「平日に」という意味で，普段，平日に自分が何時に起きるかを答える。単に Seven. のように時刻だけではなく，I (usually) get up at ～（時刻）. という文の形で答えるようにしよう。

No. 5

解答例 Yes. → Please tell me more.

　　　 — I like to study math.

　　 No. → What are you going to do this evening?

　　　 — I'm going to read a book.

解答例の訳 「はい」→ もっと説明してください。

　　　 —「私は数学を勉強することが好きです」

　　 「いいえ」→ あなたは今晩何をする予定ですか。

　　　 —「私は本を読みます」

解　説 最初の質問 Are you a student? には，自分が student「（小学生

を含む）児童，生徒，学生」であるかどうかを，Yes(, I am). / No(, I'm not). で答える。Yes の場合の 2 番目の質問 Please tell me more. には，学校で何をすることが好きかや，どの校種（小学校，中学校など）の生徒であるかなどを答えればよい。No の場合の 2 番目の質問 What are you going to do this evening? には，自分が this evening「今晩」に何をする予定であるかを I'm going to ～（動詞）の形で答える。解答例の他に，（Yes の場合）I'm a junior high school student.「私は中学生です」，（No の場合）I'm going to watch TV.「私はテレビを見ます」のような解答も考えられる。

2023-1

解答一覧

一次試験・筆記

1

(1)	2	(6)	3	(11)	3
(2)	3	(7)	3	(12)	1
(3)	1	(8)	2	(13)	2
(4)	4	(9)	4	(14)	4
(5)	2	(10)	1	(15)	3

2

(16)	4	(18)	1	(20)	3
(17)	3	(19)	2		

3 A

(21)	1
(22)	3

3 B

(23)	1
(24)	2
(25)	4

3 C

(26)	4	(28)	2	(30)	2
(27)	3	(29)	1		

4　　解答例は本文参照

一次試験・リスニング

第1部

No. 1	2	No. 5	1	No. 9	2
No. 2	2	No. 6	3	No.10	3
No. 3	1	No. 7	3		
No. 4	1	No. 8	3		

第2部

No.11	2	No.15	2	No.19	1
No.12	1	No.16	4	No.20	3
No.13	1	No.17	3		
No.14	2	No.18	1		

第3部

No.21	2	No.25	1	No.29	1
No.22	4	No.26	3	No.30	4
No.23	1	No.27	2		
No.24	4	No.28	4		

(1) 解答 **2** 　　　　　　　　　　　　　　正答率 ★75%以上

訳　A「お母さん，このパンは古いと思うよ」
　　B「そのとおりね。ゴミ箱にそれを捨ててね」

解説　Please throw it の it は，A が古いと思うと言っている this bread「このパン」を指している。空所にはパンを throw「投げる，捨てる」場所が入るので，garbage「ゴミ（箱）」が正解。future「未来」，lesson「授業，レッスン」，north「北」。

(2) 解答 **3** 　　　　　　　　　　　　　　正答率 ★75%以上

訳　「インターネットにはたくさんの役に立つ情報があるので，人々は外国へ旅行する前に場所について調べるためにそれをよく使う」

解説　people often use it の it は The Internet「インターネット」を指していて，to learn about places「場所について調べるために」インターネットを使うのは役に立つ information「情報」があるから。breakfast「朝食」，police「警察」，smell「におい」。

(3) 解答 **1** 　　　　　　　　　　　　　　正答率 ★75%以上

訳　A「今週末に農場でボランティアの仕事をするんだ」
　　B「それはおもしろそうね」

解説　空所の後にある interesting「おもしろい，興味深い」とつながるのは sounds で，〈sound＋形容詞〉は「（聞いた情報が）〜に聞こえる[思われる]」という意味。hope(s)「望む」，explain(s)「説明する」，grow(s)「成長する，育つ，〜になる」。

(4) 解答 **4**

訳　「ハリーは今朝，傘を持っていくのを忘れた。激しく雨が降ったので，学校に着いたときには彼は濡れていた」

解説　forgot は forget の過去形で，forget to 〜は「〜し忘れる」という意味。ハリーが傘を持っていくのを忘れて，雨が激しく降ったという状況から，wet「濡れた」が正解。light「軽い」，narrow

「狭い」, deep「深い」。

(5)　解答 ②

訳　A「どれくらいの頻度で運動するの, おじいちゃん？」
B「毎日だよ。毎朝1時間, 犬を散歩させているよ」

解説　How often ～? は「どれくらいの頻度で～」, walk *one's* dog は「犬を散歩させる」という意味。B（＝祖父）が I walk my dog for one hour every morning. と答えていることから, A（＝孫）は祖父に exercise「運動する」頻度を尋ねていることが推測できる。introduce「～を紹介する」, happen「起こる」, keep「～を保つ」。

(6)　解答 ③

訳　「その人気歌手がコンサートを始めると, 人々はみんな静かになった。彼らは彼女の歌を聞いて楽しんだ」

解説　began は begin「～を始める」の過去形。人気歌手がコンサートを始めて, They（＝All of the people）enjoyed listening to her songs. という内容から, 人々は became silent「静かになった, 黙った」とする。fast「速い」, low「低い」, expensive「高価な」。

(7)　解答 ③　　　　　　　　　　　　　　　　　　正答率 ★75%以上

訳　A「お母さん, 私の財布を見た？　買い物に行くの」
B「台所のテーブルの上でそれを見たわよ」

解説　Have you seen ～? は「～を見ましたか」という意味。A（＝子ども）は I'm going shopping. と言っているので, A が B（＝母親）に見たかどうか尋ねているのは wallet「財布」。garden「庭」, museum「博物館」, gym「体育館, ジム」。

(8)　解答 ②

訳　A「すみません, 図書館はどこにありますか」
B「ここから遠くはありません。あの道を2分歩くだけです」

解説　A が図書館の場所を尋ねていることと, 空所前後の far と here とのつながりから, far from ～「～から遠い」という表現にする。問題文では not far from ～「～から遠くない」という否定文で使

43

われている。through「～を通って」, across「～を横切って」, over「～の上に」。

(9) 解答 ④

訳「最初は, 男子と女子はうまく一緒に歌うことができなかった。しかし, 1か月間一生懸命に練習した後, 彼らは見事に歌った」

解説 空所の前に At があることと, 2文目の But after practicing hard for one month「しかし, 1か月間一生懸命に練習した後」との意味的なつながりを考えて, At first「最初は」という表現にする。stick「棒」, minute「分」, time「時間」。

(10) 解答 ①

訳 A「どうしてその映画を気に入ったの, カレン？」
B「そうね, 少女の夢が実現したの。彼女は有名な歌手になったわ」

解説 空所を含む文の主語が the young girl's dream「少女の夢」で, 空所の後に true が続いているので, came true「実現した」という表現にする。2, 3, 4 はそれぞれ grow「成長する」, have「持っている」, go「行く」の過去形。

(11) 解答 ③

訳 「タカヒロは英語のスピーチの間に何度か間違えたが, 彼の両親はそれでも彼をとても誇りに思った」

解説 空所の後の some mistakes につながる動詞は make の過去形 made で, make mistakes で「間違える」という意味。1, 2, 4 はそれぞれ do「～をする」, buy「～を買う」, spend「(時間やお金) を費やす」の過去形。

(12) 解答 ①

訳 A「あなたの新しい自転車, とてもいいわね」
B「ありがとう。それはぼくの兄[弟]の自転車と同じなんだ」

解説 B の2文目の主語 It は, B の new bike「新しい自転車」のこと。空所の前に the same があるので, the same as ～「～と同じ」という表現にする。my brother's は my brother's bike のこと。

for「〜のために」，by「〜によって」，with「〜と一緒に」。

(13) 解答 ②

訳 A「今朝，もう朝食を食べたわよね？」
B「うん，お母さん。これからピアノのレッスンに行くんだ」

解説 B の Yes, Mom. から，A（＝母親）は You already had breakfast this morning ということを B（＝子ども）に確かめている状況だと推測できる。「〜ですよね」と相手に確認するのが付加疑問文で，肯定文に続く付加疑問文は〈動詞の否定形＋主語〉の形になる。一般動詞の場合は do, does, did を使って否定形を作るが，ここでは過去形の had があるので didn't you とする。

(14) 解答 ④

訳 A「もっと大きな声で話してくれる？　あなたの声がよく聞こえないわ」
B「もちろんだよ，おばあちゃん」

解説 Can you 〜? は「〜してくれますか」という意味。A（＝祖母）の I can't hear you very well. から，その前の Can you speak (　)? では，もっと大きな声で話すように頼んでいることが推測できる。loud は「大きな声で」という意味で，その比較級 louder「もっと大きな声で」が正解。

(15) 解答 ③

訳 A「ヘンリーにもう電話したの？」
B「今 7 時だから，彼に電話するのは早すぎるよ。8 時に電話するよ」

解説 Have you called 〜 yet? は現在完了形の文で，「〜にもう電話しましたか」という意味。It is 〜 to ...「…するのは〜だ」と too 〜 to ...「…するには〜すぎる」を組み合わせた文で，to call him「彼に電話することは」とする。

(16) 解答 **4**

訳　息子「それらのクッキーはとてもおいしそうだね。いつ作ったの?」

母親「今日の午後よ。1つ食べてみる?」

息子「うん,お願い!」

解説　母親が作った cookies「クッキー」が話題。息子が Yes, please! と答えているので,「食べてみる?」とすすめている **4** が正解。Would you like to ～? は「～したいですか,～しませんか」という意味。one は a cookie のかわりに使われていて,try one は「(クッキーを)1つ食べてみる」ということ。

(17) 解答 **3**　正答率 ★75%以上

訳　女の子1「私たちはどれくらいの時間走ったかしら」

女の子2「50分よ。しばらく歩きましょう。疲れてきたわ」

女の子1「いい考えね」

解説　女の子1が言っている Good idea. の具体的な内容が空所に入る。女の子2は空所の後で I'm getting tired.「私は疲れてきている」と言っているので,その前の発話として適切なのは Let's walk「歩きましょう」と提案している **3**。for a while は「しばらくの間」という意味。

(18) 解答 **1**　正答率 ★75%以上

訳　母親「ダン,あなたは今日5時にピアノのレッスンがあるわよ。遅れないでね」

息子「遅れないよ,お母さん。時間通りに行くよ」

解説　won't は will not の短縮形。息子が何に対して I won't「そうしない」と応じているかを考える。息子は最後に on time「時間通りに」行くと言っているので,**1** の Don't be late.「(ピアノのレッスンに)遅れないでね」が正解。

(19) 解答 ②　　　　　　　　　　　　　　　　　　　正答率 ★75%以上

訳　　夫「この近くに郵便局はあるかな」
　　　　妻「わからないわ。あの警察官に尋ねましょう」

解説　Is there 〜? は「〜はありますか」という意味で，夫はこの近く
に a post office「郵便局」があるかどうか尋ねている。妻は
Let's ask 〜「〜に尋ねましょう」と言っているので，この前の発
話として適切なのは 2 の I'm not sure.「わからない」。

(20) 解答 ③　　　　　　　　　　　　　　　　　　　正答率 ★75%以上

訳　　男性「サラ，このコーヒーメーカーの使い方を知ってる？」
　　　　女性「簡単よ。そのボタンを押すだけよ」

解説　男性は女性に，how to use this coffee machine「このコーヒー
メーカーの使い方」を尋ねている。女性は You just need to 〜
「〜だけすればいい」と言っているので，使い方は easy「簡単」
だと答えている 3 が正解。

一次試験・筆記 **3A** 問題編 p.54〜55

ポイント　中学校の美術クラブが主催する撮影旅行への参加者を募集する掲
示。参加するために必要なことや，旅行当日と旅行後に何ができ
るかを中心に読み取ろう。

全訳　　　　　　　　**美術クラブの旅行で写真を撮りましょう！**

5月10日に，ブルームビル中学校の美術クラブはラビット川へ旅
行に行きます。生徒はだれでも来ることができます！　その日に
クラブからカメラを借りて，その場所で美しい写真を撮ることが
できます。

参加したければ，5月3日までに美術のエドワーズ先生に伝える
必要があります。

川の近くには虫がたくさんいるので，長ズボンをはいてください。
また，自分の昼食を持参する必要があります。

5月17日に，クラブは放課後にパーティーをします。クラブが撮
影した写真を見ることができます。ご都合がよければ来てください。

take photos「写真を撮る」, go on a trip「旅行に行く」, borrow「～を借りる」, area「場所, 地域」, bug(s)「虫」, wear「～を身につける」, pants「ズボン」, own「自身の」, after school「放課後に」

(21) 解答 1 　　　　　　　　　　　　　　　正答率 ★75%以上

質問の訳 「美術クラブは旅行当日に生徒に何を貸すか」

選択肢の訳 1 カメラ。　　2 写真[絵]。　　3 長ズボン。　　4 弁当箱。

解 説 質問の lend「～を貸す」は掲示の中で使われていないが, 第1段落の3文目に You can borrow a camera from the club on that day … とあり, ここから生徒が何を借りることができるかがわかる。that day は旅行に行く日のこと。

(22) 解答 3 　　　　　　　　　　　　　　　正答率 ★75%以上

質問の訳 「5月17日のパーティーで, 生徒ができることは」

選択肢の訳 1 新しいズボンを買う。　　　　2 川で泳ぐ。

3 旅行の写真を見る。　　　　4 虫を見る。

解 説 質問にある, May 17 のことが書かれている第4段落を見る。2文目の You can see the pictures that the club took. に正解が含まれている。the pictures that the club took「クラブが撮影した写真」が, 正解の3では pictures of the trip「旅行の写真」と言い換えられている。

一次試験・筆記 3B | 問題編 p.56～57

ポイント メリッサとリックが, 来週の水族館へのクラス旅行についてやり取りしている E メール。メリッサが水族館について何をリックに尋ねているかや, メリッサの質問にリックはどう答えているかを中心に読み取ろう。

全 訳 送信者：メリッサ・ベイカー

受信者：リック・トンプソン

日付：4月8日

件名：クラス旅行

こんにちは，リック，

来週の市立水族館へのクラス旅行についてとてもわくわくしているわ。あなたは昨年にその水族館へ行ったと言ってたわね。どんな感じ？　水族館の中は寒いの？　それと，何を着たらいいかしら。ジャケットか暖かいセーターを着る必要はある？　私はそこで，魚やほかの海洋動物を見ることに興味があるの。ペンギンを見るのを本当に楽しみにしているわ。水族館ではペンギンと一緒に写真が撮れるそうね。それは本当なの？

あなたの友，

メリッサ

送信者：リック・トンプソン

受信者：メリッサ・ベイカー

日付：4月8日

件名：水族館

こんにちは，メリッサ，

ぼくたちの水族館へのクラス旅行はとても楽しくなりそうだね！そう，ぼくは昨年の夏に，家族と一緒にその水族館へ行ったよ。いとこたちがうちへ来て，みんなで一緒に行ったんだ。ぼくがまだ5歳のときにも，両親と一緒に行ったよ。水族館には2つの部分があるんだ。1つは館内で，もう1つは屋外だよ。館内はあまり寒くないけど，屋外の部分ではジャケットが必要になるよ。今月はとても寒いよ！　ペンギンは屋外の部分にいるんだ。2年前はペンギンと一緒に写真を撮ることができたけど，水族館が規則を変更したんだ。今はペンギンと一緒に写真を撮ることができないよ。

あなたの友，

リック

送信者：メリッサ・ベイカー

受信者：リック・トンプソン

日付：4月8日

件名：ありがとう

こんにちは，リック，

あなたの水族館への旅行について私に教えてくれてありがとう。忘れずにジャケットを持っていくわ。水族館の新しい規則についても教えてくれてありがとう。ペンギンと一緒に写真を撮ることはできないけど，ペンギンを見るのは楽しいでしょうね。待ちきれないわ！　私はペンギンのおもちゃも買うつもりよ。

あなたの友，

メリッサ

(23)　解答 ①　　　　　　　　　　　　　　　　　　正答率 ★75%以上

質問の訳 「メリッサがリックに尋ねたことは」

選択肢の訳
1　水族館へ着ていくのに最適な服装。
2　水族館で最も危険な海洋動物。
3　彼らの学校の新しい制服。
4　学校の彼らの教室にいる魚。

解　説　メリッサは最初のEメールで，our class trip to the city aquarium についてリックにいくつか質問をしている。その5文目の And what should I wear? と，6文目の Do I need to wear a jacket or a warm sweater? から，水族館へ行くときの the best clothes「最適な服装」について尋ねていることがわかる。

(24)　解答 ②　　　　　　　　　　　　　　　　　　正答率 ★75%以上

質問の訳 「リックはいつ，いとこたちと水族館を訪れたか」

| 選択肢の訳 | **1** 先週。 | **2** 昨年の夏。 |
| | **3** 2年前。 | **4** 彼が5歳のとき。 |

解　説　リックが書いた2番目のEメールの2文目 Yes, I went to the aquarium with my family last summer. から，リックは昨年の夏に家族と水族館へ行ったことがわかる。また，3文目の My cousins visited us, and we all went together. から，家族に加えていとこたちも一緒だったことがわかる。

(25) 解答 ④

質問の訳　「メリッサは水族館で何をするか」

選択肢の訳　**1** スタッフに新しい規則について尋ねる。
2 ペンギンと一緒に写真を撮る。
3 新しいジャケットを買う。
4 おもちゃのペンギンを手に入れる。

解　説　メリッサは3番目のEメールで，リックへのお礼とともに，水族館に持っていくものや水族館ですることを書いている。最後の I'm going to buy a toy penguin, too. から，**4**が正解。**4**では，buy のかわりに get が使われている。

一次試験・筆記　**3C**　問題編 p.58〜59

ポイント　アフリカ系アメリカ人のファッションデザイナーで，洋裁師でもあったアン・ロウに関する4段落構成の英文。ロウがどのようにして服作りの技術を学び，どのようなきっかけで洋裁師になったか，さらに彼女が通ったデザイン学校での様子や彼女が作ったドレスの特徴などを読み取ろう。

全　訳
アン・ロウ

　アン・ロウはアフリカ系アメリカ人のファッションデザイナーだった。彼女は1898年頃に，アメリカ合衆国のアラバマで生まれた。ロウが子どものとき，母親と祖母がロウに服の作り方を教えた。ロウの母親も祖母も仕事を持っていた。2人はアラバマの裕福な人たち向けに服を作り，ロウはよく2人の仕事を手伝った。
　ロウの母親は1914年に亡くなった。亡くなったとき，ロウの

母親はアラバマで何着かのドレスを作っていた。それらのドレスは完成していなかったので，ロウが仕上げた。1916 年に，彼女はあるデパートでフロリダ出身の裕福な女性に出会った。ロウは自分が作った服を着ていて，その女性はそれをとても気に入った。そこで，ロウはフロリダで彼女の洋裁師になった。その後，ロウは 1917 年にニューヨークに移り住んだ。

ニューヨークで，ロウは S.T. テイラー・スクール・オブ・デザインに通った。ロウはその学校で唯一のアフリカ系アメリカ人で，他の生徒と一緒に授業に参加することができなかった。彼女は自分 1 人の部屋で授業を受けた。1919 年にデザイン学校での勉強を終えて，彼女はフロリダに自分の店を開いた。

その後，ロウは長年ドレスを作った。彼女のドレスには美しい花のデザインが施されていたので，特別なものだった。彼女は何人かの裕福で有名な人たちにドレスを作ったが，彼女の仕事について知る人はあまりいなかった。また，彼女は自分のドレスに対してあまりお金をもらえないこともあった。ロウは 1981 年に亡くなった後，より有名になった。今日では多くの人が，彼女がとても優れたファッションデザイナーであり，洋裁師であったことを知っている。

<table>
<tr><td>語 句</td><td>African American「アフリカ系アメリカ人の」，designer「デザイナー」，around「〜頃に」，how to 〜「〜する方法，〜のし方」，both *A* and *B*「A も B も」，met＜meet「〜に出会う」の過去形，department store「デパート」，dressmaker「洋裁師，ドレスメーカー」，design「デザイン」，join「〜に参加する」，by *oneself*「1 人で」，own「自身の」，knew＜know「知っている」の過去形</td></tr>
</table>

(26) 解答 ④ 　　　　　　　　　　　　　　　　　　　正答率 ★75%以上

質問の訳　「アン・ロウの母親と祖母は何をしたか」

選択肢の訳　1 彼女らはロウをフロリダへ送り込んだ。
2 彼女らはロウがアラバマへ行くのを止めた。
3 彼女らはロウに仕事に就くように言った。

4 彼女らはロウに服の作り方を教えた。

解説 第1段落の3文目に，When she was a child, Lowe's mother and grandmother taught her how to make clothes. と書かれているので，**4** が正解。she と her はいずれも Lowe を指している。taught は teach「〜に…を教える」の過去形。

(27) 解答 **3**

正答率 ★75%以上

質問の訳 「ロウはいつニューヨークへ行ったか」

選択肢の訳 **1** 1898 年に。　　**2** 1914 年に。
3 1917 年に。　　**4** 1981 年に。

解説 ロウがいつニューヨークへ行ったかは，第2段落の最後に，After that, Lowe went to live in New York in 1917. と書かれている。went は go の過去形で，go to live in 〜で「〜に移り住む[移住する]」という意味。

(28) 解答 **2**

質問の訳 「ロウが S.T. テイラー・スクール・オブ・デザインに通ったとき，何が起こったか」

選択肢の訳 **1** 彼女は授業で成績がよくなかった。
2 彼女は他の生徒と一緒に勉強することができなかった。
3 彼女は先生とけんかした。
4 彼女は大好きなファッションデザイナーに会った。

解説 ロウが the S.T. Taylor School of Design に通ったときのことは，第3段落に書かれている。その2文目後半に，... and she couldn't join the class with the other students. とあるので，**2** が正解。join the class「授業に参加する」のかわりに，**2** では study が使われている。

(29) 解答 **1**

正答率 ★75%以上

質問の訳 「ロウのドレスが特別だったのは」

選択肢の訳 **1** 美しい花のデザインが施されていたから。
2 おもしろい色だったから。
3 多くの人によって作られたから。
4 作るのに何時間もかかったから。

53

解　説　第4段落の2文目は Her dresses were special で始まり，その理由が because they had beautiful flower designs on them と説明されている。they と them はいずれも her dresses「彼女（＝ロウ）のドレス」のこと。

(30) 解答 ②　　　　　　　　　　　　　　　　　　　　正答率 ★75%以上

質問の訳　「この話は何についてか」

選択肢の訳
1　ニューヨークの人気のあるドレス店。
2　偉大な洋裁師だった女性。
3　服飾学校の先生。
4　アメリカ合衆国のデザイン学校。

解　説　タイトルにある通り Ann Lowe に関する英文で，彼女について，第4段落の最後に，… she was a very good fashion designer and dressmaker. と書かれている。very good のかわりに，正解の 2 では great「偉大な」が使われている。

一次試験・筆記　4　問題編 p.60

質問の訳　「あなたにとって最もわくわくするスポーツは何ですか」

解答例　Baseball is the most exciting sport for me.　First, I enjoy seeing famous baseball players at the stadium.　Second, I'm very happy when my favorite team wins a big game.

解答例の訳　「野球が私にとって最もわくわくするスポーツです。第1に，私は球場で有名な野球選手を見て楽しみます。第2に，私の大好きなチームが大切な試合に勝ったときはとてもうれしいです」

解　説　最初に，自分にとって the most exciting sport「最もわくわくするスポーツ」は何かを，〜 is the most exciting sport for me. の形で書く。続けて，その理由を2つ説明する。解答例では，1文目：自分の考え（野球が最もわくわくするスポーツ），2文目：1つ目の理由（球場で有名な野球選手を見て楽しむ），3文目：2つ目の理由（大好きなチームが大切な試合に勝つとうれしい）という構成になっている。2つの理由を列挙する First, 〜「第1に，〜」と Second, 〜「第2に，〜」の使い方に慣れておこう。

| 語 句 | the most exciting ～「最もわくわくする～」, enjoy ～ing「～して楽しむ」, stadium「球場, スタジアム」, win「～に勝つ」 |

| 一次試験・
リスニング | 第 **1** 部 | 問題編 p.62～63 | 🔊 | ▶MP3 ▶アプリ
▶CD 1 **43**～**53** |

例題　解答 ③

放送文　★：I'm hungry, Annie.

☆：Me, too. Let's make something.

★：How about pancakes?

  1 On the weekend.　　**2** For my friends.

  3 That's a good idea.

放送文の訳　★：「おなかがすいたよ，アニー」

☆：「私もよ。何か作りましょう」

★：「パンケーキはどう？」

  1 週末に。　　**2** 私の友だちに。

  3 それはいい考えね。

No.1　解答 ②　　　　　正答率 ★75%以上

放送文　☆：Do you need something?

★：Yes, is Mr. Williams here?

☆：I think he's in the library.

  1 Yes, that's my favorite book.

  2 Thanks, I'll look for him there.

  3 No, it's on his desk.

放送文の訳　☆：「何かご用かしら」

★：「はい，ウィリアムズ先生はここにいらっしゃいますか」

☆：「図書館にいると思うわ」

  1 はい，それはぼくのお気に入りの本です。

  2 ありがとうございます，そこで先生を探してみます。

  3 いいえ，それは先生の机の上にあります。

解　説　男の子の … is Mr. Williams here? に，女性は I think he's in the library. と答えているので，look for him there「そこで彼

55

（＝ウィリアムズ先生）を探す」と言っている **2** が正解。there は in the library「図書館で」ということ。

No. 2　解答　②

放送文　★：Are you going home now, Jane?

☆：No, I still have some work to do.

★：Do you want any help?

　1　No, I wasn't at the office.

　2　No, I'll finish soon.

　3　No, I can't find it.

放送文の訳　★：「もう帰るの，ジェーン？」

☆：「ううん，まだやらなくちゃいけない仕事があるの」

★：「何か手伝おうか？」

　1　ううん，私はオフィスにいなかったわ。

　2　ううん，すぐに終わるわ。

　3　ううん，それが見つからないわ。

解　説　男性の Do you want any help? は，some work to do「やらなければならない仕事」が残っている女性に何か手伝いが必要かどうかを尋ねた質問。これに対する応答になっているのは **2** で，No に続けて I'll finish soon「すぐに終わる」と言っている。

No. 3　解答　①

放送文　☆：What will the music club do for the school festival?

★：We'll sing some Spanish songs.

☆：Are you practicing a lot?

　1　Yes, every day after lunch.

　2　Yes, it's next to my radio.

　3　Yes, I've been there before.

放送文の訳　☆：「音楽部は文化祭で何をするの？」

★：「ぼくたちはスペイン語の歌を歌うんだ」

☆：「たくさん練習しているの？」

　1　うん，毎日昼食後に。

　2　うん，それはぼくのラジオの隣にあるよ。

　3　うん，ぼくは以前そこへ行ったことがあるよ。

解説　practice は「練習する」という意味で，女の子は男の子が入っている音楽部が the school festival「文化祭」に向けてたくさん練習しているかどうかを尋ねている。この質問への応答になっているのは1で，Yes に続けて，every day after lunch と練習している頻度や時を答えている。

No. 4　解答 ①

放送文　☆：Where are the ninth-grade students today?

★：They're on a school trip.

☆：Oh. Where did they go?

1 On a hike in the mountains.

2 In their classroom.

3 At yesterday's meeting.

放送文の訳　☆：「9年生は今日，どこにいるの？」

★：「修学旅行中だよ」

☆：「あら。どこへ行ったの？」

1 山へハイキングに。

2 彼らの教室で。

3 昨日の会議で。

解説　女の子の Where did they go? は，男の子の They're on a school trip. を受けて，the ninth-grade students「9年生（＝中学3年生）」が修学旅行でどこへ行ったかを尋ねた質問。行き先を答えているのは1で，on a hike は「ハイキングに」という意味。

No. 5　解答 ①

放送文　☆：Dad, I'm hungry.

★：I just ordered a pizza.

☆：Great. When will it arrive?

1 In about 20 minutes.

2 Mushroom and cheese.

3 From the restaurant in town.

放送文の訳　☆：「お父さん，おなかがすいたわ」

★：「ちょうどピザを注文したところだよ」

☆：「いいわね。いつ届くの？」

1 20分ほどで。

2 マッシュルームとチーズ。

3 町のレストランから。

解説 女の子の When will it arrive? の it は，父親が注文した pizza「ピザ」のことで，ピザがいつ届くかを尋ねている。これに対して適切に答えているのは **1** で，in 〜 minute(s) は「〜分後に」という意味。

No.6 解答 **3** 正答率 ★75%以上

放送文 ☆：Excuse me. Could you help me?

★：Sure.

☆：Where is the hospital?

   1 You should see a doctor.

   2 That's too bad.

   3 It's right over there.

放送文の訳 ☆：「すみません。助けてもらえますか」

★：「いいですよ」

☆：「病院はどこですか」

   1 あなたは医者に診てもらったほうがいいです。

   2 それはお気の毒に。

   3 すぐあそこにあります。

解説 最後の質問は Where「どこに」で始まっていて，女性は hospital「病院」がどこにあるかを尋ねている。right over there「すぐあそこに」と場所を答えている **3** が正解。It's の It は the hospital のこと。

No.7 解答 **3**

放送文 ☆：What are you doing tomorrow?

★：I have a basketball game.

☆：Great. I hope your team wins.

   1 It's your turn.

   2 I heard about that.

   3 I think we will.

放送文の訳 ☆：「明日は何をするの？」

★：「バスケットボールの試合があるんだ」

☆：「いいわね。あなたのチームが勝つといいわね」

1 君の番だよ。

2 そのことを聞いたよ。

3 ぼくたちは勝つと思うよ。

解説　男の子から明日バスケットボールの試合があると聞いて，女の子は I hope your team wins. と言っている。I hope は「～であることを願う」，win(s) は「勝つ」という意味。これにつながる男の子の応答は 3 で，will の後に win が省略されている。

No.8 解答 ③

放送文 ★：Do you have any plans this weekend?

☆：I want to go to the art museum.

★：Let's go together.

1 OK, it's on Wednesday.

2 OK, I'm at work.

3 OK, that sounds fun.

放送文の訳 ★：「今週末は何か予定があるの？」

☆：「美術館に行きたいわ」

★：「一緒に行こうよ」

1 いいわ，それは水曜日よ。

2 いいわ，私は仕事中よ。

3 いいわ，楽しそうね。

解説　女性の I want to go to the art museum. を聞いて，男性は Let's go together.「（美術館へ）一緒に行こう」と誘っている。これに対応した発話になっているのは 3 で，sounds fun は「楽しそう（に思える）」という意味。

No.9 解答 ②

正答率 ★75%以上

放送文 ☆：You look happy.

★：I'm excited about our P.E. class.

☆：Why is that?

1 Because there's a math test.

2 Because we'll play baseball today.

59

3 Because I like hamburgers.

★：「体育の授業にわくわくしているんだ」

☆：「どうして？」

    1 数学のテストがあるから。

    2 今日は野球をするから。

    3 ぼくはハンバーガーが好きだから。

解説 Why is that? の that は，男の子の I'm excited about our P.E. class. を指していて，男の子が P.E. class「体育の授業」を楽しみにしている理由を尋ねている。その理由になっているのは **2** で，we'll play baseball today と今日の授業ですることを答えている。

No.10 解答 ③

放送文 ★：Mom, I had a science test today.

☆：How was it?

★：I thought it was difficult.

    1 I hope it's warm.

    2 I'll look for it later.

    3 I'm sure you did well.

放送文の訳 ★：「お母さん，今日理科のテストがあったんだ」

☆：「どうだった？」

★：「難しいと思ったよ」

    1 暖かいといいわね。

    2 後でそれを探すわ。

    3 あなたはきっとよくやったと思うわ。

解説 thought は think の過去形で，男の子の I thought it was difficult. は，今日受けた a science test「理科のテスト」の感想。難しいと思ったと言っている男の子への応答として適切なのは **3** で，母親は you did well「あなたはよくやった」と励ましている。I'm sure は「きっと〜だと思う」という意味。

60

No.11 解答 **2**

放送文 ☆：Who did you go shopping with?

★：Kate. She bought a bag, and I got a pair of gloves.

☆：Did you look for soccer shoes, too?

★：Not today.

Question: What did the boy buy today?

放送文の訳 ☆：「誰と買い物に行ったの？」

★：「ケイトだよ。彼女はかばんを買って，ぼくは手袋を1組買った」

☆：「サッカーシューズも探したの？」

★：「今日は探さなかったよ」

質問の訳 「男の子は今日何を買ったか」

選択肢の訳
1　かばん。
2　手袋を1組。
3　サッカーボール。
4　靴。

解説 男の子の She bought a bag, and I got a pair of gloves. から，彼女（＝ケイト）が買ったのはかばん，男の子が買ったのは gloves「手袋」だとわかる。got は bought と同じ意味で使われている。a pair of 〜 は「1組の〜」という意味。

No.12 解答 **1**

放送文 ☆：Can you wash the dishes, Bill?

★：I've got a lot of homework, Mom. Can Patty or Dad do them?

☆：They're busy, too, and it's your turn.

★：All right.

Question: Who will wash the dishes?

放送文の訳 ☆：「お皿を洗ってくれる，ビル？」

★：「ぼくは宿題がたくさんあるんだ，お母さん。パティかお父さんがやってくれる？」

☆：「2人も忙しいし，あなたの番よ」

★：「わかった」

「誰が皿を洗うか」

1 ビル。 **2** ビルの母親。

3 ビルの父親。 **4** パティ。

解 説 最初の Can you wash the dishes, Bill? から，ビルは皿洗いを頼まれていることがわかる。母親の They're busy, too, and it's your turn. の They はパティと父親を指していて，your turn は「あなたの番」という意味。これにビルは All right. と答えているので，ビルが皿洗いをすることになる。

No. 13 解答 ①

放送文 ☆：Hello?

★：Hi, Sally. This is Ben's father. Is Ben at your house?

☆：Yes, we're doing our math homework.

★：Can you tell him to come home by six?

☆：Sure.

Question: What does Ben's father want Ben to do?

放送文の訳 ☆：「もしもし？」

★：「やあ，サリー。ベンの父です。ベンは君の家にいるの？」

☆：「はい，私たちは数学の宿題をしています」

★：「6時までに帰ってくるようにベンに言ってくれる？」

☆：「わかりました」

質問の訳 「ベンの父親はベンに何をしてほしいか」

選択肢の訳 **1** 6時までに家に着く。

2 サリーの父親に電話する。

3 サリーの数学の教科書を返す。

4 サリーの宿題を手伝う。

解 説 Can you 〜? は「〜してくれますか」と依頼する表現で，〈tell＋人＋to 〜〉は「（人）に〜するように言う」。ベンの父親はサリーに，Can you tell him to come home by six? と頼んでいるので，come home by six「6時までに帰る」がベンにしてほしいこと。正解の1では，come のかわりに arrive が使われている。

No. 14 解答 ②

放送文 ☆：Dad, can you help me with this box? I can't move it by myself.

★ : Where do you want to put it?

☆ : Outside, by my bike.

★ : Sure.

Question: What does the girl want to do?

放送文の訳 ☆ :「お父さん，この箱を運ぶのを手伝ってくれる？ 私1人じゃ動かせないの」

★ :「どこにそれを置きたいの？」

☆ :「外よ，私の自転車のそばに」

★ :「わかった」

質問の訳 「女の子は何をしたいか」

選択肢の訳 1 自転車を買う。　　　　2 箱を動かす。

3 自分の自転車に乗る。　　4 自分の本を見つける。

解 説 最初の Dad, can you help me with this box? と I can't move it by myself. から，女の子は箱を動かしたいが自分1人ではできないので，父親に頼んでいる状況だとわかる。by myself は「自分1人で」という意味。

No. 15 解答 ②　　　　　　　　　　　　　正答率 ★75%以上

放送文 ☆ : Hello?

★ : Hello, this is Mike. Is Karen home?

☆ : Sorry, she's out now. Can I take a message?

★ : She left her pencil case in the art room. The teacher has it.

☆ : Thank you. I'll tell her.

Question: Where did Karen leave her pencil case?

放送文の訳 ☆ :「もしもし？」

★ :「もしもし，マイクです。カレンは家にいますか」

☆ :「ごめんなさい，今出かけているわ。伝言はある？」

★ :「彼女は美術室に筆箱を置き忘れました。先生がそれを持っています」

☆ :「ありがとう。伝えておくわ」

質問の訳 「カレンはどこに筆箱を置き忘れたか」

1 自分の部屋に。 2 美術室に。
3 男の子の家に。 4 彼女の先生の家に。

マイクの She left her pencil case in the art room. の聞き取りがポイント。left は leave「～を置き忘れる」の過去形で，カレンが the art room「美術室」に筆箱を置き忘れたということを伝えている。

No.16 解答 ④ 正答率 ★75%以上

☆：Why do you always have that camera, Bob?
★：I like taking photos.
☆：Can you take one of my dog?
★：Sure.
Question: What is Bob's hobby?

☆：「どうしていつもそのカメラを持っているの，ボブ？」
★：「写真を撮るのが好きなんだ」
☆：「私の犬を撮ってくれる？」
★：「いいよ」

「ボブの趣味は何か」

1 彼の犬を散歩させること。 2 動物について読むこと。
3 カメラを集めること。 4 写真を撮ること。

Why do you always have that camera, Bob? といつもカメラを持っている理由を尋ねられたボブは，I like taking photos. と答えている。ここから，ボブの hobby「趣味」は写真を撮ることだとわかる。正解の4では，photos と同じ意味で pictures が使われている。

No.17 解答 ③

☆：Excuse me. I bought this TV last week, but it doesn't work.
★：I'm sorry.
☆：Can you please give me my money back?
★：I'll ask my manager.
Question: What is the woman's problem?

☆：「すみません。先週このテレビを買ったんですが，映らないんです」

★：「申し訳ございません」

☆：「返金していただけますか」

★：「店長に聞いてみます」

質問の訳 「女性の問題は何か」

選択肢の訳
1 彼女は今日仕事をしなければならない。
2 彼女はお金が見つからない。
3 彼女のテレビが故障している。
4 彼女のテレビがうるさすぎる。

解説 the woman's problem「女性の問題」が何かは，女性の I bought this TV last week, but it doesn't work. で説明されている。it doesn't work「それ（＝先週買ったテレビ）が映らない」を，broken「故障して，壊れて」を使って言い換えている 3 が正解。

No. 18 解答 1

放送文 ☆：Luke, when will you get home from school today?

★：Classes end at four, but I have a basketball game until six.

☆：So, you'll be home by seven?

★：Yes.

Question: When do Luke's classes end?

放送文の訳 ☆：「ルーク，今日はいつ学校から帰るの？」

★：「授業は 4 時に終わるけど，6 時までバスケットボールの試合があるんだ」

☆：「じゃあ，7 時までには帰る？」

★：「うん」

質問の訳 「ルークの授業はいつ終わるか」

選択肢の訳　1 4 時に。　2 5 時に。　3 6 時に。　4 7 時に。

解説 時刻を表す表現が at four「4 時に」，until six「6 時まで」，by seven「7 時までに」と複数出てくるが，質問では Luke's classes「ルークの授業」がいつ終わるかを尋ねている。ルークの Classes end at four から，1 が正解。

No. 19 解答 1

正答率 ★75%以上

放送文 ☆：I love this red jacket! It's so cute.

★：That blue one is cheaper. It looks warmer, too.

☆：But I really want this red one.

★：OK.

Question: Why does the woman like the red jacket?

放送文の訳 ☆：「この赤いジャケット，すごくいいわ！　とてもかわいい」

★：「あの青いほうが安いよ。もっと暖かそうだし」

☆：「でも，本当にこの赤いジャケットがほしいの」

★：「わかった」

質問の訳 「女性はなぜ赤いジャケットを気に入っているか」

選択肢の訳 1　それはかわいい。　　　　　2　それは暖かい。

3　それは安い。　　　　　　4　それは長い。

解説 I love this red jacket! の後の It's so cute. が，女性が赤いジャケットを気に入った理由。cute は「かわいい」という意味。cheaper「より安い」や warmer「より暖かい」は，男性が赤いジャケットと比べて青いジャケットについて言った表現。

No. 20 解答 ③

放送文 ☆：I saw you this morning. You were riding a bicycle.

★：Where were you?

☆：In my husband's car. He drives me to work every day.

★：I ride my bike or walk to work.

Question: How does the woman go to work?

放送文の訳 ☆：「今朝，あなたを見かけたわ。自転車に乗っていたわね」

★：「どこにいたの？」

☆：「夫の車の中よ。彼は毎日，私を職場まで車で送ってくれるの」

★：「ぼくは自転車か徒歩で通勤してるんだ」

質問の訳 「女性はどうやって通勤しているか」

選択肢の訳 1　電車で。　　　　　　　　2　自転車で。

3　車で。　　　　　　　　　4　徒歩で。

解説 女性の In my husband's car. He drives me to work every day. から，女性は夫の車で通勤していることがわかる。drive ～ to … は「～を車で…へ送る」という意味。男性の I ride my bike or walk to work. を聞いて 2 や 4 を選ばないように注意する。

23年度第1回 リスニング

No.21 解答 **2** ━━━━━ 正答率 ★75%以上

放送文
Robert is learning to cook. He watches a cooking program on TV every Tuesday, and on Wednesdays he takes a cooking class after work. He makes dinner for his family on Fridays.

Question: When does Robert take a cooking class?

放送文の訳
「ロバートは料理を習っている。毎週火曜日にテレビの料理番組を見て，水曜日には仕事の後に料理教室に通っている。金曜日には家族のために夕食を作っている」

質問の訳
「ロバートはいつ料理教室に通っているか」

選択肢の訳
1 火曜日に。 2 水曜日に。 3 木曜日に。 4 金曜日に。

解説
2文目後半の … and on Wednesdays he takes a cooking class after work. から，2が正解。He watches a cooking program on TV の火曜日，He makes dinner for his family の金曜日と混同しないように注意する。

No.22 解答 **4** ━━━━━ 正答率 ★75%以上

放送文
Good morning, everyone, and welcome to the Riverside Museum. Please follow me for a free tour of our main attractions. Today, we have a special show about the pyramids in Egypt on the second floor. This way, please.

Question: Who is talking?

放送文の訳
「みなさん，おはようございます，そしてリバーサイド博物館へようこそ。当館の主な見どころを無料でご案内しますので，私についてきてください。今日は，2階でエジプトのピラミッドについての特別ショーを行います。こちらへどうぞ」

質問の訳
「誰が話しているか」

選択肢の訳
1 生徒。 2 音楽家。
3 店員。 4 博物館のガイド。

解説
welcome to the Riverside Museum「リバーサイド博物館へよ

うこそ」, Please follow me「<ruby>私<rt>わたし</rt></ruby>についてきてください」, Today, we have a special show「今日は特別なショーがあります」などから, 話しているのは博物館の guide「ガイド, 案内人」だとわかる。

No. 23 解答 ①

放送文　I usually take the bus to school, but this morning, I got up late. I asked Dad to drive me to school, but he had to go to work. So I borrowed my brother's bike.

Question: How did the girl get to school this morning?

放送文の訳　「<ruby>私<rt>わたし</rt></ruby>は<ruby>普段<rt>ふだん</rt></ruby>バスで学校へ行くが, 今朝は起きるのが<ruby>遅<rt>おそ</rt></ruby>くなってしまった。お父さんに車で学校へ送ってくれるように<ruby>頼<rt>たの</rt></ruby>んだが, お父さんは仕事に行かなくてはならなかった。だから, <ruby>私<rt>わたし</rt></ruby>は兄[弟]の自転車を借りた」

質問の訳　「女の子は今朝, どうやって学校へ行ったか」

選択肢の訳
1 <ruby>彼女<rt>かのじょ</rt></ruby>は自転車に乗った。
2 <ruby>彼女<rt>かのじょ</rt></ruby>はバスに乗った。
3 <ruby>彼女<rt>かのじょ</rt></ruby>の父親が<ruby>彼女<rt>かのじょ</rt></ruby>を連れて行った。
4 <ruby>彼女<rt>かのじょ</rt></ruby>の兄[弟]が<ruby>彼女<rt>かのじょ</rt></ruby>を連れて行った。

解説　最後の So I borrowed my brother's bike. から, 女の子は今朝, 兄[弟]の自転車を借りて学校へ行ったことがわかる。So「だから」は, その前の I asked Dad to drive me to school, but he had to go to work. を受けている。<ruby>正解<rt>せいかい</rt></ruby> 1 の rode は ride「～に乗る」の<ruby>過去形<rt>かこけい</rt></ruby>。

No. 24 解答 ④

放送文　Peter had to write a report about Japanese temples for his history class. He couldn't find any good books at the library, so he looked on the Internet. He found lots of useful information there.

Question: How did Peter learn about Japanese temples?

放送文の訳　「ピーターは<ruby>歴史<rt>れきし</rt></ruby>の<ruby>授業<rt>じゅぎょう</rt></ruby>で, 日本の寺についてレポートを書かなければならなかった。彼は図書館でよい本を見つけられなかったので, インターネットで<ruby>調<rt>しら</rt></ruby>べた。<ruby>彼<rt>かれ</rt></ruby>はそこでたくさんの役に立つ<ruby>情<rt>じょう</rt></ruby>

報を見つけた」

質問の訳　「ピーターはどうやって日本の寺について学んだか」

選択肢の訳　1　彼は歴史の先生に尋ねた。　　2　彼は日本を訪れた。

3　彼は本を読んだ。　　　　　4　彼はインターネットで調べた。

解　説　He found lots of useful information there. の there「そこで」は，前の文にある on the Internet「インターネットで」を指しているので，4 が正解。He couldn't find any good books at the library と言っているので，3 は不正解。

No. 25 解答 ①

放送文　Brian wanted to go hiking today, but it started to rain. He decided to go and see a movie instead. At the theater, he bought popcorn and a drink. He had a relaxing afternoon.
Question: What did Brian do today?

放送文の訳　「ブライアンは今日ハイキングに行きたかったが，雨が降り始めた。彼はかわりに，映画を見に行くことにした。映画館で，ポップコーンと飲み物を買った。彼はリラックスした午後を過ごした」

質問の訳　「ブライアンは今日，何をしたか」

選択肢の訳　1　彼は映画を見に行った。

2　彼はハイキングに行った。

3　彼は家でポップコーンを作った。

4　彼はレストランで食事をした。

解　説　2文目の He decided to go and see a movie instead. から，1 が正解。decide to ~ は「~することに決める」，go and see ~ は「~を見に行く」という意味。instead「かわりに」は，最初にしたいと思っていた go hiking「ハイキングに行く」のかわりにということ。

No. 26 解答 ③

正答率 ★75%以上

放送文　I enjoy spending time alone. In the mornings, I drink tea and read the news. After dinner, I like to jog in the park.
Question: What does the man like to do after dinner?

放送文の訳　「ぼくは1人で時間を過ごして楽しむ。朝は，紅茶を飲んで，ニュースを読む。夕食後は，公園でジョギングをするのが好きだ」

「男性は夕食後に何をすることが好きか」

1 紅茶を飲む。　　　　　　2 デザートを食べる。

3 ジョギングに行く。　　　4 ニュースを読む。

解　説 質問では after dinner「夕食後に」のことを尋ねているので，After dinner, I like to jog in the park. から 3 が正解。In the mornings, I drink tea and read the news. を聞いて 1 や 4 を選んでしまわないように注意する。

No. 27 解答 ②

放送文 I'm a doctor. One of the other doctors at my hospital was sick today, so I was very busy. I usually finish at 6:30, but today I had to work until 8:30.

Question: What happened today?

放送文の訳 「私は医者だ。今日は私の病院の他の医者の 1 人が病気だったので，とても忙しかった。普段は 6 時半に終わるが，今日は 8 時 30 分まで仕事をしなければならなかった」

質問の訳 「今日，何が起こったか」

選択肢の訳 1 新しい医者が働き始めた。　　2 女性が遅くまで仕事をした。

3 女性が病気になった。　　　4 病院が早く閉まった。

解　説 I usually finish at 6:30, but today I had to work until 8:30. から，普段は 6 時 30 分に（仕事が）終わるが，今日は 8 時 30 分まで仕事をしたことがわかる。このことを worked late「遅くまで仕事をした」と表現している 2 が正解。

No. 28 解答 ④

放送文 It's Saturday today. I don't have any homework, so I'll go to the park. My friend Rob and I will go skating there. Then I'll have lunch with my dad at home.

Question: What is the boy going to do in the park?

放送文の訳 「今日は土曜日だ。宿題がないので，ぼくは公園へ行く。友だちのロブとぼくは，そこへスケートをしに行く。それから，ぼくは家でお父さんと一緒に昼食を食べる」

質問の訳 「男の子は公園で何をするつもりか」

選択肢の訳 1 昼食を食べる。　　　　　2 宿題をする。

3　父親とゲームをする。　　　4　友だちとスケートをする。

解　説　2文目後半の …, so I'll go to the park. から，男の子は公園へ行くことがわかる。さらに，3文目の My friend Rob and I will go skating there. で，そこ（＝公園）で友だちのロブとスケートをすると言っているので4が正解。

No. 29 解答 ①　　　　　　　　　　　　　　　　正答率 ★75%以上

放送文　Simon makes lunch every day.　He made a ham sandwich on Monday and tuna salad yesterday.　Today, he'll make beef soup.

Question: What is Simon going to make for lunch today?

放送文の訳　「サイモンは毎日昼食を作る。月曜日にハムのサンドイッチ，昨日はツナサラダを作った。今日は，牛肉のスープを作る」

質問の訳　「サイモンは今日，昼食に何を作るつもりか」

選択肢の訳　1　牛肉のスープ。　　　　　2　ツナサラダ。
3　ハムのサンドイッチ。　　4　チキンのサンドイッチ。

解　説　質問ではサイモンが今日の昼食に何を作るか尋ねているので，最後の Today, he'll make beef soup. から1が正解。3の A ham sandwich は on Monday，2の Tuna salad は yesterday に作ったものなので，いずれも不正解。

No. 30 解答 ④　　　　　　　　　　　　　　　　正答率 ★75%以上

放送文　When Michael got home last night, he couldn't find his house key.　It wasn't in his bag or in his car.　Finally, he went back to his office and found it on his desk.

Question: Where did Michael find his key?

放送文の訳　「昨夜マイケルが家に帰ると，家のかぎが見つからなかった。かばんの中にも車の中にもなかった。結局，彼はオフィスに戻って，それが自分の机の上にあるのを見つけた」

質問の訳　「マイケルはどこに自分のかぎを見つけたか」

選択肢の訳　1　彼のかばんの中に。　　　2　彼の車の中に。
3　彼の家のいすの上に。　　4　彼のオフィスの机の上に。

解　説　Finally, he went back to his office and found it on his desk. に正解が含まれている。it は his house key を指していて，his desk はマイケルのオフィスにある机<ruby>机<rt>つくえ</rt></ruby>のこと。It wasn't in his bag or in his car. と言っているので，1 や 2 を選ばないように注意する。

| 二次試験・面接 | 問題カード **A** 日程 | 問題編 p.68〜69 |  ▶MP3 ▶アプリ ▶CD 1 76〜80 |

全 訳

ペット

多くの人がペットの犬を飼<ruby>飼<rt>か</rt></ruby>いたいと思っている。犬と遊ぶとリラックスすることができる。犬を散歩に連れて行く時間がないので，ハムスターや鳥などのペットを飼<ruby>飼<rt>か</rt></ruby>う人たちもいる。

質問の訳

No.1 パッセージを見てください。なぜハムスターや鳥などのペットを飼<ruby>飼<rt>か</rt></ruby>う人たちがいますか。

No.2 イラストを見てください。何人が帽子<ruby>帽<rt>ぼう</rt></ruby><ruby>子<rt>し</rt></ruby>をかぶっていますか。

No.3 男性<ruby>男性<rt>だんせい</rt></ruby>を見てください。彼<ruby>彼<rt>かれ</rt></ruby>は何をしていますか。

さて，〜さん，カードを裏返<ruby>裏<rt>うら</rt></ruby><ruby>返<rt>がえ</rt></ruby>しにしてください。

No.4 あなたは先週の日曜日，何をしましたか。

No.5 あなたは自由な時間があるときに買い物をすることが好きですか。

はい。 → あなたは何を買うことが好きですか。

いいえ。→ あなたは今年の夏に何をしたいですか。

No. 1

解答例 Because they don't have time to take dogs for walks.

解答例の訳 「犬を散歩に連れていく時間がないからです」

解 説 3文目に正解<ruby>正<rt>せい</rt></ruby><ruby>解<rt>かい</rt></ruby>が含<ruby>含<rt>ふく</rt></ruby>まれているが，①質問の主語<ruby>主<rt>しゅ</rt></ruby><ruby>語<rt>ご</rt></ruby>と重なる Some people を3人称複数<ruby>人<rt>にん</rt></ruby><ruby>称<rt>しょう</rt></ruby><ruby>複<rt>ふく</rt></ruby><ruby>数<rt>すう</rt></ruby>の代名詞<ruby>代<rt>だい</rt></ruby><ruby>名<rt>めい</rt></ruby><ruby>詞<rt>し</rt></ruby> they に置き換<ruby>置<rt>お</rt></ruby>き<ruby>換<rt>か</rt></ruby>える，②文の後半 so they get pets such as hamsters or birds「だから，彼<ruby>彼<rt>かれ</rt></ruby>らはハムスターや鳥などのペットを飼<ruby>飼<rt>か</rt></ruby>う」は質問<ruby>質<rt>しつ</rt></ruby><ruby>問<rt>もん</rt></ruby>と重なる内容<ruby>内<rt>ない</rt></ruby><ruby>容<rt>よう</rt></ruby>なので省く，という2点に注意する。such as 〜は「〜のような，〜などの」，take 〜 for walks は「〜を散歩に連れて行く」という意味。

No. 2

解答例 Three people are wearing hats.

解答例の訳　「3人が帽子をかぶっています」

解　説　〈How many + 複数名詞 ～?〉は数を尋ねる表現。wear「～を身につける，かぶる」が現在進行形で使われていて，何人が hats「(縁のある) 帽子」をかぶっているか尋ねている。イラストでは3人が帽子をかぶっているが，単に Three (people). ではなく，質問の現在進行形に合わせて Three people are wearing hats. と答える。

No. 3

解答例　He's cooking.

解答例の訳　「彼は料理をしています」

解　説　イラスト中の男性に関する質問。質問の What is ～ doing? は，「～は何をしていますか」という現在進行形の疑問文。「料理をする」は cook という動詞を使い，質問に合わせて He's [He is] cooking. という現在進行形で答える。

No. 4

解答例　I played with my cousins.

解答例の訳　「私はいとこたちと遊びました」

解　説　質問は What did you do「あなたは何をしましたか」で始まっているので，last Sunday「先週の日曜日」に自分がしたことを，I ～ (動詞の過去形) の形で答える。解答例の他に，I did my homework.「私は宿題をしました」のような解答も考えられる。

No. 5

解答例　Yes. → What do you like to buy?
　　　　　— I like to buy books.
　　　　　No. → What do you want to do this summer?
　　　　　— I want to go to a foreign country.

解答例の訳　「はい」→ あなたは何を買うことが好きですか。
　　　　　—「私は本を買うことが好きです」
　　　　　「いいえ」→ あなたは今年の夏に何をしたいですか。
　　　　　—「私は外国へ行きたいです」

解　説　最初の質問の in your free time は「自由な時間があるときに，暇なときに」という意味で，時間があるときに買い物することが好きかどうかを Yes(, I do). / No(, I don't). で答える。Yes の

場合の2番目の質問 What do you like to buy? には，何を買う
ことが好きかを I like to buy ～ の形で答える。No の場合の2
番目の質問 What do you want to do this summer? には，今年
の夏にしたいことを I want to ～ の形で答える。解答例の他に，
（Yes の場合）I like to buy comic books.「私はマンガ本を買う
ことが好きです」，（No の場合）I want to swim in the sea.「私
は海で泳ぎたいです」のような解答も考えられる。

全　訳
歌うこと
歌うことはリラックスするよい方法になりうる。多くの人の前で
歌うことを楽しむので，歌のグループやバンドに参加する人たち
もいる。歌のレッスンを受けることは，人々がよりうまく歌うこ
との助けになりうる。

質問の訳　**No.1**　パッセージを見てください。なぜ歌のグループやバンドに
　　　　　　　　参加する人たちがいますか。

　　　　　No.2　イラストを見てください。ベンチの上には何冊の本があり
　　　　　　　　ますか。

　　　　　No.3　男の子を見てください。彼は何をしていますか。

　　　さて，〜さん，カードを裏返しにしてください。

　　　　　No.4　あなたは週末によくどこへ行きますか。

　　　　　No.5　あなたはビーチに行ったことがありますか。

　　　　　　　　はい。　→　もっと説明してください。

　　　　　　　　いいえ。→　あなたは天気が寒いときに何をすることが好
　　　　　　　　　　　　　きですか。

No. 1
解答例　Because they enjoy performing in front of many people.

解答例の訳　「多くの人の前で歌うことを楽しむからです」

解　説　2文目に正解が含まれているが，①質問の主語と重なる Some
people を3人称複数の代名詞 they に置き換える，②文の後半 so
they join singing groups or bands「だから，彼らは歌のグルー

74

プやバンドに参加する」は質問と重なる内容なので省く，という2点に注意する。perform は「演じる，（曲や楽器を）演奏する」の意味で，ここでは sing のかわりに使われている。in front of ～は「～の前で」という意味。

No. 2

解答例　There are two books on the bench.

解答例の訳　「ベンチの上には2冊の本があります」

解　説　〈How many＋複数名詞 ～?〉は数を尋ねる表現で，There are ～「～がある」の疑問文。質問では，on the bench「ベンチの上に」ある本の冊数を尋ねている。イラストではベンチの上に2冊の本があるが，単に Two (books). ではなく，質問に合わせて There are ～「～があります」の形で答える。

No. 3

解答例　He's drawing.

解答例の訳　「彼は絵を描いています」

解　説　イラスト中の男の子に関する質問。質問の What is ～ doing? は，「～は何をしていますか」という現在進行形の疑問文。「（ペンや鉛筆で）絵を描く」は draw という動詞を使い，質問に合わせて He's [He is] drawing. という現在進行形で答える。paint「（絵の具やペンキで）絵を描く」との違いに注意しよう。

No. 4

解答例　I go to the shopping mall.

解答例の訳　「私はショッピングモールへ行きます」

解　説　質問は Where「どこへ」で始まっていて，on weekends「週末に」よく行く場所を尋ねている。I (often) go to ～（場所）の形で答える。解答例の他に，I often go to the library.「私はよく図書館へ行きます」のような解答も考えられる。

No. 5

解答例　Yes. → Please tell me more.
　　　— I went to a beach in Chiba.
No. → What do you like to do when the weather is cold?
　　　— I go jogging.

解答例の訳　「はい」→ もっと説明してください。

―「私は千葉にあるビーチへ行きました」
「いいえ」→ あなたは天気が寒いときに何をすることが好きですか。
　　―「私はジョギングをしに行きます」

解 説　最初の質問の Have you ever been to ～? は「あなたはこれまで～へ行ったことがありますか」という意味で，beach「ビーチ，浜辺」へ行ったことがあるかどうかを Yes(, I have). / No(, I haven't).［Never.「一度もない」］で答える。Yes の場合の2番目の質問 Please tell me more. には，いつ，誰と，どのビーチへ行ったかなどを答えればよい。No の場合の2番目の質問 What do you like to do when the weather is cold? には，天気が寒いときに何をすることが好きかを I (like to) ～ の形で答える。解答例の他に，（Yes の場合）I went to a beach last summer.「私は昨年の夏にビーチへ行きました」，（No の場合）I like to read books.「私は本を読むことが好きです」のような解答も考えられる。

2022-3

解答一覧

一次試験・筆記

1

(1)	3	(6)	1	(11)	4
(2)	1	(7)	4	(12)	2
(3)	2	(8)	2	(13)	2
(4)	3	(9)	3	(14)	3
(5)	4	(10)	1	(15)	4

2

(16)	2	(18)	2	(20)	3
(17)	3	(19)	2		

3 A

(21)	1
(22)	3

3 B

(23)	1
(24)	3
(25)	2

3 C

(26)	4	(28)	2	(30)	1
(27)	3	(29)	1		

4　解答例は本文参照

一次試験・リスニング

第1部

No. 1	2	No. 5	3	No. 9	3
No. 2	2	No. 6	1	No.10	1
No. 3	1	No. 7	2		
No. 4	2	No. 8	1		

第2部

No.11	3	No.15	4	No.19	1
No.12	2	No.16	4	No.20	3
No.13	3	No.17	1		
No.14	2	No.18	2		

第3部

No.21	2	No.25	3	No.29	3
No.22	3	No.26	2	No.30	4
No.23	1	No.27	4		
No.24	3	No.28	1		

(1) 解答 **3**

訳　A「もうお母さんの誕生日プレゼントを包んだ？」
B「ううん，それは今夜するよ」

解説　A は Have you 〜で始まっているので，現在完了形〈have ＋動詞の過去分詞〉の疑問文。Mom's birthday present とつながる動詞は wrap「〜を包む」の過去分詞 wrapped。1，2，4 はそれぞれ contact「〜に連絡をとる」，invite「〜を招待する」，climb「〜に登る」の過去形・過去分詞。

(2) 解答 **1**　正答率 ★**75**%以上

訳　「先週の金曜日，私たちはチームの新メンバーを歓迎するために特別なランチを食べた。彼は会社で働き始めたばかりだ」

解説　lunch「ランチ，昼食」とのつながりから，special「特別な」が正解。we had a special lunch の目的が to 〜「〜するために」以下で示されている。welcome は「〜を歓迎する」，company は「会社」という意味。deep「深い」，weak「弱い」，low「低い」。

(3) 解答 **2**

訳　A「もうお皿を洗った？」
B「うん，それはもうやったし，台所の床も掃除したよ」

解説　A の Have you washed the dishes yet? に B は Yes と答えていて，皿を洗い終えていることになるので，動作が完了していることを表す already「すでに，もう」が正解。soon「すぐに」，out「外へ」，ago「〜前に」。

(4) 解答 **3**　正答率 ★**75**%以上

訳　「明日，私たちは子ども向けの動物園へ行く。子どもたちはそこで，一部の動物に触ることができる」

解説　2 文目の主語 They は，1 文目にある children（child「子ども」

の複数形）を指している。空所に入る動詞の目的語が some of the animals なので，touch「～に触る」が正解。build「～を建てる」，close「～を閉める」，shout「叫ぶ」。

(5) 解答 **4**

訳 「健康によいと考えているため，毎日30分くらい走ることが好きな人たちもいる」

解説 it は to run for about 30 minutes every day「毎日30分くらい走ること」を指していて，この内容とつながる形容詞は healthy「健康によい，健康な」。afraid「恐れて」，expensive「高価な」，crowded「混雑した」。

(6) 解答 **1**

訳 「私の友だちのピーターは賢い。彼は数学のテストでいつもよい点数を取る」

解説 get(s) a good score on ～は「～でよい点数を取る」という意味。数学のテストでいつもよい点数を取るという2文目の内容から，ピーターは clever「賢い，利口な」ということがわかる。sunny「晴れた」，clear「澄んだ」，early「早い」。

(7) 解答 **4**

訳 「このマンガ本はおもしろい。それを読んでいるとき，私はたくさん笑った」

解説 funny は「おもしろい，おかしい」という意味。2文目の it は1文目の This comic book のことで，それ（＝このマンガ本）を読んでいるときに laughed a lot「たくさん笑った」という流れになる。1，2，3 はそれぞれ drive「車を運転する」，borrow「～を借りる」，hear「聞こえる」の過去形。

(8) 解答 **2**

訳 「ケイタがカナダへ引っ越したとき，彼は英語をあまり話すことができなかった。でも今は，英語をとてもじょうずに話す」

解説 … he wasn't (　) to ～. But now, … の流れと，空所前後にある wasn't と to とのつながりを考えて，wasn't able to ～「～す

ることができなかった」とする。be able to ～は「～することができる」という意味。absent「欠席して」，angry「怒って」，another「もう１つの」。

(9) 解答 **3**

訳 「トムの母親はトムに伝言を残した。母親はトムに，夕食前に犬を散歩させるように言った」

解説 空所の後の a message「伝言，メッセージ」とつながる動詞は leave「～を残す」の過去形 left で，leave a message (for ～) で「(～に) 伝言を残す」という表現。1，2，4 はそれぞれ meet「～に会う」，close「～を閉める」，hold「～を持つ」の過去形。

(10) 解答 **1**

訳 A「このヨーグルトを作ったの，おばあちゃん？」
B「そう，簡単よ。それは牛乳でできているのよ」

解説 B の２文目の主語 It は，this yogurt「このヨーグルト」を指している。空所の前後に It's made と milk があるので，原料を表す from を入れて be made from ～「～でできている」とする。under「～の下に」，before「～の前に」，over「～の上に，～を越えて」。

(11) 解答 **4**

訳 「ミホはいつも家から弁当を持ってくるので，昼食にあまりお金を使わない」

解説 空所の後に much money on lunch が続いていることに注目して，spend money on ～「～にお金を使う」という表現にする。問題文は much が入って doesn't spend much money on ～「～にあまりお金を使わない」という否定文になっている。catch「～を捕まえる」，stay「滞在する」，know「～を知っている」。

(12) 解答 **2**

訳 「昨日，マークは病気で寝ていたので，今日は仕事に行かなかった」

解説 空所の前の was sick，空所の後の bed とつながるのは in で，be sick in bed で「病気で寝ている」という表現。above「～の上

に」，across「〜を横切って」，on「〜の上に」。

(13) 解答 ②

訳 A「本当にすてきな家を持っているね，ボブ」
B「ありがとう。ぼくの祖父によって建てられたんだ」

解説 B の2文目の主語 It はボブの家を指す。空所の後に by my grandfather「ぼくの祖父によって」があるので，受動態〈be 動詞＋動詞の過去分詞〉にする必要がある。ここでは build「〜を建てる」の過去分詞 built を使って，was built「建てられた」とする。

(14) 解答 ③

訳 「私たちの学校はペットボトルを集めるイベントを計画している。地元のある芸術家が，それらをリサイクルして芸術作品にする予定だ」

解説 空所の前に，未来を表す will があることから判断する。will は助動詞で，〈will＋動詞の原形（ここでは recycle）〉の形で使われる。空所の後の them は前の文の plastic bottles「ペットボトル」のこと。recycle 〜 into … は「〜をリサイクルして…にする」という意味。

(15) 解答 ④

正答率 ★75%以上

訳 A「空港行きの次のバスがいつ出発するか知っていますか」
B「はい。15分後です」

解説 B の In 15 minutes.「15分後に」から，A は the next bus to the airport「空港行きの次のバス」がいつ出発するかを尋ねていることが推測できる。選択肢はいずれも疑問詞で，「いつ」を意味する when が正解。

一次試験・筆記 **2** 問題編 p.76

(16) 解答 ②

正答率 ★75%以上

訳 父親「宿題は終わった？」
娘 「ううん，まだなの。夕食後に終わらせるわ」

解説 Have you finished your homework? と尋ねられた娘は No と答えているので，「まだ〜ない」を意味する 2 の not yet. が続く。ここでの not yet は，I haven't finished my homework yet「私はまだ宿題が終わっていない」ということ。

(17) 解答 ③

訳 女性「すみません。この帽子が気に入ったのですが。かぶってみてもいいですか」

店員「かしこまりました。鏡はあちらにございます」

解説 try 〜 on は「〜を試着する」という意味で，女性は気に入った帽子をかぶってみてもいいかどうか尋ねている。salesclerk「店員」の Certainly. に続く発話として適切なのは 3 で，mirror「鏡」がある場所を over there「あちらに」と伝えている。

(18) 解答 ②

訳 女の子 1「あなたがバイオリンを持っていることを知らなかったわ。どれくらいの頻度でそれを弾くの？」

女の子 2「月に 1 度か 2 度だけよ」

解説 女の子 2 の発話から，空所にどのような質問が入るかを考える。once or twice a month は「月に 1 度か 2 度」という意味なので，頻度を尋ねる How often 〜「どれくらいの頻度で〜」で始まっている 2 が正解。2 の it は violin「バイオリン」のこと。

(19) 解答 ②　　　　　　　　　　　　正答率 ★75%以上

訳 係員「グリーンウッド・ジャズフェスティバルへようこそ。チケットをお持ちですか，お客さま？」

女性「いいえ。どこでチケットを買えますか」

係員「あちらの青いテントで」

解説 ジャズフェスティバルの係員の Do you have a ticket, ma'am? に女性は No. と答えていること，さらに，女性の発話の後に係員が At 〜と場所を伝えていることから，どこでチケットを買えるかを尋ねている 2 が正解。2 の one は a ticket のかわりに使われている。

(20)　解答 ③ ─────────────────────── 正答率 ★75%以上

訳　母親「どうしてあなたの野球帽がソファの上にあるの？　自分の
　　　　部屋に持っていきなさい」
　　　息子「今日それをかぶるんだよ。3時に練習があるんだ」

解説　母親の Take it to your room. の it は，sofa「ソファ」の上に置
　　　いてある息子の baseball cap「野球帽」のことで，息子に野球帽
　　　を自分の部屋に持っていくように言っている。息子の I have
　　　practice at three. につながるのは 3 で，wear it は「それ（＝野
　　　球帽）をかぶる」という意味。

一次試験・筆記 | **3A** | 問題編 p.78〜79

ポイント　アイススケート教室を案内する掲示。誰を対象にした案内である
　　　かに加えて，アイススケート教室の場所，費用，スケジュールな
　　　どの情報を的確に理解しよう。

全訳

アイススケート教室
放課後に新しい活動をしてみませんか。

ベリルシティー・スポーツセンターでは，生徒向けに午後のレッ
スンがあります。アイススケートがじょうずである必要はありま
せん。初心者を歓迎します。一生懸命に練習すれば，スケートが
とても上達しますよ！

場所：ベリルシティー・スポーツセンター1階
費用：1時間のレッスンで18ドル
レッスンのスケジュール：毎週火曜日，木曜日，金曜日の午後4
　　　　　　　　　　　　　　時から午後5時まで
　　　（スポーツセンターは毎週水曜日は閉館します）

ご興味があれば，ジェニー・ハーディングに E メールを送るか，
平日の午前8時から午後6時の間に彼女に電話をしてください。

ジェニー・ハーディング
電話番号：555-8778
E メールアドレス：ice-skating@berrylsports.com

activity「活動」, after school「放課後に」, don't need to ～「～する必要はない」, beginner(s)「初心者」, practice「練習する」, floor「階」, schedule「スケジュール，予定」, ～ p.m.「午後～時」, send ～ an e-mail「～に E メールを送る」, ～ a.m.「午前～時」, on weekdays「平日に」

(21) 解答 1

質問の訳 「この掲示は誰に向けたものか」

選択肢の訳 1 新しい活動をしてみたい生徒たち。
2 新しい仕事がほしいアイススケートのコーチたち。
3 自分の古いアイススケート靴を売りたい人たち。
4 雪祭りに行きたい子どもたち。

解説 1文目の Do you want to try a new activity after school? と，2文目の The Berryl City Sports Center has afternoon lessons for students. から，放課後に a new activity「新しい活動」をしてみたいと思っている生徒向けに，スポーツセンターが午後のレッスンを案内していることがわかる。

(22) 解答 3

質問の訳 「アイススケートのレッスンが行われるのは」

選択肢の訳 1 平日の午前8時。
2 毎週水曜日のみ。
3 週に3回。
4 毎週末の午後。

解説 掲示の Lesson schedule の部分に，Every Tuesday, Thursday, and Friday from 4 p.m. to 5 p.m. と書かれている。レッスンは，毎週火曜日，木曜日，金曜日なので，3の three times a week.「週に3回」ということになる。

一次試験・筆記 **3B** | 問題編 p.80～81

ポイント 自分のお気に入りの作家が書いた本を探しているベスと，古書店の店主サムとの E メールでのやり取り。ベスからの問い合わせに

84

サムは返信でどう答えているか，その返信を読んだベスはどうしたかなどを中心に読み取ろう。

全 訳

送信者：ベス・グリーン

受信者：ザ・ブックワーム

日付：9月4日

件名：本を探しています

こんにちは，

私の名前はベスで，『森の中へ』という本を探しています。私のお気に入りの作家であるチャールズ・バンスによって書かれた本です。先週の金曜日に，ベイカーズビルのリーダーズ・ルール書店へ行きましたが，そこでは売っていません。チャールズ・バンスは30年前にそれを書いたので，少し古いです。土曜日に，私は友だちの家へ行き，彼がそちらのお店ザ・ブックワームについて教えてくれました。そちらでは古本を売っていると彼が言っていました。昨日，お店のウェブサイトを調べて，このEメールのアドレスを見つけました。そちらのお店に『森の中へ』はありますか。

それでは，

ベス・グリーン

送信者：ザ・ブックワーム

受信者：ベス・グリーン

日付：9月5日

件名：申し訳ございません

こんにちは，グリーンさん，

私はサム・ウィンターズで，ザ・ブックワームの店主です。私もチャールズ・バンスの本が大好きです。申し訳ございませんが，現在私の店に『森の中へ』はございません。オンラインショップをいくつか調べてみてください。おそらく，www.warmwords.comでその本を見つけることができるでしょう。それと，図書館でその本をお探しになりましたか。もしかするとそれを借りることができるかもしれません。毎日お客さまが私の店に古本を持ってきて，私はよくそれらを買い取ります。もし私の店に『森の中へ』を持ってくる方がいれば，それを買い取って，それからあな

たに E メールを送ります。
よろしくお願いします，
サム・ウィンターズ

送信者：ベス・グリーン
受信者：ザ・ブックワーム
日付：9月6日
件名：ありがとうございます
こんにちは，サム，

E メールをありがとうございます。あなたに教えていただいたウェブサイトを確認しました。本はありますが，私には値段が高すぎます。図書館も確認しましたが，残念ながら，ありません。もしそれをあなたに売る方がいたら，私にまた E メールを送ってください。
それでは，
ベス・グリーン

語 句　a book called ～「～という（題名の）本」，written＜write「～を書く」の過去分詞，～ years ago「～年前に」，sold＜sell「～を売る」の過去形，check「～を調べる，確認する」，website「ウェブサイト」，e-mail address「E メールのアドレス」，owner「店主，所有者」，right now「現時点では」，online store(s)「オンラインショップ」，probably「おそらく」，borrow「～を借りる」，expensive「値段が高い」，sadly「悲しいことに，残念ながら」

(23) 解答 ①

質問の訳　「誰がベスにサムの店について教えたか」

選択肢の訳　1　彼女の友だち。　　　2　チャールズ・バンス。
3　リーダーズ・ルールの店主。　4　ある有名な作家。

解 説　最初の E メールの5文目に，On Saturday, I went to my friend's house, and he told me about your store とある。he は my friend を指していて，ベスが書いた E メールなので，ベス

の友だちのこと。your store は受信者の店 The Book Worm のことで，2番目の E メールから，サムの店だとわかる。

(24) 解答 ③

質問の訳 「『森の中へ』をサムに売る人がいれば，彼（かれ）は何をするか」

選択肢の訳
1 それを自分の家で保管（ほかん）する。
2 それを別の書店にあげる。
3 ベスに E メールを送る。
4 それを図書館へ持っていく。

解説 サムが書いた2番目の E メールの最後に，If someone brings *Into the Forest* to my store, I'll buy it, and then I'll send you an e-mail. とある。ここから，『森の中へ』をサムの店に持ってくる人がいれば，サムはそれを買い取って，ベスに E メールを送る，ということがわかる。

(25) 解答 ②

質問の訳 「ベスはなぜ www.warmwords.com で『森の中へ』を買わないのか」

選択肢の訳
1 そこにはそれがない。
2 それは値段（ねだん）が高すぎる。
3 彼女（かのじょ）はそれを図書館で見つけた。
4 彼女（かのじょ）はインターネットで買い物をするのが好きではない。

解説 ベスが書いた3番目の E メールの3文目に，They have it, but it's too expensive for me. とある。They は2文目の the website you told me about を指していて，2番目の E メールでサムが紹（しょう）介（かい）している www.warmwords.com のこと。too は「あまりに～，～すぎる」という意味で，値段（ねだん）が高すぎることがこのウェブサイトで本を買わない理由。

一次試験・筆記 **3C** 問題編 p.82~83

ポイント 女性（じょせい）として初めて飛行機を作って飛ばしたリリアン・ブランドに関する4段（だん）落（らく）構（こう）成（せい）の英文。リリアンが飛行機に興（きょう）味（み）を持つように

なったきっかけは何か，どのようにして飛行機を作ったか，さらになぜ飛行をやめたかなどを，時を表す表現に注意して読み取ろう。

リリアン・ブランド

リリアン・ブランドは 1878 年に生まれた。彼女は当時のたいていの女の子たちとは違っていた。リリアンは狩り，釣り，乗馬を楽しんだ。彼女はまた武術をけいこし，パリで芸術の勉強もした。1900 年に，彼女は父親と一緒にアイルランドへ引っ越した。1908 年には，彼女はロンドンの新聞社に勤めていた。

1909 年に，リリアンのおじが彼女にはがきを送った。そのうちの 1 枚に，ルイ・ブレリオの写真[絵]があった。ブレリオはパイロットで，自分自身の飛行機を作った。彼は飛行機でイギリス海峡を横断した最初の人物だった。ブレリオの飛行機は着陸するときに事故を起こしたが，ブレリオはけがをしなかった。彼の話はすぐに有名になった。

リリアンはそのはがきを見て，飛行機に興味を持つようになった。彼女は飛行機を設計して，それを自分で作ることにした。彼女は木材や簡単なものを使って飛行機の胴体を作った。次に，エンジンを購入して，それを飛行機に取り付けた。彼女が飛行機を作るのに 1 年かかり，1910 年に作り終えた。彼女は飛行機を「メイフライ」と名付けた。その後，彼女は初めてそれを飛ばした。飛行機は空中 10 メートルの高さを 400 メートル飛び続けた。

リリアンは新しい飛行機を作りたかった。しかし，彼女の父親が飛行は娘にとって危険すぎると考えたので，彼女は飛行をやめた。その後，リリアンは結婚をして，カナダへ引っ越した。1935 年に，彼女はイングランドへ戻り，1971 年に亡くなるまで，そこで素朴な生活を楽しんだ。今日，人々が彼女を覚えているのは，彼女が自分自身の飛行機を作って飛ばした最初の女性だったからである。

hunting＜hunt「狩りをする」の〜ing 形，Ireland「アイルランド」，newspaper(s)「新聞社，新聞」，sent＜send「〜に…を送る」の過去形，postcard(s)「(絵) はがき」，built＜build「〜を作る」の過去形，own「自分自身の」，accident「事故」，(be) hurt「けがをする」，design「〜を設計する」，by *oneself*「自分で，独力で」，wood「木材」，engine「エンジン」，name A B「AをBと名付ける」，flew＜fly「〜を飛ばす」の過去形，for the first time「初めて」，stay 〜 meters high in the air「空中〜メートルの高さを飛び続ける」，however「しかし」，get married「結婚する」，until「〜まで」

(26) 解答 ④ ━━━━━━━━━━━━━ 正答率 ★75%以上

質問の訳　「リリアン・ブランドのロンドンでの仕事は何だったか」

選択肢の訳
1 彼女は競馬で馬に乗った。　2 彼女は芸術家だった。
3 彼女は武術を教えた。　　　4 彼女は新聞社で働いた。

解説　質問に in London があることに注意する。リリアンのロンドンでの仕事については，第1段落の最後に，By 1908, she was working for newspapers in London. と書かれている。work for 〜は「〜に勤める」，ここでの newspapers は「新聞社」という意味。

(27) 解答 ③ ━━━━━━━━━━━━━ 正答率 ★75%以上

質問の訳　「リリアンはどのようにして飛行機に興味を持ったか」

選択肢の訳
1 彼女は新聞である話を読んだ。
2 彼女はパイロットと友だちになった。
3 彼女は有名なパイロットのはがきをもらった。
4 彼女はパリでルイ・ブレリオに会った。

解説　第3段落の1文目の Lilian saw the postcard and became interested in planes. から，postcard「はがき」が飛行機に興味を持つきっかけだったことがわかる。そのはがきについて，第2段落の2〜3文目から，パイロットであるルイ・ブレリオが載っていたこと，さらに同段落最後の His story soon became famous. から，ルイ・ブレリオは有名であったことがわかる。

(28) 解答 ② ━━━━━━━━━━━━━ 正答率 ★75%以上

質問の訳　「リリアンが『メイフライ』と名付けられた飛行機を作り終えたのは」

選択肢の訳　1 1909年。　2 1910年。　3 1935年。　4 1971年。

解説 第3段落の5文目に，It took her one year to make the plane, and she finished it in 1910. とある。さらに次の6文目で，She named the plane "Mayfly." と書かれているので，リリアンが「メイフライ」と名付けた飛行機を作り終えたのは1910年だとわかる。

(29) 解答 **①**

質問の訳 「リリアンはなぜ飛行をやめたか」

選択肢の訳 1 彼女の父親が彼女にやめてほしかった。
2 彼女は結婚したかった。
3 彼女のおじがそれは危険だと言った。
4 彼女は新しい趣味を見つけた。

解説 第4段落の2文目後半に …, so she stopped flying「だから彼女は飛行をやめた」とあり，その理由が前半で her father thought that flying was too dangerous for his daughter と説明されている。父親がこのように思ったということを，Her father wanted her to stop. と言い換えている1が正解。

(30) 解答 **①** 〔正答率 ★75%以上〕

質問の訳 「この話は何についてか」

選択肢の訳 1 自分自身の飛行機を作って飛ばした最初の女性。
2 イングランドの有名な飛行機会社。
3 カナダのパイロットのための学校。
4 飛行機のエンジンの作り方。

解説 タイトルにある通り Lilian Bland に関する英文。彼女について，第4段落の最後に，Today, people remember her because she was the first woman to build and fly her own plane. と書かれている。build と正解1で使われている make はほぼ同じ意味。

一次試験・筆記 **4** | 問題編 p.84

質問の訳 「あなたは日曜日の午前に何をすることが好きですか」

解答例 I like to watch TV on Sunday mornings. First, there are

90

interesting TV programs on Sunday mornings. Second, I can enjoy watching TV with my friends because we don't have club activities on Sunday mornings.

解答例の訳 「私は日曜日の午前にテレビを見ることが好きです。第1に，日曜日の午前におもしろいテレビ番組があります。第2に，日曜日の午前はクラブ活動がないので，私は友だちと一緒にテレビを見て楽しむことができます」

解 説 最初に，Sunday mornings「日曜日の午前」に自分は何をすることが好きかを，I like to ～（動詞の原形）の形で書く。続けて，その理由を2つ説明する。解答例では，1文目：自分の考え（テレビを見ることが好き），2文目：1つ目の理由（日曜日の午前におもしろいテレビ番組がある），3文目：2つ目の理由（日曜日の午前はクラブ活動がないので，友だちと一緒にテレビを見て楽しむことができる）という構成になっている。2つの理由を列挙するFirst, ～「第1に，～」や Second, ～「第2に，～」の使い方に慣れておこう。

語 句 watch TV「テレビを見る」，there is [are] ～「～がある」，TV program(s)「テレビ番組」，enjoy ～ing「～して楽しむ」，club activities「クラブ活動」

| 一次試験・リスニング | 第**1**部 | 問題編 p.86〜87 | ▶MP3 ▶アプリ ▶CD 2 **1**〜**11** |

例題 解答 ③

放送文 ★：I'm hungry, Annie.
　　　　☆：Me, too. Let's make something.
　　　　★：How about pancakes?
　　　　　1 On the weekend.　　　**2** For my friends.
　　　　　3 That's a good idea.

放送文の訳 ★：「おなかがすいたよ，アニー」
　　　　　　☆：「私もよ。何か作りましょう」
　　　　　　★：「パンケーキはどう？」

1 週末に。　　　　　　　　**2** 私の友だちに。

3 それはいい考えね。

No. 1　解答 ②　　　　　　　　　　　　　正答率 ★75%以上

放送文　★ : These grapes are delicious.

☆ : You should take some home with you.

★ : Is that OK?

1 I'm hungry.

2 Of course it is.

3 Great job.

放送文の訳　★ :「このブドウはとてもおいしいね」

☆ :「少し家に持ち帰ったらいいわ」

★ :「そうしていいの？」

1 私はおなかがすいているわ。

2 もちろん，いいわよ。

3 よくやったわね。

解説　Is that OK? の that は，女の子の You should take some home with you. を受けて，grapes「ブドウ」を家に持ち帰ってもいいかどうかを尋ねた質問。この答えになっているのは 2 で，Of course it is. の後に OK が省略されている。

No. 2　解答 ②

放送文　☆ : This artist's paintings are really interesting.

★ : I agree.

☆ : Do you know where he's from?

1 They're in the next room.

2 I think he's Canadian.

3 I like the colors.

放送文の訳　☆ :「この画家の絵は本当に興味深いわ」

★ :「ぼくもそう思うよ」

☆ :「この画家がどこの出身だか知ってる？」

1 彼らは隣の部屋にいるよ。

2 彼はカナダ人だと思うよ。

3 ぼくは色が好きだよ。

解　説　Do you know where he's from? の he は，this artist「この画家」を指していて，画家の出身地を知っているかどうか尋ねている。Yes / No で始まる選択肢はないが，where に対して場所を答えるかわりに Canadian「カナダ人」だと思うと言っている 2 が正解。

No. 3　解答 ①

放送文　★：I hear you're moving to France.

　　☆：That's right.

　　★：What will you do there?

　　　1 I'm going to teach at a university.

　　　2 I like Spanish food the best.

　　　3 I lost my passport.

放送文の訳　★：「君はフランスへ引っ越すんだってね」

　　☆：「そうよ」

　　★：「そこで何をするの？」

　　　1 私は大学で教えるのよ。

　　　2 私はスペイン料理がいちばん好きよ。

　　　3 私はパスポートをなくしちゃったの。

解　説　I hear 〜 は「〜だそうですね」，move to 〜 は「〜へ引っ越す」という意味。What will you do there? の there は，in France「フランスで」ということ。女性が引っ越し先のフランスで何をするのか尋ねているので，teach at a university「大学で教える」と答えている 1 が正解。

No. 4　解答 ②

放送文　★：I'd like to send this package to Osaka.

　　☆：OK.　Anything else?

　　★：No, that's all.

　　　1 I've been there.

　　　2 That'll be 800 yen.

　　　3 It's over there.

放送文の訳　★：「この荷物を大阪へ送りたいのですが」

　　☆：「かしこまりました。他に何かありますか」

　　★：「いいえ，それだけです」

1 私はそこへ行ったことがあります。

2 800円になります。

3 それはあちらにあります。

> **解 説** 男性が郵便局で this package「この荷物」を大阪へ送ろうとしている場面。男性の that's all「それだけです」は，送るのはこの荷物だけで他に用件はないということ。この後につながる女性の発話は2で，800 yen と料金を伝えている。

No. 5　解答　③

放送文　☆：Thanks for going shopping.

★：No problem.

☆：What's this?　Cookies weren't on the shopping list.

1 For half an hour.

2 I see many boxes.

3 But I really wanted them.

放送文の訳　☆：「買い物に行ってくれてありがとう」

★：「どういたしまして」

☆：「これは何？　クッキーは買い物リストになかったわよ」

1 30分間。

2 たくさんの箱が見えるよ。

3 でも，どうしてもそれがほしかったんだ。

> **解 説** 女性の What's this? は，その後の Cookies weren't on the shopping list. から，男の子に渡した shopping list「買い物リスト」にはなかったクッキーを見つけて尋ねた質問だとわかる。これにつながる応答は，どうしてもそれがほしかったと言っている3で，them は cookies を指している。

No. 6　解答　①　　　　　正答率 ★75%以上

放送文　☆：I made this dress.

★：Really?

☆：Yeah.　What do you think of it?

1 It looks wonderful.

2 I bought it yesterday.

3 The party just started.

放送文の訳　☆：「私がこのドレスを作ったの」

★：「本当？」

☆：「そうよ。どう思う？」

　　1　すてきだよ。

　　2　ぼくは昨日それを買ったんだ。

　　3　パーティーは始まったばかりだよ。

解説　What do you think of ～? は「～をどう思いますか」という意味で，この後の it は女性が自分で作った this dress を指している。この質問に，looks wonderful「すてきに見える」とドレスの感想を答えている **1** が正解。

No.7　解答　②

放送文　☆：Excuse me, Mr. Walker.

★：Hi, Tina.　Can I help you?

☆：Is Ms. Harper in the teachers' room?

　　1　No, but you're a student.

　　2　No, but she'll be back soon.

　　3　No, but I teach that subject.

放送文の訳　☆：「すみません，ウォーカー先生」

★：「やあ，ティナ。どうしたの？」

☆：「ハーパー先生は職員室にいらっしゃいますか」

　　1　ううん，でも君は生徒だよ。

　　2　ううん，でも彼女はすぐに戻ってくるよ。

　　3　ううん，でもぼくはその科目を教えているよ。

解説　Is Ms. Harper in the teachers' room? は，ハーパー先生が the teachers' room「職員室」にいるかどうかを尋ねた質問。これに対応した発話は **2** で，今はいないが she'll be back soon「彼女はすぐに戻ってくる」と説明している。

No.8　解答　①

放送文　☆：Is there a post office on this road?

★：Yes.

☆：Which side of the road is it on?

　　1　It's on the right.

2 I like to drive.

3 I sent a letter.

放送文の訳 ☆：「この道に郵便局はあるかしら？」

★：「うん」

☆：「道のどちら側にあるの？」

1 右側にあるよ。

2 ぼくは車を運転するのが好きだよ。

3 ぼくは手紙を送ったよ。

解説 Which side of the road is it on? の Which side は「どちらの側」という意味で，it は最初に女性が尋ねている a post office「郵便局」を指している。郵便局は道の on the right「右側に」あると答えている **1** が正解。

No.9 解答 ③ 　　　　　　　　　　　　　　　正答率 ★75%以上

放送文 ☆：Do you want some ice cream?

★：No, I've already had some today.

☆：When?

1 Every day for one hour.

2 When I was a student.

3 Just after lunch.

放送文の訳 ☆：「アイスクリームを食べる？」

★：「ううん，今日はすでに少し食べたんだ」

☆：「いつ？」

1 毎日1時間。

2 ぼくが生徒だった頃に。

3 昼食後すぐに。

解説 男性の No, I've already had some today. の some は，some ice cream ということ。これを聞いた女性の When? は，いつアイスクリームを食べたのかを尋ねた質問なので，**3** が正解。Just after ～ は「～の後すぐに」という意味。

No.10 解答 ①

放送文 ☆：What happened, Mark?

★：I hurt my leg at soccer practice.

☆：Oh no!　I'll carry your bag.

1　That's nice of you.　　　**2**　It's a fun sport.

3　You can play, too.

放送文の訳　☆：「どうしたの，マーク？」

★：「サッカーの練習で脚をけがしたんだ」

☆：「まあ，大変！　私があなたのかばんを持つわ」

1　親切にありがとう。　　　**2**　それは楽しいスポーツだよ。

3　君もプレーできるよ。

解　説　hurt *one's* leg は「脚をけがする」という意味で，ここでは過去形として使われている。脚をけがした男の子に，女の子は I'll carry your bag. と言っているので，その申し出にお礼を述べる **1** の That's nice of you. が正解。

一次試験・リスニング	第**2**部	問題編 p.88〜89	🔊	▶MP3 ▶アプリ ▶CD 2 **12**〜**22**

No.**11** 解答 **3**

放送文　☆：Mark, it's time for dinner.　Are those Jessica's books on the table?

★：No, Mom.　They're Dad's.

☆：Can you move them?

★：Sure.

Question: Whose books are on the table?

放送文の訳　☆：「マーク，夕食の時間よ。テーブルの上にあるのはジェシカの本なの？」

★：「違うよ，お母さん。お父さんのだよ」

☆：「それらを移動させてくれる？」

★：「わかった」

質問の訳　「誰の本がテーブルの上にあるか」

選択肢の訳　**1**　マークの（本）。　　　**2**　ジェシカの（本）。

3　父親の（本）。　　　**4**　母親の（本）。

解　説　母親の Are those Jessica's books on the table? にマークは No, Mom. と答えているので，**2** を選ばないように注意する。そ

の後の They're Dad's. から，3 が正解。Dad's の後に books が省略されている。

No. 12 解答 ②　　　　　　　　　　　　正答率 ★75%以上

放送文　☆：Let's go running this weekend.

★：OK, but I'm busy on Sunday.

☆：How about after lunch on Saturday, then?

★：Perfect. I'll see you around two.

Question: When will they go running?

放送文の訳　☆：「今週末に走りに行きましょう」

★：「いいよ，でも日曜日は忙しいんだ」

☆：「それなら，土曜日の昼食後はどう？」

★：「ちょうどいいね。2時頃に会おう」

質問の訳　　「彼らはいつ走りに行くか」

選択肢の訳　1　土曜日の午前。　　　2　土曜日の午後。

3　日曜日の午前。　　　4　日曜日の午後。

解　説　　女性の How about after lunch on Saturday, then? に，男性は Perfect. と同意している。after lunch on Saturday「土曜日の昼食後に」と同じ時を表している 2 の On Saturday afternoon. が正解。then「それなら」は，男性の I'm busy on Sunday を受けて，「日曜日が忙しいなら」ということ。

No. 13 解答 ③

放送文　☆：Ken, can you go to the store for me? I need some carrots.

★：Sure, Mom. What are you making for dinner?

☆：Beef and vegetable stew.

★：Sounds good.

Question: What does Ken's mother ask him to do?

放送文の訳　☆：「ケン，私のかわりにお店へ行ってくれない？　ニンジンが必要なの」

★：「わかった，お母さん。夕食に何を作っているの？」

☆：「牛肉と野菜のシチューよ」

★：「いいね」

質問の訳　　「ケンの母親はケンに何をするように頼んでいるか」

選択肢の訳　1　夕食を作る。　　　　2　肉を手に入れる。

3　ニンジンを買う。　　4　野菜を洗う。

解　説　Can you 〜? は「〜してくれませんか」と依頼する表現で，ケンの母親は Ken, can you go to the store for me? と頼んでいる。その理由が次の I need some carrots. なので，店に行ってニンジンを買ってきてほしいということ。

No. 14　解答　②

放送文　★：Mary, I can't study. Can you and your friends be quiet?

☆：I'm sorry. We'll go downstairs and watch TV.

★：Thanks.

☆：No problem.

Question: What does the boy ask Mary and her friends to do?

放送文の訳　★：「メアリー，勉強ができないよ。君と君の友人たちは静かにしてくれないかな？」

☆：「ごめんなさい。私たちは下の階へ行って，テレビを見るわ」

★：「ありがとう」

☆：「いいのよ」

質問の訳　「男の子はメアリーと彼女の友人たちに何をするように頼んでいるか」

選択肢の訳　1　テレビを見る。　　　　2　静かにする。

3　彼と一緒に遊ぶ。　　4　彼と一緒に勉強する。

解　説　男の子は Mary, I can't study. と言った後に，Can you and your friends be quiet? と頼んでいる。quiet は「静かな」という意味で，勉強ができないので，メアリーとメアリーの友人たちに静かにしてほしいということ。downstairs は「下の階[1階]へ」という意味。

No. 15　解答　④

放送文　☆：Let's take the bus to the gym today.

★：It's sunny, so why don't we ride our bikes?

☆：Sorry, mine is broken. Do you want to walk?

★：OK.

Question: How will they go to the gym?

放送文の訳 ☆：「今日はバスに乗ってジムへ行きましょう」

★：「晴れているから，自転車に乗って行かない？」

☆：「ごめん，私（わたし）の自転車は壊（こわ）れているの。歩いて行かない？」

★：「いいよ」

質問の訳 「彼（かれ）らはどうやってジムへ行くか」

選択肢の訳 **1** 電車で。　　**2** 自転車で。　　**3** バスで。　　**4** 歩いて。

解　説 女の子の Do you want to walk? に男の子は OK. と答えている
ので，4 の On foot.「歩いて［徒歩で］」が正解（せいかい）。Let's take the
bus to the gym today. や … so why don't we ride our bikes?
に惑（まど）わされず，最後までしっかり聞き取ることがポイント。

No. 16 解答 ④

放送文 ★：You're good at playing the drums.

☆：Thanks. I practice for two hours every day.

★：I'm in a rock band. Do you want to join it?

☆：I'd love to.

Question: What does the boy want the girl to do?

放送文の訳 ★：「君はドラムの演奏（えんそう）がじょうずだね」

☆：「ありがとう。毎日 2 時間練習しているの」

★：「ぼくはロックバンドに入ってるんだ。君もそれに入らない？」

☆：「ぜひそうしたいわ」

質問の訳 「男の子は女の子に何をしてほしいか」

選択肢の訳 **1** 彼（かれ）と一緒（いっしょ）にロックコンサートへ行く。

2 彼（かれ）にドラムをあげる。

3 ドラムの演奏（えんそう）をやめる。

4 彼（かれ）のバンドに入る。

解　説 ここでの Do you want to ～？ は「～しませんか」と相手を誘（さそ）う
表現（ひょうげん）で，join it の it は男の子が入っているロックバンドのこと。
つまり，自分のロックバンドに入らないかと女の子を誘（さそ）っている。
I'd love to. は「ぜひそうしたい（＝ロックバンドに入りたい）」
という意味。

No. 17 解答 ① 正答率 ★75%以上

放送文 ☆：Have you been to the new café by the library?

★：Yes. The coffee is delicious.

☆：And how about the food?

★：It was expensive and not very healthy.

Question: What did the man say about the café?

放送文の訳 ☆：「図書館の近くに新しくできたカフェへ行ったことはある？」

★：「うん。コーヒーがとてもおいしいよ」

☆：「それと，料理はどう？」

★：「値段が高くて，あまり健康的ではなかったよ」

質問の訳 「男性はカフェについて何と言ったか」

選択肢の訳 **1** おいしいコーヒーがあった。

2 たくさんの雑誌があった。

3 とてもおいしい料理があった。

4 料理が安かった。

解説 the new café by the library について，男性は The coffee is delicious. と言っている。正解の **1** では，good coffee という表現が使われている。And how about the food? には It was expensive and not very healthy. と答えているので，**4** は不正解。また，料理は「あまり健康的ではなかった」と言っているが，味には触れていないので **3** も不正解。

No. 18 解答 ②

放送文 ☆：Those are cool shoes, Josh.

★：Thanks, Kristen. I got them yesterday at the mall by the hospital.

☆：How much were they?

★：Only $50.

Question: What did Josh do yesterday?

放送文の訳 ☆：「それはかっこいい靴ね，ジョシュ」

★：「ありがとう，クリステン。昨日，病院の近くのショッピングモールでそれを買ったんだ」

☆：「いくらだったの？」

★：「たった50ドルだよ」

質問の訳 「ジョシュは昨日，何をしたか」

選択肢の訳 **1** 彼は病院へ行った。　　　　　**2** 彼は靴を買った。
3 彼は50ドルを見つけた。　　**4** 彼はクリステンを訪ねた。

解　説　クリステンから Those are cool shoes, Josh. と靴をほめられた
ジョシュは，I got them yesterday at the mall by the hospital.
と言っている。them はジョシュの shoes を指している。正解の
2では，got のかわりに buy の過去形の bought が使われている。

No. 19 解答 ①

放送文 ★：The sky is so blue and clear today.

☆：Yeah, there aren't any clouds.　But tomorrow will be rainy.

★：Really?　It just rained yesterday.

☆：The weather has been strange recently.

Question: How is the weather today?

放送文の訳 ★：「今日は空がとても青くて澄んでいるね」

☆：「そうね，雲一つないわ。でも，明日は雨が降るわ」

★：「本当？　昨日雨が降ったばかりなのに」

☆：「最近，天気が変よね」

質問の訳 「今日の天気はどうか」

選択肢の訳 **1** 晴れ。　　　**2** 雨。　　　**3** くもり。　　　**4** 雪。

解　説　最初の The sky is so blue and clear today. から，今日の天気は
sunny だとわかる。clouds や明日の天気である rainy などを聞い
て，3や2を選んでしまわないように注意する。recently は「最
近，近頃」という意味。

No. 20 解答 ③　　　　　　　　　　　　　　　　正答率 ★75%以上

放送文 ☆：Excuse me.　What time does this store close today?

★：At seven.

☆：I see.　Does it close at seven every night?

★：No.　On Sundays, it closes one hour earlier, at six.

Question: What time does the store close on Sundays?

放送文の訳 ☆：「すみません。今日この店は何時に閉店しますか」

★：「7時です」

☆：「わかりました。毎晩7時に閉店するのですか」

★：「いいえ。日曜日は，1時間早く6時に閉店します」

質問の訳　「日曜日に，店は何時に閉店するか」

選択肢の訳　**1** 1時に。　**2** 5時に。　**3** 6時に。　**4** 7時に。

解説　質問に on Sundays が含まれていることに注意する。男性は最後に，On Sundays, it closes one hour earlier, at six. と言っているので，**3** が正解。one hour earlier は「1時間早く」ということ。**4** の At seven. は，日曜日以外の閉店時間。

| 一次試験・リスニング | 第**3**部 | 問題編 p.90〜91 | 🔊 | ▶MP3 ▶アプリ ▶CD 2 **23**〜**33** |

No.21 解答 ②

正答率 ★75%以上

放送文　Last summer, Sarah and her family moved to a new city. At first, Sarah was lonely. But after she started school, she met many students. Now she has lots of friends, so she's happy.

Question: Why is Sarah happy now?

放送文の訳　「昨年の夏，サラと彼女の家族は新しい市へ引っ越した。最初，サラは寂しかった。しかし学校が始まった後，彼女は多くの生徒たちと出会った。今，彼女はたくさんの友だちがいるので，幸せだ」

質問の訳　「サラは今，なぜ幸せか」

選択肢の訳
1 彼女はもうすぐ引っ越す。
2 彼女はたくさんの友だちができた。
3 彼女は学校を卒業した。
4 彼女は旧友に会った。

解説　最後の Now she has lots of friends, so she's happy. に正解が含まれている。〜, so ...「‐(理由)，だから…(結果)」の構文に注意しよう。she has lots of friends を，正解の **2** では She has made many friends. と言い換えている。

No.22 解答 ③

放送文　The ski jackets in my favorite shop are over $300.　But

103

this week, they're 50 percent off. They're only $150. I'll buy one tomorrow.

Question: How much does a ski jacket cost this week?

放送文の訳 「私のお気に入りの店のスキージャケットは 300 ドル以上する。でも今週は，50 パーセント割引になっている。それはたったの 150 ドルだ。私は明日，1 着買うつもりだ」

質問の訳 「今週，スキージャケットはいくらか」

選択肢の訳 1 50 ドル。 2 100 ドル。 3 150 ドル。 4 300 ドル。

解　説 質問では this week「今週」のスキージャケットの値段を尋ねている。But this week, they're 50 percent off. They're only $150. から，今週は 50 パーセント割引になって 150 ドルだとわかる。$150 は one hundred and fifty dollars と読む。

No. 23 解答 ①

放送文 I always do my homework before dinner. After dinner, I like to call my friends from school. I enjoy talking with them about music and movies.

Question: What does the girl like to do after dinner?

放送文の訳 「私はいつも夕食前に宿題をする。夕食後に，学校の友だちに電話をするのが好きだ。私は友だちと音楽や映画について話して楽しむ」

質問の訳 「女の子は夕食後に何をすることが好きか」

選択肢の訳 1 友だちと話す。 2 映画を見る。
3 音楽雑誌を読む。 4 宿題をする。

解　説 2 文目の After dinner, I like to call my friends from school. と，3 文目の I enjoy talking with them … から，夕食後に学校の友だちと電話で話すことが好きだとわかる。この内容を短くまとめている 1 が正解。

No. 24 解答 ③

放送文 Attention, everyone. The train to Hampton Zoo will arrive one hour late. We're very sorry. If you're in a hurry, please go to the bus station across the road and take the Number 5 bus.

Question: What is the problem?

放送文の訳 「みなさまにお知らせいたします。ハンプトン動物園行きの列車は1時間遅れで到着します。大変申し訳ございません。お急ぎのお客さまは，道路の向かい側のバス乗り場へ行って5番バスにお乗りください」

質問の訳 「何が問題か」

選択肢の訳 1 バスが混んでいる。　　2 動物園が閉まっている。
3 列車が遅れる。　　4 チケットが売り切れている。

解説 駅でのアナウンス。何が problem「問題」かは，2文目の The train to Hampton Zoo will arrive one hour late. で説明されている。arrive は「到着する」，one hour late は「1時間遅れで」という意味。

No. 25 解答 3

放送文 Many people thought Simon would play tennis in junior high school because his mother was a famous tennis player. But Simon joined the soccer club. In high school, he wants to try volleyball.
Question: Which club did Simon join in junior high school?

放送文の訳 「サイモンの母親は有名なテニス選手だったので，多くの人がサイモンは中学校でテニスをするだろうと思った。しかし，サイモンはサッカークラブに入った。高校では，彼はバレーボールをしてみたいと思っている」

質問の訳 「サイモンは中学校でどのクラブに入ったか」

選択肢の訳 1 テニスクラブ。　　2 卓球クラブ。
3 サッカークラブ。　　4 バレーボールクラブ。

解説 Many people thought ～．But …「多くの人は～だと思った。しかし…」の流れに注意する。But Simon joined the soccer club. から，3が正解。tennis はサイモンが junior high school「中学校」でするだろうと多くの人が思ったスポーツ，volleyball はサイモンが high school「高校」でやってみたいスポーツ。

No. 26 解答 2

放送文 Jenny loves making cakes and cookies with her mother.

They often listen to music while they bake. Her brother likes to help by cleaning the kitchen.

Question: What does Jenny like to do?

放送文の訳 「ジェニーは母親と一緒にケーキやクッキーを作ることが大好きだ。2人は焼いている間によく音楽を聴く。ジェニーの兄[弟]は台所を掃除して手伝うのが好きだ」

質問の訳 「ジェニーは何をすることが好きか」

選択肢の訳 1 曲を書く。　　　　　　　　2 デザートを作る。
3 台所を掃除する。　　　　　4 料理番組を見る。

解説 ジェニーが何をすることが好きかは，1文目の Jenny loves making cakes and cookies with her mother. から判断する。正解の2では，cakes and cookies「ケーキとクッキー」が desserts「デザート」と置き換えられていることに注意する。

No. 27 解答 **4**

放送文 Oscar likes to paint pictures of bicycles and his dad's boat. His mom bought him a book about art, but his dad thinks he should study other subjects more.

Question: What does Oscar enjoy doing?

放送文の訳 「オスカーは自転車やお父さんのボートの絵を描くことが好きだ。お母さんは彼に美術に関する本を買ってあげたが，お父さんはオスカーが他の科目をもっと勉強したほうがいいと思っている」

質問の訳 「オスカーは何をして楽しむか」

選択肢の訳 1 釣りに行くこと。　　　　　2 本を読むこと。
3 自転車に乗ること。　　　　4 絵を描くこと。

解説 オスカーが何をして楽しむかは，最初の Oscar likes to paint pictures of bicycles and his dad's boat. で説明されている。like(s) to ～「～することが好きだ」を，質問では enjoy ～ing「～して楽しむ」と表している。

No. 28 解答 **1**

正答率 ★75%以上

放送文 I usually eat lunch with my friends at college, but my aunt and cousin are staying at my house now. Tomorrow, I'll meet my cousin for lunch. I'm going to take her to my favorite noodle shop.

Question: Who will the girl have lunch with tomorrow?

放送文の訳 「私は普段，大学で友だちと一緒に昼食を食べるが，今は私のおばといとこが私の家に泊まっている。明日は，いとこと会って昼食を食べる予定だ。私は彼女を私のお気に入りのめん料理の店へ連れていくつもりだ」

質問の訳 「女の子は明日，誰と一緒に昼食を食べるか」

選択肢の訳
1 彼女のいとこ。　　　　　2 彼女の友だち。
3 彼女のおば。　　　　　　4 彼女の先生。

解説 I usually ～, but … 「私は普段～だが，…」の流れに注意する。質問では tomorrow のことを尋ねているので，2文目の Tomorrow, I'll meet my cousin for lunch. から 1 が正解。meet ～ for lunch は「～と会って昼食を食べる」という意味。

No. 29 解答 ③

放送文 I wanted to go out with my friends last night, but I stayed home because my son caught a cold. My wife will be home tomorrow, so I'm going to meet my friends to see a movie.

Question: Why did the man stay home last night?

放送文の訳 「昨夜，私は友だちと外出したかったが，息子が風邪を引いたので，家にいた。明日は妻が家にいるので，友だちに会って映画を見に行くつもりだ」

質問の訳 「男性は昨夜，なぜ家にいたか」

選択肢の訳
1 彼の友だちが忙しかった。
2 彼は夕食を作る必要があった。
3 彼の息子の具合が悪かった。
4 彼は映画を見たかった。

解説 I stayed home の理由が，その後の because my son caught a cold で説明されている。caught は catch の過去形で，caught a cold は「風邪を引いた」という意味。このことを sick「具合が悪い」を使って言い換えている 3 が正解。

No.30 解答 4

Tomorrow, I'm going to a music festival with my friend from college. My friend lives far from my house, so we'll meet at the museum and walk from there. I'm really looking forward to it.

Question: Where will the girl meet her friend?

放送文の訳 「明日，私は大学の友だちと一緒に音楽祭へ行く。友だちは私の家から離れたところに住んでいるので，私たちは博物館で会って，そこから歩いていく。私はそれを本当に楽しみにしている」

質問の訳 「女の子はどこで友だちに会うか」

選択肢の訳 1 彼女の家で。　　　　　　　　2 大学で。
3 音楽祭で。　　　　　　　　4 博物館で。

解説 2人がどこで会うかは，2文目の My friend lives far from my house, so we'll meet at the museum … から判断する。we は，a music festival「音楽祭」へ一緒に行く友だちと自分のこと。look forward to ～ は「～を楽しみに待つ」という意味。

| 二次試験・面接 | 問題カード **A** 日程 | 問題編 p.92～93 |  ▶MP3 ▶アプリ ▶CD 2 34～38 |

全訳

傘

傘はとても役に立つ。傘は，雨の日に人々が濡れないようにするのに役に立つ。デパートはいろいろな種類の色とりどりの傘を売っていて，コンビニエンスストアは安くてシンプルな傘を買うのに適した場所だ。

質問の訳 No.1　パッセージを見てください。デパートは何を売っていますか。

No.2　イラストを見てください。店の前には何台の車がありますか。

No.3　帽子をかぶっている女の子を見てください。彼女は何をしていますか。

さて，～さん，カードを裏返しにしてください。

No.4　あなたは毎晩，何時間寝ますか。

No.5　あなたは旅行することが好きですか。
　　　　はい。　→　もっと説明してください。
　　　　いいえ。→　あなたは明日，何をする予定ですか。

No. 1

解答例　They sell different kinds of colorful umbrellas.

解答例の訳　「いろいろな種類の色とりどりの傘を売っています」

解説　質問では department stores「デパート」で何を売っているかを尋ねている。3文目に正解が含まれているが，①質問の主語と重なる Department stores を3人称複数の代名詞 They に置き換える，②文の後半 and convenience stores are good places to buy cheap and simple ones「そして，コンビニエンスストアは安くてシンプルな傘を買うのに適した場所だ」は質問に直接関係しない内容なので省く，という2点に注意する。

No. 2

解答例　There are two cars in front of the store.

解答例の訳　「店の前には2台の車があります」

解説　〈How many＋複数名詞〉は数を尋ねる表現で，in front of ～は「～の前に」という意味。質問では，店の前にある車の台数を尋ねている。イラストでは2台の車が止まっているが，単に Two (cars). と答えるのではなく，質問に合わせて There are ～「～があります」の形で答える。

No. 3

解答例　She's running.

解答例の訳　「彼女は走っています」

解説　イラスト中の the girl wearing a cap「帽子をかぶっている女の子」に関する質問。質問の What is ～ doing? は，「～は何をしていますか」という現在進行形の疑問文。「走る」は run という動詞を使い，質問に合わせて She's [She is] running. という現在進行形で答える。

No. 4

解答例　I sleep about eight hours.

解答例の訳　「私は8時間くらい寝ます」

解説　質問は How many hours「何時間」で始まっていて，毎晩どれく

らいの時間寝るかを尋ねている。I sleep で始めて，自分が寝る時間を答える。「~時間寝る」は sleep (for) ~ hours と表す。解答例のように「だいたい[約]~時間寝る」と答える場合は，~ hours の数字の前に about を入れる。

No.5

解答例 Yes. → Please tell me more.
  — I'd like to visit Kyushu.
  No. → What are you planning to do tomorrow?
  — I'm planning to see a movie.

解答例の訳 「はい」 → もっと説明してください。
  — 「私は九州を訪ねてみたいです」
  「いいえ」 → あなたは明日，何をする予定ですか。
  — 「私は映画を見る予定です」

解 説 最初の質問の like to ~は「~することが好き」，travel は「旅行する」という意味で，旅行することが好きかどうかを Yes(, I do). / No(, I don't). で答える。Yes の場合の2番目の質問 Please tell me more. には，よく旅行する時期や場所，これまでどこへ旅行に行ったか，これからどこへ旅行に行ってみたいかなどを答えればよい。No の場合の2番目の質問 What are you planning to do tomorrow? には，明日の予定を質問に合わせて I'm planning to ~ の形で答える。解答例の他に，（Yes の場合）Last year, I traveled to Okinawa.「昨年，私は沖縄へ旅行に行きました」，（No の場合）I'm planning to do my homework.「私は宿題をする予定です」のような解答も考えられる。

| 二次試験・面接 | 問題カード **B** 日程 | 問題編 p.94~95 | 🔊 | ▶MP3 ▶アプリ ▶CD 2 **39**~**42** |

全 訳 **ギターを弾くこと**
ギターを弾くことは人気のある趣味だ。多くの人は自分のお気に入りの曲の弾き方を習いたいので，毎日ギターを弾く練習をする。ギターの先生にレッスンを受ける人たちもいる。

質問の訳 **No.1** パッセージを見てください。多くの人はなぜ毎日ギターを

弾く練習をしますか。

No.2　イラストを見てください。木の下に何人の子どもがいますか。

No.3　帽子をかぶっている男の子を見てください。彼は何をしようとしていますか。

さて，～さん，カードを裏返しにしてください。

No.4　あなたは先週末，何をしましたか。

No.5　あなたはよく映画館へ行きますか。

　　　　はい。　→　もっと説明してください。

　　　　いいえ。→　なぜですか。

No. 1

解答例

Because they want to learn how to play their favorite songs.

解答例の訳　「彼らは自分のお気に入りの曲の弾き方を習いたいからです」

解説　質問は Why で始まっていて，多くの人が practice playing the guitar every day「毎日ギターを弾く練習をする」理由を尋ねている。2文目に正解が含まれているが，解答する際は理由を表す Because で文を始め，①質問の主語と重なる Many people を3人称複数の代名詞 they に置き換える，②文の後半 so they practice playing the guitar every day「だから，彼らは毎日ギターを弾く練習をする」は質問と重なる内容なので省く，という2点に注意する。

No. 2

解答例

There are two children under the tree.

解答例の訳　「木の下に2人の子どもがいます」

解説　〈How many＋複数名詞〉は数を尋ねる表現で，children は child「子ども」の複数形。質問では，under the tree「木の下に」いる子どもの人数を尋ねている。イラストでは木の下に2人の子どもがいるが，単に Two (children). と答えるのではなく，質問に合わせて There are ～「～がいます」の形で答える。

No. 3

解答例

He's going to kick the ball.

解答例の訳　「彼はボールをけろうとしています」

イラスト中の the boy wearing a cap「帽子をかぶっている男の
子」に関する質問。be going to ～は「～しようとしている」と
いう意味で，男の子がこれからとる行動は吹き出しの中に描かれ
ている。質問に合わせて，He's [He is] going to ～（動詞の原形）
の形で答える。to の後に，「ボールをける」を意味する kick the
ball を続ける。ball の前に the または a をつけることに注意する。

No. 4

解答例 I went to a basketball game.

解答例の訳 「私はバスケットボールの試合に行きました」

解　説 last weekend は「先週末」という意味。先週末に自分がしたこと
を，I ～（動詞の過去形）の形で答える。解答例の他に，I
watched TV at home.「私は家でテレビを見ました」のような解
答も考えられる。

No. 5

解答例 Yes. → Please tell me more.
　　　　 — I go there with my friends.
　　　　 No. → Why not?
　　　　 — I usually watch movies at home.

解答例の訳 「はい」→ もっと説明してください。
　　　　 — 「私は友だちと一緒にそこへ行きます」
　　　　 「いいえ」→ なぜですか。
　　　　 — 「私はたいてい，家で映画を見ます」

解　説 最初の質問は Do you often go to ～?「あなたはよく～へ行きま
すか」で始まっていて，a movie theater「映画館」へよく行くか
どうかを Yes(, I do). / No(, I don't). で答える。Yes の場合の2
番目の質問 Please tell me more. には，誰と映画館へ行くかや，
映画館でどのような映画を見ることが好きかなどを答えればよい。
No の場合の2番目の質問 Why not? には，映画館へあまり行か
ない理由を説明する。解答例の他に，(Yes の場合) I like to see
action movies there.「私はそこでアクション映画を見ることが好
きです」，(No の場合) I'm not interested in movies.「私は映
画に興味がありません」のような解答も考えられる。

112

2022-2

解答一覧

一次試験・筆記

1

(1)	3	(6)	1	(11)	3
(2)	2	(7)	3	(12)	3
(3)	1	(8)	4	(13)	2
(4)	4	(9)	2	(14)	4
(5)	1	(10)	1	(15)	1

2

(16)	4	(18)	2	(20)	4
(17)	3	(19)	1		

3 A

(21)	2
(22)	4

3 B

(23)	3
(24)	2
(25)	1

3 C

(26)	1	(28)	1	(30)	1
(27)	4	(29)	3		

4　解答例は本文参照

一次試験・リスニング

第1部

No. 1	1	No. 5	1	No. 9	2
No. 2	1	No. 6	1	No.10	1
No. 3	3	No. 7	2		
No. 4	3	No. 8	2		

第2部

No.11	1	No.15	2	No.19	4
No.12	1	No.16	3	No.20	4
No.13	2	No.17	3		
No.14	4	No.18	4		

第3部

No.21	3	No.25	4	No.29	1
No.22	2	No.26	2	No.30	3
No.23	3	No.27	4		
No.24	1	No.28	2		

(1) 解答 ③

訳 「校長先生はスピーチコンテストの入賞者に賞を与えた」

解説 gave は give「〜を与える」の過去形。the winners of the speech contest「スピーチコンテストの入賞者」に何を与えたかを考えて，prize「賞」の複数形 prizes を選ぶ。design(s)「デザイン」，mistake(s)「間違い，誤り」，capital(s)「首都」。

(2) 解答 ②

訳 A「すみません。ベーカーズタウンへはどうやって行けばいいですか」
B「この道をただまっすぐ 10 分ほど車で行ってください」

解説 How do I get to 〜? は，行きたい場所への行き方を尋ねる表現。drive「車で行く」とのつながりから，straight「まっすぐに」が正解。suddenly「急に」，forever「永遠に」，finally「ついに」。

(3) 解答 ①

訳 A「明日の夜は忙しい？」
B「ええ。夜遅くまでピアノを練習するわ。日曜日にピアノのコンクールに参加するの」

解説 空所の後の late at night「夜遅く」とのつながりを考えて，until「〜まで」を選ぶ。take part in 〜 は「〜に参加する」，piano competition は「ピアノのコンクール」という意味。over「〜の上に」，about「〜について」，since「〜以来」。

(4) 解答 ④

訳 「カレンは今週末に仕事をしなければならないので，とても怒っている。彼女は日曜日にコンサートを見に行く予定があった」

解説 because 以下の she has to work this weekend というカレンの状況から，angry「怒って」が正解。had plans to 〜 は「〜する予定があった」という意味。useful「役に立つ」，bright「明るい」，

clean「きれいな」。

(5) 解答 ①

訳 A 「お母さん，ぼくはめがねが必要だと思う。黒板がはっきり見えないんだ」

B 「わかったわ。来週，眼科医に診てもらいましょう」

解説 A は glasses「めがね」が必要だと思うと言っているので，I can't see the blackboard に続くのは clearly「はっきりと」。eye doctor は「眼科医」という意味。greatly「大いに」，quietly「静かに」，slowly「ゆっくり」。

(6) 解答 ①

正答率 ★75%以上

訳 A 「あなたにお会いできてよかったです。あなたの E メールアドレスを伺ってもよろしいですか」

B 「もちろんです。私もちょうどあなたに同じことを聞こうとしていました」

解説 Could I ～?「～してもよろしいですか」はていねいに依頼する表現。空所の前の your e-mail とつながるのは address で，e-mail address は「E メールアドレス」という意味。ocean「海」，society「社会」，coat「コート」。

(7) 解答 ③

正答率 ★75%以上

訳 A 「書店で何か見つけた？」

B 「うん，見つけたよ。音楽の歴史に関する本を買ったんだ」

解説 Did you find ～?「～を見つけましたか」の後に入る find の目的語であることと，B が買った本の説明をしていることから，anything「（疑問文で）何か」が正解。nothing「何も～ない」，nobody「誰も～ない」，other「もう一方」。

(8) 解答 ④

訳 「仕事の後，雨が激しく降っていたので，ジャネットの友だちはジャネットを家まで車で送った」

解説 空所の前にある gave her a に注目する。gave は give の過去形で，〈give ＋（人）＋a ride〉で「（人）を車で送る」という意味の表

115

現になる。ここでの ride は「乗せること」という名詞。point「要点，得点」，star「星」，view「景色」。

(9) 解答 ②

訳 「学校の初日に，体育館は多くの新入生とその家族でいっぱいだった」

解説 空所前後に was と with があることと，with 以下の内容に注目して，be filled with 〜「〜でいっぱいである」という表現にする。1，3，4 はそれぞれ pull「〜を引く」，order「〜を注文する」，show「〜を見せる」の過去形。

(10) 解答 ①

訳 A「昨夜あなたに電話してみたんだけど」
B「ごめん，姉[妹]と電話で話していたんだ」

解説 try 〜ing は「〜してみる」という意味で，A は B に昨夜電話してみた（けれどつながらなかった）ことを伝えている。空所前後の talking と the phone をつなぐのは on で，talk on the phone で「電話で話す」という意味。for「〜のために」，as「〜として」，of「〜の」。

(11) 解答 ③

訳 「その幼い男の子は木にいる大きなクモを見たとき，母親のところへ大急ぎで逃げた」

解説 空所の後の away とつながるのは run の過去形 ran で，run away は「逃げる」という意味の表現。spider は「クモ」，quickly は「急いで」という意味。1，2，4 はそれぞれ sit「座る」，pick「摘み取る」，wash「洗う」の過去形。

(12) 解答 ③

訳 A「あなたとクリスはどうやって出会ったの？」
B「ぼくたちはカナダで一緒に育ったんだ。実際，ぼくたちは 30 年以上前に出会ったよ」

解説 空所の後の fact とのつながりを考えて，In fact「実際，実は」という表現にする。B は In fact 以下で，実際に何年前にクリスと

出会ったかを補足説明している。To「～へ」，After「～の後に」，Near「～の近くに」。

(13) 解答 ②

訳 「この野球のバットは，あるプロ野球の選手からぼくに与えられた」

解説 主語が This baseball bat「この野球のバット」で，空所の前に was があるので，〈be 動詞＋動詞の過去分詞〉の受動態を作る。ここでは，give「～を与える」の過去分詞 given を入れて，was given「与えられた」の形にする。

(14) 解答 ④

訳 A「昨夜，テレビで最悪の映画を見たよ。とても退屈だった」
B「私も同じ映画を見たと思うわ」

解説 空所の前後に the と名詞の movie があるので，〈the＋形容詞の最上級＋名詞〉の形にする。ここでは bad「悪い」の最上級 worst を使って the worst movie「最悪の映画」とする。2 の worse は bad の比較級，3 の badly は「悪く，ひどく」という意味の副詞。

(15) 解答 ①

訳 A「リサ，赤ちゃんはまた泣いているの？」
B「ええ，マット。どうして寝つかないのかわからないわ」

解説 赤ちゃんが泣いているという状況。空所の前の I don't know「わからない」と，空所の後の she won't go to sleep「赤ちゃんが寝つかない」をつなぐのは，「どうして，なぜ」を意味する why。won't は will not の短縮形。

一次試験・筆記 **2** | 問題編 p.100

(16) 解答 ④

訳 男性「以前にイングランドへ行ったことはある？」
女性「実は，私はそこで生まれたの。私が 8 歳のとき，私の家族は日本へ引っ越したのよ」

Have you been to ～ before? は「以前に～へ行ったことがあり
ますか」という意味。女性が空所の前で Actually「実は」と言っ
ていることと，空所の後の My family moved to Japan … との
つながりから，4 の I was born there. が正解。there は「イング
ランドで」ということ。

(17) 解答 ③

訳 女性「すみません。この地域にパン屋さんはありますか」
男性「ごめんなさい，わかりません。私はここの出身ではありま
せん」

解説 Is there ～? は「～はありますか」という意味で，女性はこの地
域に bakery「パン屋」があるかどうか尋ねている。男性はわから
ないと答えているので，その後に続くのは 3 の I'm not from
here. で，ここの出身（＝地元の人間）ではないということ。

(18) 解答 ②

訳 女の子1「日曜日に私と一緒に水族館へ行かない？」
女の子2「ぜひそうしたいわ。私は魚に本当に興味があるの」

解説 Do you want to ～? は「～しませんか」という意味で，女の子1
は女の子2に aquarium「水族館」へ行こうと誘っている。女の子
2 の I'm really interested in fish. につながるのは 2 の I'd love
to. で，「ぜひ一緒に水族館へ行きたい」ということ。

(19) 解答 ①

訳 兄[弟]「図書館へ行く準備はできた？」
妹[姉]「ううん。お母さんが私に先に皿を洗うように頼んだの。
先に行ってて」
兄[弟]「わかった。向こうで会おう」

解説 wash the dishes は，母親が妹[姉]に図書館へ行く前にするよう
に頼んだこと。兄[弟]の I'll see you there. から，兄[弟]が先に
図書館へ行くことがわかるので，その前の妹[姉]の発話としては
1 の Please go ahead. が適切。go ahead は「先に行く」という
意味。

(20) 解答 **4**

訳

姉[妹]「お母さんの誕生日にケーキを買おうよ」
弟[兄]「ぼくにもっといい考えがあるんだ。ケーキを作ろう！」

解　説

母親の誕生日に buy a cake「ケーキを買う」ことを提案した姉
[妹]に対して，弟[兄]は最後に Let's make one!「1つ作ろう」
と言っている。one は a cake のかわりに使われている。この流れ
から，ケーキを買うよりも a better idea「もっといい考え」があ
ると言っている 4 が正解。

一次試験・筆記 **3A** 問題編 p.102〜103

ポイント

書店内に新しくオープンするカフェを案内する掲示。カフェの営
業開始日や場所，提供される飲食物に加えて，そこでどのような
特典が受けられるかを読み取ろう。

全　訳

レッドビル書店の新しいカフェ

11月1日から，レッドビル書店の新しいカフェで本を読むことが
できるようになります。カフェは書店内の2階にございます。ケー
キとお飲み物を楽しみに来てください！

ケーキ

キャロットケーキ，ストロベリーケーキ，チョコレートケーキ

お飲み物

コーヒー，紅茶，ソフトドリンク

本を2冊ご購入いただくと，コーヒーまたは紅茶が1杯無料にな
ります！

当書店では **30,000** 冊以上の本からお選びいただけます。カレン
ダー，雑誌，新聞も販売しております。カフェは午前6時に開店
しますので，お仕事へ行く前に入って新聞を読んでいってくださ
い。

語　句

be able to 〜「〜することができる」，inside「〜の中に」，floor
「階」，receive「〜をもらう，受け取る」，for free「無料で」，
more than 〜「〜以上の」，choose「〜を選ぶ」，calendar(s)

「カレンダー」, magazine(s)「雑誌」, 〜 a.m.「午前〜時」, go to work「仕事に行く」

(21) 解答 ②

正答率 ★75%以上

質問の訳 「この掲示は何についてか」

選択肢の訳
1 11月1日に閉店する書店。
2 書店内に開業するカフェ。
3 カフェの所有者によって書かれた本。
4 多くのレシピが載っている雑誌。

解 説 掲示の1文目の From November 1, you'll be able to read books in Leadville Bookstore's new café. から，レッドビル書店が新しいカフェを始めること，さらに2文目の The café will be inside the bookstore … から，そのカフェは書店の中にあることがわかる。

(22) 解答 ④

正答率 ★75%以上

質問の訳 「本を2冊買う人がもらえるのは」

選択肢の訳
1 無料の雑誌。　　　　　　2 無料の新聞。
3 無料のケーキ。　　　　　4 無料の飲み物。

解 説 People who buy two books「本を2冊買う人」が何をもらえるかについて，掲示には If you buy two books, you'll receive a cup of coffee or tea for free! と書かれている。a cup of coffee or tea のかわりに，正解の4では drink が使われている。

一次試験・筆記 **3B** | 問題編 p.104〜105

ポイント サラが祖母に送った手紙で，4段落構成の英文。サラのクリスマスはどうだったか，冬休みに誰とどこへ行って，そこで何をしたか，さらに，サラは夏に何をしたいと思っているかなどを読み取ろう。

全 訳 　　　　　　　　　　　　　　　　　　　　　1月3日

おばあちゃんへ，

　おばあちゃんとおじいちゃんは元気ですか。2人とも元気で，暖かくして過ごしているといいな。気候は今とても寒いです。今

年のクリスマスはおばあちゃんとおじいちゃんに会えなくて寂しかったです。きれいなカードとお金を送ってくれてありがとう。すてきな紙とペンを買うためにそのお金を使いました。その紙とペンを使うときは，いつも2人のことを思っています。

　私はとてもいい冬休みを過ごしました。私の友だちのミアを覚えていますか。おばあちゃんは昨年，彼女に会いましたね。そう，冬休みの間に，私はミアやミアの家族と一緒に山梨へスキーをしに行きました。私たちは大阪から山梨まで，車で行きました。途中，名古屋に立ち寄りました。私たちはそこで，名古屋城と鉄道博物館へ行きました。夜に，ミアのお母さんが私たちの夕食にうどんを買ってくれました。私のうどんは，中に炒めた牛肉が入っていました。とてもおいしかったです。

　私たちは名古屋で一泊して，それから山梨へ行きました。山梨での初日に，私はミアやミアの妹と一緒にスキーのレッスンを受けました。私たちは何度も転んだけど，とても楽しかったです。旅行が終わるまでには，私はスキーでとても速く山をすべり降りることができるようになりました。私たちは山梨で大みそかを過ごして，1月1日にそこのお寺へ行きました。

　クリスマスにおばあちゃんとおじいちゃんに会わなかったので，夏には2人に会いに行けたらいいなと思っています。そうできると思いますか。私は本当にそう願っています。
心を込めて，
サラ

語句

How are ～ doing?「～は元気ですか」, both「2人[両方]とも」, stay warm「暖かくして過ごす」, weather「気候」, miss「～がいないのを寂しく思う」, think of ～「～のことを思う[考える]」, travel「(乗り物などで) 行く，移動する」, on the way「途中で」, castle「城」, noodle(s)「(うどん，そばなどの) めん類」, fried「炒めた，揚げた」, beef「牛肉」, fall over「転ぶ，倒れる」(fell は fall の過去形), by the end of ～「～の終わりまでに」, spent<spend「～を過ごす」の過去形, New Year's Eve「大みそか」, temple「寺」

(23) 解答 ③ ━━━━━━━━━━━━━━━━━━━━━ 正答率 ★75%以上

> 質問の訳 「サラは祖父母からもらったお金をどのように使ったか」

> 選択肢の訳 1 休暇に出かけるために。
> 2 クリスマスケーキを買うために。
> 3 紙とペンを買うために。
> 4 友だちへのプレゼントを買うために。

> 解説 サラは第1段落の5文目で，Thank you for sending a beautiful card and some money. とカードとお金をもらったことを祖父母に感謝している。さらに次の I used the money to buy some nice paper and pens. で，もらったお金の使い道を説明している。

(24) 解答 ② ━━━━━━━━━━━━━━━━━━━━━ 正答率 ★75%以上

> 質問の訳 「サラは山梨で何をしたか」

> 選択肢の訳 1 彼女は城へ行った。
> 2 彼女はスキーをしに行った。
> 3 彼女はうどんを食べた。
> 4 彼女は博物館へ行った。

> 解説 第2段落で，サラは winter vacation「冬休み」に何をしたか書いている。その4文目に，Well, during the winter vacation, I went skiing in Yamanashi … と山梨へスキーをしに行ったことを説明している。1，3，4はいずれも，山梨へ向かう途中の名古屋でしたことなので不正解。

(25) 解答 ① ━━━━━━━━━━━━━━━━━━━━━ 正答率 ★75%以上

> 質問の訳 「サラは夏に何をしたいか」

> 選択肢の訳 1 祖父母を訪ねる。　　　　　2 寺へ行く。
> 3 アルバイトの仕事を得る。　4 山梨へ戻る。

> 解説 第4段落の1文目後半にある …, so I hope I can come and see you both in the summer がサラが夏にしたいと思っていること。I hope I can 〜は「〜できたらいいなと思う」という意味。you both は文前半にある you and Grandpa を指していて，正解1の her grandparents「彼女の祖父母」のこと。

122

ポイント 太平洋のマリアナ海溝の端にある，世界で最も低いチャレンジャー海淵に関する3段落構成の英文。複数の場所名やそれらの特徴などが書かれているので，それぞれ何の情報であるかに注意しながら読み進めよう。

全 訳

チャレンジャー海淵

　たいていの人は世界で最も高い場所の名前を知っている。それはエベレスト山で，アジアのネパールとチベットの間にある山だ。しかし，世界で最も低い場所を知っている人は多くない。それはチャレンジャー海淵と呼ばれ，太平洋の海底にある。チャレンジャー海淵は，海底約10,984メートルの深さだ。それはマリアナ海溝と呼ばれる太平洋の一部で，日本の南方にある。海のこの部分は長さが約2,550キロメートル，幅が約69キロメートルある。チャレンジャー海淵はマリアナ海溝の端，グアムと呼ばれる島の近くにある。

　科学者たちはチャレンジャー海淵についてあまり知らない。たいていの潜水艦にとって水圧が高すぎるので，そこへ行くのは安全ではない。以前は，魚や他の動物がそのような場所で生きることはできないと科学者たちは考えていた。また，太陽の光が届かず，チャレンジャー海淵はとても冷たい。通常は，1℃から4℃の間だ。

　1960年に，2人の人が初めてチャレンジャー海淵へ探検しに行った。彼らは特殊な潜水艦でそこへ行った。この潜水艦は，高い水圧の場所で移動することができた。2人が海底へ着くまでに5時間かかったが，彼らはわずか20分ほどしかそこに滞在できなかった。そのとき，彼らは2種類の海洋動物を見た。現在，科学者たちは，動物がそのような深い場所で生きられることを知っている。

語 句 the Challenger Deep「チャレンジャー海淵」，Mount Everest「エベレスト山」，lowest＜low「低い」の最上級，at the bottom of ~「~の底に」，meter(s)「メートル」，~ deep「~の深さで」，to the south of ~「~の南方に」，a part of ~「~の一部」，kilometer(s)「キロメートル」，~ long「~の長さで」，~ wide「~の幅で」，at the end of ~「~の端に」，island「島」，scientist(s)「科学者」，safe「安全な」，In the past「以前は」，such a ~「そのような~」，for the first time「初めて」，special「特殊な」，get to ~「~へ到着する」，minute(s)「分」，sea animal(s)「海洋動物」

(26) 解答 ①　　　　　　　　　　　正答率 ★75%以上

質問の訳 「マリアナ海溝はどこにあるか」

選択肢の訳 **1** 太平洋に。
2 グアム島に。
3 ネパールとチベットの間に。
4 日本にある湖の底に。

解説 第1段落の6文目 It is to the south of Japan … は，It が指し示す The Challenger Deep の場所を説明した文。その説明の中にある in a part of the Pacific Ocean called the Mariana Trench「マリアナ海溝と呼ばれる太平洋の一部」から，**1** が正解。

(27) 解答 ④　　　　　　　　　　　正答率 ★75%以上

質問の訳 「マリアナ海溝の幅はどれくらいあるか」

選択肢の訳 **1** 約2,550メートル。　**2** 約10,984メートル。
3 約20キロメートル。　**4** 約69キロメートル。

解説 第1段落の7文目に，This part of the ocean is about 2,550 kilometers long and 69 kilometers wide. とある。This part of the ocean は，前文に出ている the Mariana Trench のこと。~ kilometers wide は「~キロメートルの幅で」という意味。

(28) 解答 ①　　　　　　　　　　　正答率 ★75%以上

質問の訳 「チャレンジャー海淵はなぜ人にとって危険なのか」

選択肢の訳 **1** 水圧がとても高い。
2 危険な動物や魚がそこに住んでいる。

124

3 光が目に明るすぎる。

4 海水が人にとっては熱すぎる。

解　説　第2段落の2文目は It isn't safe to go there で始まっていて，It は to go there「そこへ行くこと」，there は the Challenger Deep を指している。チャレンジャー海淵へ行くことが安全ではない理由が，その後の because the water pressure is too high for most submarines と説明されている。

(29) 解答 ③

質問の訳　「1960年に，2人の人が」

選択肢の訳　**1** 特殊な潜水艦を失った。

2 海底の地図を描いた。

3 チャレンジャー海淵へ行った。

4 海中で山を発見した。

解　説　1960年に起こったことについては，第3段落の1文目に，In 1960, two people traveled to the Challenger Deep for the first time. と書かれている。正解の3では，traveled のかわりに went が使われている。

(30) 解答 ①

質問の訳　「この話は何についてか」

選択肢の訳　**1** 海中の暗くてとても深い場所。

2 潜水艦の歴史。

3 特別でとてもおいしい魚の一種。

4 アジアでハイキングに行くべき場所。

解　説　タイトルにもある通り，The Challenger Deep に関する英文。そのチャレンジャー海淵について，第1段落の3文目の the lowest place in the world や5文目の The Challenger Deep is about 10,984 meters deep in the ocean. から，海底深くにあること，第2段落の4文目 Also, there is no light from the sun から dark「暗い」場所であることがわかる。

質問の訳 「あなたは公園で食事することが好きですか」

解答例 Yes, I do. I have two reasons. First, I like eating while I look at beautiful flowers. Second, food tastes better when I eat it outside on sunny days.

解答例の訳 「はい，好きです。2つ理由があります。第1に，私はきれいな花を見ながら食事することが好きです。第2に，晴れた日に外で食べると，食べ物がよりおいしいです」

解　説 最初に，eating in parks「公園で食事すること」が好きかどうかを Yes, I do. / No, I don't. の形で書く。この後に，公園で食事をすることが好きな理由または好きではない理由を2つあげる。解答例は，（1文目）自分の考え：公園で食事することが好き→（3文目）1つ目の理由：きれいな花を見ながら食事することが好き→（4文目）2つ目の理由：晴れた日に外で食べるとよりおいしい，という構成になっている。解答例のように，I have two reasons. と2つの理由があることを説明した後で，その2つの理由を First, ～. Second, …「第1に～。第2に…」の形で書くとわかりやすい構成になる。全体で25語～35語程度の分量になっているかにも注意しよう。

語　句 reason(s)「理由」，like ～ing「～することが好き」，while「～しながら，～する間」，taste(s)「～の味がする」，outside「外で」，sunny「晴れた」

例題　解答　**3**

放送文 　★：I'm hungry, Annie.

　　　　☆：Me, too. Let's make something.

　　　　★：How about pancakes?

　　　　1 On the weekend.　　　　**2** For my friends.

　　　　3 That's a good idea.

放送文の訳 　★：「おなかがすいたよ，アニー」

　　　　☆：「私もよ。何か作りましょう」

　　　　★：「パンケーキはどう？」

　　　　1 週末に。　　　　**2** 私の友だちに。

　　　　3 それはいい考えね。

No. 1　解答　**1**

放送文 　★：I like the book you lent me.

　　　　☆：Did you finish it?

　　　　★：No. Can I keep it longer?

　　　　1 Sure. Give it back to me next week.

　　　　2 Yes. I always study hard.

　　　　3 OK. It was five dollars.

放送文の訳 　★：「君がぼくに貸してくれた本を気に入っているよ」

　　　　☆：「読み終えたの？」

　　　　★：「ううん。もっと長く持っていてもいい？」

　　　　1 いいわよ。来週，私に返してね。

　　　　2 ええ。私はいつも一生懸命勉強するわ。

　　　　3 わかった。それは 5 ドルだったわ。

解　説　Can I keep it longer? の Can I 〜? は，「〜してもいいですか」と許可を求める表現。it は男の子が女の子から借りた本を指している。借りた本を longer「もっと長く」持っていていいかどうか尋ねた質問に対応しているのは 1 で，Sure. の後に，いつ本を返してほしいか伝えている。

22年度第**2**回　リスニング

127

No. 2　解答 ①　正答率 ★75%以上

放送文　★：How did you do on the science test?

☆：I did well.

★：Did you study for a long time?

1　For about five hours.

2　It was difficult.

3　Math is my favorite subject.

放送文の訳　★：「理科のテストはどうだった？」

☆：「よくできたわ」

★：「長い時間勉強したの？」

1　5時間ぐらい。

2　それは難しかったわ。

3　数学は私の大好きな科目よ。

解　説　the science test「理科のテスト」が話題。男の子の Did you study for a long time? は，女の子が理科のテスト勉強を長い時間したかどうかを尋ねた質問。具体的に勉強した時間を答えている **1** が正解。

No. 3　解答 ③

放送文　☆：Excuse me.

★：Yes, ma'am?

☆：Where are the lockers in this station?

1　For 200 yen a day.

2　To Kyoto and Osaka.

3　Beside the ticket machines.

放送文の訳　☆：「すみません」

★：「はい，何でしょうか」

☆：「この駅のロッカーはどこにありますか」

1　1日200円で。

2　京都と大阪へ。

3　券売機の横です。

解　説　Where は「どこに」という意味で，女性は駅員に lockers「ロッカー」の場所を尋ねている。ロッカーがどこにあるかを答えてい

るのは 3 で，Beside ～は「～のそば[横]に」，ticket machine(s) は「券売機」という意味。

No. 4　解答 ③

放送文　☆：When did you get this computer, Grandpa?

★：In December.

☆：Was it a Christmas present?

1 No, I'm still learning.

2 No, this one's fine.

3 No, I bought it myself.

放送文の訳　☆：「このコンピューターをいつ手に入れたの，おじいちゃん？」

★：「12 月だよ」

☆：「クリスマスプレゼントだったの？」

1 ううん，まだ学習中だよ。

2 ううん，これで十分だよ。

3 ううん，自分で買ったんだ。

解説　Was it a Christmas present? の it は，女の子が見ている this computer を指している。クリスマスプレゼントではなく，I bought it myself「それを自分で買った」と言っている **3** が正解。bought は buy「～を買う」の過去形で，myself は「自分自身で」という意味。

No. 5　解答 ①

放送文　☆：Look at all these leaves.

★：Yeah. There are a lot.

☆：I'll need another bag.

1 I'll get you one.

2 It was last weekend.

3 You're welcome.

放送文の訳　☆：「これらの葉っぱを見て」

★：「うん。たくさんあるね」

☆：「もう 1 袋必要だわ」

1 1 枚取ってきてあげるよ。

2 それは先週末だったよ。

3 どういたしまして。

解説 leaves は leaf「葉」の複数形。葉っぱを集めている女性は another bag「もう 1 袋」が必要だと言っている。この後の男性の発話として自然な流れになるのは 1 で，〈get＋（人）＋（物）〉は「（人）に（物）を取ってくる」という意味。one は a bag のかわりに使われている。

No. 6 解答 **1**

放送文　★：Has Grandma seen the photos from our trip yet?

☆：No.　Let's e-mail them to her.

★：I don't know how.

1 I'll show you.

2 It's over here.

3 She has some.

放送文の訳　★：「おばあちゃんはもうぼくたちの旅行の写真を見たの？」

☆：「ううん。おばあちゃんに写真を E メールで送りましょう」

★：「やり方がわからないよ」

1 あなたに教えてあげるわ。

2 それはこっちにあるわ。

3 おばあちゃんはいくらか持っているわ。

解説　男の子の I don't know how. は，女性の Let's e-mail them to her. を受けて，写真を E メールで送る方法がわからないということ。これに対して，I'll show you. とその方法を教えると言っている 1 が正解。

No. 7 解答 **2**

放送文　☆：I have to make a speech tomorrow.

★：Good luck.

☆：I hope my classmates like it.

1 I took one, too.

2 I'm sure they will.

3 You're very early.

放送文の訳　☆：「明日，スピーチをしなければならないの」

★：「がんばってね」

☆:「私のクラスメートたちが気に入ってくれるといいんだけど」

1 ぼくも１つ取ったよ。

2 きっとそうなると思うよ。

3 君はとても早いね。

解　説 I hope my classmates like it. の it は，女の子が明日するスピーチのこと。これに対応した発話になっているのは **2** で，I'm sure ～ は「きっと～だと思う」という意味。they will の後に，like it「それ（＝スピーチ）を気に入る」が省略されている。

No. 8　解答 ②　　　　　　　　　　　　　正答率 ★75%以上

放送文 ★：Can I help you, ma'am?

☆：Yes. Do you sell badminton rackets?

★：Sorry. We don't.

1 Yes, I'm on the team.

2 OK, thanks anyway.

3 Well, I'll think about it.

放送文の訳 ★：「何かお探しですか，お客さま」

☆：「はい。バドミントンのラケットは売っていますか」

★：「すみません。当店では販売しておりません」

1 はい，私はチームに入っています。

2 わかりました，とにかくありがとうございました。

3 そうですね，それについて考えてみます。

解　説 店員からバドミントンのラケットは売っていないことを伝えられた女性客の発話として適切なのは **2** で，ここでの thanks anyway は，自分がほしい品物は売っていなかったが店員の対応に感謝の気持ちを伝える表現。

No. 9　解答 ②　　　　　　　　　　　　　正答率 ★75%以上

放送文 ☆：I'm going ice-skating on Saturday.

★：Great.

☆：Do you want to go with me?

1 I like your jacket.

2 Sorry, but I'm busy then.

3 I don't have any.

放送文の訳 ☆：「私は土曜日にアイススケートをしに行くの」

★：「それはいいね」

☆：「私と一緒に行かない？」

1 君のジャケットが好きだよ。

2 悪いけど，そのときは忙しいんだ。

3 ぼくはまったく持ってないよ。

解　説　Do you want to 〜? は「〜しませんか」という意味で，女の子は男の子をアイススケートに誘っている。Yes / No で始まる選択肢はないが，誘いを断るのに Sorry と謝った後，行けない理由を busy「忙しい」と伝えている **2** が正解。

No.10 解答 ① 正答率 ★75%以上

放送文　★：We missed the train!

☆：Don't worry about it.

★：When's the next one?

1 It'll arrive in 10 minutes.

2 I lost my ticket.

3 I went by bus.

放送文の訳　★：「電車に乗り遅れちゃった！」

☆：「心配はいらないわ」

★：「次の電車はいつ？」

1 10 分後に到着するわ。

2 私は切符をなくしちゃったわ。

3 私はバスで行ったわ。

解　説　missed the train は「電車に乗り遅れた」という意味。When's the next one? の one は train のことで，次の電車があとどれくらいで到着するかを答えている **1** が正解。in 〜 minute(s) は「〜分後に」という意味。

No.11 解答 ①

放送文 ☆：Do you want to go to a movie?

★：Sure, Mom.　Can we eat lunch first?　I'm hungry.

☆：OK.　I'll make sandwiches.

★：Great.

　　Question: What is the boy's mother going to do now?

放送文の訳 ☆：「映画を見に行かない？」

★：「いいよ，お母さん。先に昼食を食べられる？　おなかがすいてるんだ」

☆：「いいわよ。サンドイッチを作るわね」

★：「やった」

質問の訳　「男の子の母親は今から何をするか」

選択肢の訳
1　昼食を作る。　　　　　　　2　レストランで食事する。
3　映画を見に行く。　　　　　4　サンドイッチを買う。

解　説　男の子の Can we eat lunch first? は，go to a movie の前に昼食を食べられるかどうかを尋ねた質問。母親は，OK.　I'll make sandwiches. と言っているので，映画へ行く前に，昼食にサンドイッチを作ることになる。

No.12 解答 ①

放送文 ★：Excuse me.　Is that your dog?

☆：Yes.

★：Sorry, but you can't bring dogs into this park.

☆：Oh, I didn't know that.　I'll get him and leave right away.

　　Question: What will the woman do next?

放送文の訳 ★：「すみません。あれはあなたの犬ですか」

☆：「はい」

★：「申し訳ありませんが，この公園に犬を連れてくることはできません」

☆：「あら，それは知りませんでした。すぐに犬をつかまえて出て行き

「女性は次に何をするか」

1 犬と一緒に公園を出る。
2 男性の犬を探す。
3 男性に公園を案内する。
4 新しいペットを手に入れる。

解　説　最後の I'll get him and leave right away. が女性が次にすること。him は女性が公園に連れてきている犬を指している。ここでの leave は「(公園を) 出る」，right away は「すぐに」という意味。

No. 13 解答 ②

放送文 ☆：When does the next bus to Madison leave?

★：In five minutes. The one after that comes in two hours.

☆：OK. Three tickets for the next bus, please.

★：That'll be $12.

Question: How many tickets does the woman want to buy?

放送文の訳 ☆：「マディソン行きの次のバスはいつ出発しますか」

★：「5分後です。その後のバスは2時間後に来ます」

☆：「わかりました。次のバスの切符を3枚お願いします」

★：「12ドルになります」

質問の訳 「女性は切符を何枚買いたいか」

選択肢の訳 **1** 2枚。　　**2** 3枚。　　**3** 5枚。　　**4** 12枚。

解　説　Three tickets for the next bus, please. から，女性は次に来るバスの切符を3枚買いたいことがわかる。数が複数出てくるが，それぞれの後の minutes「分」，hours「時間」，tickets「切符」，dollars「ドル」に注意しよう。

No. 14 解答 ④

放送文 ☆：Have you ever been to Hokkaido?

★：Yes. My sister and I went there last year to visit our aunt.

☆：Did you go hiking or skiing?

★：No, we didn't have time.

Question: Why did the boy go to Hokkaido last year?

放送文の訳 ☆:「北海道へ行ったことはある？」

★:「うん。姉[妹]とぼくは，おばを訪ねるために昨年そこへ行ったよ」

☆:「ハイキングかスキーをしに行った？」

★:「ううん，時間がなかったんだ」

質問の訳　「男の子は昨年，なぜ北海道へ行ったか」

選択肢の訳　**1** スキーをしに行くため。

2 ハイキングをしに行くため。

3 彼の姉[妹]に会うため。

4 彼のおばに会うため。

解　説　男の子の My sister and I went there last year to visit our aunt. に正解が含まれている。to visit ～は「～を訪ねるために」という意味で，目的を表している。正解の 4 では，visit のかわりに see が使われている。

No. 15 解答 **2**

放送文 ★:When does band practice start on Saturday? At 9:30?

☆:At nine. My dad's driving me. Do you want to ride with us?

★:Yes, please.

☆:OK. We'll pick you up at 8:30.

Question: What time will they meet on Saturday?

放送文の訳 ★:「土曜日のバンドの練習はいつ始まるの？　9 時 30 分？」

☆:「9 時よ。私のお父さんが私を車で送ってくれるわ。私たちと一緒に乗って行く？」

★:「うん，お願い」

☆:「わかったわ。8 時 30 分に迎えに行くわね」

質問の訳　「彼らは土曜日，何時に会うか」

選択肢の訳　**1** 8 時に。　　　　　　　　**2** 8 時 30 分に。

3 9 時に。　　　　　　　　**4** 9 時 30 分に。

解　説　女の子の We'll pick you up at 8:30. の聞き取りがポイント。pick ～ up は「～を車で迎えに行く」という意味。8 時 30 分に迎えに行くということから，この時間に会うことがわかる。3 の 9:00 は，土曜日の band practice「バンドの練習」が始まる時間。

No. 16 解答 ❸

放送文 ★：Did you give Ms. Clark your social studies report?

☆：Yes, Dad.

★：Good. Do you have any homework tonight?

☆：I need to draw a picture of a flower for art class.

Question: What does the girl have to do tonight?

放送文の訳 ★：「クラーク先生に社会科のレポートを提出した？」

☆：「うん，お父さん」

★：「よかった。今夜は何か宿題はあるの？」

☆：「美術の授業のために花の絵を描く必要があるわ」

質問の訳 「女の子は今夜，何をしなければならないか」

選択肢の訳 **1** レポートを書く。 **2** 社会科を勉強する。
3 絵を描く。 **4** 花を買う。

解 説 父親の Do you have any homework tonight? に対して，女の子は I need to draw a picture of a flower for art class. と答えているので，**3** が正解。need to ～「～する必要がある」は，質問の have to ～「～しなければならない」とほぼ同じ意味で使われている。

No. 17 解答 ❸

放送文 ★：We need some drinks for tomorrow night's party.

☆：I've already bought some juice.

★：Really?

☆：Yeah. I got some this morning. I'll buy some cola this afternoon.

Question: When did the woman buy some juice?

放送文の訳 ★：「明日の夜のパーティー用に飲み物が必要だね」

☆：「ジュースをもう買ってあるわ」

★：「本当？」

☆：「ええ。今日の午前に買ったの。今日の午後にコーラを買うわ」

質問の訳 「女性はいつジュースを買ったか」

選択肢の訳 **1** 昨日の午前。 **2** 昨夜。
3 今日の午前。 **4** 今日の午後。

解　説　女性は I've already bought some juice. と言った後，I got some this morning. でいつ買ったか説明している。ここでの some は some juice のことなので，3 が正解。コーラを買う this afternoon と混同しないように注意する。

No.18 解答 ④ 　　　正答率 ★75%以上

放送文　☆：How was your weekend?

　★：Good.　I went to the mall on Saturday.

　☆：Great.

　★：Yesterday, I took some photos of trees at the park.

　　　Question: Where did the boy go yesterday?

放送文の訳　☆：「週末はどうだった？」

　★：「よかったよ。土曜日にショッピングモールへ行ったんだ」

　☆：「いいわね」

　★：「昨日は，公園で木の写真を撮ったよ」

質問の訳　「男の子は昨日，どこへ行ったか」

選択肢の訳　1　ショッピングモールへ。　　2　女の子の家へ。
　　　　　　3　園芸店へ。　　　　　　　　4　公園へ。

解　説　男の子の Yesterday, I took some photos of trees at the park. から，昨日は公園で木の写真を撮ったことがわかる。1 の mall「ショッピングモール」へ行ったのは，昨日ではなく土曜日のこと。

No.19 解答 ④

放送文　☆：Are you taller than your father, Jason?

　★：Yes, Grandma.　He's 170 centimeters, and I'm 175 centimeters.

　☆：I'm only 160 centimeters.

　★：You're taller than Mom.

　　　Question: How tall is Jason?

放送文の訳　☆：「あなたはお父さんより背が高いの，ジェイソン？」

　★：「うん，おばあちゃん。お父さんは 170 センチで，ぼくは 175 センチだよ」

　☆：「私は 160 センチしかないわ」

　★：「おばあちゃんはお母さんより背が高いよ」

「ジェイソンの身長はどれくらいか」

1 160 センチメートル。　　　2 165 センチメートル。
3 170 センチメートル。　　　4 175 センチメートル。

解　説　ジェイソンが He's 170 centimeters, and I'm 175 centimeters. と言っているので，4 が正解。175 は one hundred and seventy-five と読む。3 の 170 centimeters. はジェイソンの父親の身長。

No. 20 解答 ④

放送文　★：You can speak French well, Olivia.

☆：Thanks, Ben.

★：Were you born in France?

☆：No, but my older brother was.

Question: Who was born in France?

放送文の訳　★：「君はフランス語をじょうずに話せるね，オリビア」

☆：「ありがとう，ベン」

★：「フランス生まれなの？」

☆：「ううん，でも私の兄はそうよ」

質問の訳　「誰がフランスで生まれたか」

選択肢の訳　1 ベン。　　　　　　　　2 ベンの兄[弟]。
3 オリビア。　　　　　　4 オリビアの兄。

解　説　ベンの Were you born in France? にオリビアは No と答えているので，3 は不正解。その後の but my older brother was から，4 が正解。was の後に，born in France が省略されている。

| 一次試験・リスニング | 第 **3** 部 | 問題編 p.114〜115 | 🔊 | ▶MP3 ▶アプリ ▶CD 2 65〜75 |

No. 21 解答 ③　　　　　　　　　　　　　　正答率 ★75%以上

放送文　I can't swim at all, so I decided to take lessons.　In the future, I want to take my son to Hawaii and swim with him in the sea.　He loves swimming.

Question: What did the woman decide to do?

放送文の訳　「私はまったく泳げないので，レッスンを受けることにした。将

来，私は息子をハワイへ連れて行って，息子と一緒に海で泳ぎたい。息子は泳ぐことが大好きだ」

質問の訳 「女性は何をすることにしたか」

選択肢の訳
1 海のそばに家を買う。
2 ハワイへ引っ越す。
3 水泳のレッスンを受ける。
4 息子に泳ぎ方を教える。

解説 最初の I can't swim at all, so I decided to take lessons. の聞き取りがポイント。decide to ～は「～することに決める」，take lessons は「レッスンを受ける」という意味で，まったく泳げないということから，女性が受けることにしたのは正解 3 にある swimming lessons のこと。

No. 22 解答 2

放送文 Last night, I had a party in my apartment. After the party, I cleaned my living room, but I was too tired to wash the dishes. I have to do that this morning.
Question: What does the man need to do this morning?

放送文の訳 「昨夜，ぼくは自分のアパートでパーティーをした。パーティーの後，ぼくは居間を掃除したが，疲れすぎていて皿を洗うことができなかった。今朝，それをしなければならない」

質問の訳 「男性は今朝，何をする必要があるか」

選択肢の訳
1 居間を掃除する。
2 皿を洗う。
3 パーティー用の食べ物を買う。
4 新しいアパートを探す。

解説 男性は I have to do that this morning. と言っていて，do that はその前の wash the dishes を指している。too ～ to … は「あまりに～で…できない」という意味で，男性はパーティーの後，疲れすぎていて皿を洗えなかったということ。

No. 23 解答 3

放送文 Yesterday, my school had a speech contest. My friends' speeches were really good. Jenny's and Sara's speeches were both about their hobbies.　Donna's was about her mother.　It was my favorite one.

Question: Whose speech did the boy like the best?

放送文の訳 「昨日，ぼくの学校でスピーチコンテストがあった。ぼくの友人たちのスピーチはとてもよかった。ジェニーとサラのスピーチはどちらも自分の趣味についてだった。ドナのスピーチはお母さんについてだった。それはぼくがいちばん気に入ったスピーチだった」

質問の訳 「男の子は誰のスピーチをいちばん気に入ったか」

選択肢の訳 **1** ジェニーの（スピーチ）。

2 サラの（スピーチ）。

3 ドナの（スピーチ）。

4 彼の母親の（スピーチ）。

解　説 学校で行われた a speech contest「スピーチコンテスト」が話題。最後に It was my favorite one. と言っていて，It はその前の Donna's「ドナの（スピーチ）」を指している。放送文では質問の like the best ではなく，favorite「いちばん好きな，お気に入りの」が使われていることに注意する。

No. 24 解答 ①

放送文 Paul went to the library to study after school today.　When he got home, his mother was angry.　She said he should always call her if he goes somewhere after school.

Question: Why was Paul's mother angry?

放送文の訳 「ポールは今日の放課後，勉強するために図書館へ行った。帰宅したとき，彼の母親は怒っていた。母親は，ポールが放課後にどこかへ行くなら必ず自分に電話しなくてはいけないと言った」

質問の訳 「ポールの母親はなぜ怒っていたか」

選択肢の訳 **1** ポールが彼女に電話をしなかった。

2 ポールが一生懸命に勉強しなかった。

3 ポールが図書館カードをなくした。

4 ポールが学校に遅刻した。

解　説 When he got home, his mother was angry. の理由は，次の文の She said he should always call her ... で示されている。つま

り，ポールは放課後に図書館へ行ったにもかかわらず母親に電話で伝えなかったことが，母親が怒っていた理由。

No. 25 解答 ④

放送文　Greg's favorite holiday is Christmas. This year, he got a bicycle, and his sister Peggy got a dress. Greg's mother gave his father a new computer. He was very happy.

Question: Who got a computer for Christmas?

放送文の訳　「グレッグの大好きな休暇はクリスマスだ。今年，彼は自転車をもらって，彼の姉[妹]のペギーはドレスをもらった。グレッグの母はグレッグの父に新しいコンピューターをあげた。父はとても喜んだ」

質問の訳　「誰がクリスマスにコンピューターをもらったか」

選択肢の訳　1　グレッグ。　　　　　2　グレッグの姉[妹]。
3　グレッグの母親。　　4　グレッグの父親。

解説　Greg's mother gave his father a new computer. から，グレッグの父親がグレッグの母親からコンピューターをもらったことがわかる。gave は give の過去形で，〈give + (人) + (物)〉で「(人)に (物)をあげる」という意味。

No. 26 解答 ②

正答率 ★75%以上

放送文　I played rugby this afternoon, and now my leg hurts. My mom will take me to the doctor tomorrow morning. My next rugby game is on Saturday. I hope I can play.

Question: When will the boy go to the doctor?

放送文の訳　「ぼくは今日の午後にラグビーをして，今，脚が痛い。明日の朝，お母さんがぼくを医者へ連れて行ってくれる。次のラグビーの試合は土曜日だ。プレーできることを願っている」

質問の訳　「男の子はいつ医者へ行くか」

選択肢の訳　1　今日の午後。　　　　2　明日の朝。
3　明日の午後。　　　　4　次の土曜日。

解説　My mom will take me to the doctor tomorrow morning. と言っているので，2 が正解。ラグビーをした this afternoon，次のラグビーの試合がある Saturday などの情報と混同しないよう

に注意する。

No. 27 解答 ④ 正答率 ★75%以上

放送文　My mom loves vegetables.　She loves eating potatoes and lettuce, and she grows onions in our garden.　I think carrots are delicious, but I don't like other kinds of vegetables.

Question: What vegetable does the girl like?

放送文の訳　「私のお母さんは野菜が大好きだ。お母さんはジャガイモとレタスを食べることが大好きで, 家の庭でタマネギを育てている。私は, ニンジンはとてもおいしいと思うが, 他の種類の野菜は好きではない」

質問の訳　「女の子は何の野菜が好きか」

選択肢の訳　**1** ジャガイモ。　　　　　**2** レタス。
3 タマネギ。　　　　　　**4** ニンジン。

解説　質問では女の子の母親ではなく, 女の子が好きな vegetable「野菜」が何かを尋ねている。女の子は I think carrots are delicious と言っているので, **4** が正解。potatoes と lettuce は母親が食べることが大好きな野菜, onions は母親が庭で育てている野菜。

No. 28 解答 ②

放送文　I love art.　I draw pictures every day, and I take an art class every Monday.　I also take my two daughters to an art museum once a month.

Question: How often does the woman take an art class?

放送文の訳　「私は美術が大好きだ。毎日絵を描いていて, 毎週月曜日には美術教室に通っている。また, 月に1回, 2人の娘を美術館へ連れて行っている」

質問の訳　「女性はどれくらいの頻度で美術教室に通っているか」

選択肢の訳　**1** 毎日。　　**2** 週に1回。　**3** 週に2回。　**4** 月に1回。

解説　質問の How often ～? は頻度を尋ねる表現。I take an art class every Monday の聞き取りがポイントで, every Monday「毎週月曜日に」から, 女性が an art class を受けているのは週に1回だとわかる。

No. 29 解答 ①

放送文　Henry always gives his family books for Christmas. Last year, he got a book about gardening for his wife and one about animals for his daughter. This year, he'll give them books about traveling.

Question: What did Henry give his daughter for Christmas last year?

放送文の訳　「ヘンリーはいつもクリスマスに，家族に本をあげる。昨年，彼は妻に園芸に関する本を，娘に動物に関する本を買った。今年，彼は2人に旅行に関する本をあげるつもりだ」

質問の訳　「ヘンリーは昨年のクリスマスに，娘に何をあげたか」

選択肢の訳　1　動物に関する本。　　　　2　園芸に関する本。
3　旅行に関する本。　　　　4　クリスマスに関する本。

解説　Last year, he got a book about gardening for his wife and one about animals for his daughter. から，昨年娘にあげたのは one about animals だとわかる。one は a book のかわりに使われている。

No. 30 解答 ③

放送文　Welcome to Dirkby Department Store. Today, we have some special events. There will be a piano concert at two on the fourth floor. And on the fifth floor, we have a sale on clothes.

Question: Where will the piano concert be held?

放送文の訳　「ダークビー百貨店へようこそ。本日，当店では特別イベントがあります。2時に，4階でピアノのコンサートがあります。また5階では，洋服のセールを行います」

質問の訳　「ピアノのコンサートはどこで開かれるか」

選択肢の訳　1　2階で。　　2　3階で。　　3　4階で。　　4　5階で。

解説　質問の held は hold「（イベントなど）を開く［催す］」の過去分詞。There will be a piano concert at two on the fourth floor. から，ピアノのコンサートは2時に the fourth floor「4階」で開かれることがわかる。

143

全 訳

中華料理のレストラン

日本には中華料理のレストランがたくさんある。そこではたいてい，めん類や他の人気のある中華料理を売っている。家でとてもおいしい中華料理を食べたいと思う人たちもいて，彼らは中華料理のレストランで持ち帰り用の料理を注文する。

質問の訳

No.1 パッセージを見てください。なぜ中華料理のレストランで持ち帰り用の料理を注文する人たちがいますか。

No.2 イラストを見てください。何人の人がカップを持っていますか。

No.3 めがねをかけた男性を見てください。彼は何をしようとしていますか。

さて，〜さん，カードを裏返しにしてください。

No.4 あなたは普段，朝何時に起きますか。

No.5 あなたは海辺へ行ったことがありますか。

はい。　→　もっと説明してください。

いいえ。→　あなたは今夜，何をする予定ですか。

No. 1

解答例

Because they want to eat delicious Chinese meals at home.

解答例の訳

「家でとてもおいしい中華料理を食べたいからです」

解 説

order は「〜を注文する」，take-out food は「持ち帰り用の料理」という意味。Why 〜？の質問には〈Because＋主語＋動詞〜〉で答える。3文目に正解が含まれているが，解答する際，①質問の主語と重なる Some people を3人称複数の代名詞 they に置き換える，②文の後半 so they order take-out food from Chinese restaurants「だから，彼らは中華料理のレストランで持ち帰り用の料理を注文する」は質問と重なる内容なので省く，という2点に注意する。

No. 2

解答例

Two people are holding cups.

解答例の訳

「2人の人がカップを持っています」

解説　〈How many + 複数名詞〉は数を尋ねる表現。hold「〜を手に持つ」が現在進行形で使われていて，cups「カップ」を持っている人数を尋ねている。イラストでカップを持っているのは2人だが，単に Two. や Two people. と答えるのではなく，質問の現在進行形に合わせて Two people are holding cups. と答える。

No. 3

解答例　He's going to close the window.

解答例の訳　「彼は窓を閉めようとしています」

解説　イラスト中の the man wearing glasses「めがねをかけた男性」に関する質問。be going to 〜 は「〜しようとしている」という意味で，男性がこれからとる行動は吹き出しの中に描かれている。質問に合わせて，He's [He is] going to 〜（動詞の原形）の形で答える。「窓を閉める」は close the window と表現する。window「窓」と door「ドア」を混同しないように注意する。

No. 4

解答例　I get up at six.

解答例の訳　「私は6時に起きます」

解説　What time 〜? は「何時に〜」，get up は「起床する」という意味。自分が普段朝何時に起きるかを，I (usually) get up at 〜（時刻）の形で答える。時刻は，例えば6時45分であれば，時→分の順で six forty-five と表現する。

No. 5

解答例　Yes. → Please tell me more.
　　　　— I went to the beach near my house.
　　　　No. → What are you going to do this evening?
　　　　— I'm going to watch a movie.

解答例の訳　「はい」→ もっと説明してください。
　　　　—「私は家の近くの海辺へ行きました」
　　　　「いいえ」→ あなたは今夜，何をする予定ですか。
　　　　—「私は映画を見る予定です」

解説　最初の質問の Have you ever been to 〜? は「〜へ行ったことがありますか」という意味で，beach「海辺，ビーチ」へ行ったことがあるかどうかを Yes(, I have). / No(, I haven't). で答える。

Yes の場合の 2 番目の質問 Please tell me more. には，いつ，誰と，どこの海辺へ行ったかなどを答えればよい。No の場合の 2 番目の質問 What are you going to do this evening? には，this evening「今夜」何をする予定かを I'm going to ～（動詞の原形）の形で答える。解答例の他に，（Yes の場合）Every summer, I go to the beach with my family.「毎年夏に，私は家族と一緒に海辺へ行きます」，（No の場合）I'm going to do my homework.「私は宿題をする予定です」のような解答も考えられる。

| 二次試験・面接 | 問題カード **B** 日程 | 問題編 p.118〜119 | 🔊 | ▶MP3 ▶アプリ
▶CD 2 81〜84 |

全　訳
ビーチバレー

ビーチバレーはわくわくするスポーツだ。暑い夏の日にプレーするのは楽しい。多くの人は自分たちのお気に入りの選手を見ることが好きなので，プロのビーチバレーの大会へ行くのを楽しんでいる。

質問の訳
No.1　パッセージを見てください。なぜ多くの人はプロのビーチバレーの大会へ行くのを楽しんでいますか。

No.2　イラストを見てください。何人の人がサングラスをかけていますか。

No.3　長い髪の女の子を見てください。彼女は何をしようとしていますか。

さて，～さん，カードを裏返しにしてください。

No.4　あなたはどのような種類のテレビ番組が好きですか。

No.5　あなたは冬休みの予定が何かありますか。

はい。　→　もっと説明してください。

いいえ。→　あなたは普段，週末に何時に起きますか。

No. 1

解答例　Because they like seeing their favorite players.

解答例の訳　「自分たちのお気に入りの選手を見ることが好きだからです」

解　説　enjoy ～ing は「～して楽しむ」，professional は「プロの」という意味。Why ～? の質問には〈Because ＋ 主語 ＋ 動詞～〉で答え

る。3文目に正解が含まれているが，解答する際，①質問の主語と重なる Many people を3人称複数の代名詞 they に置き換える，②文の後半 so they enjoy going to professional beach volleyball tournaments「だから，彼らはプロのビーチバレーの大会へ行くのを楽しんでいる」は質問と重なる内容なので省く，という2点に注意する。

No. 2

解答例　Two people are wearing sunglasses.

解答例の訳　「2人の人がサングラスをかけています」

解 説　〈How many＋複数名詞〉は数を尋ねる表現。wear「～を身につける」が現在進行形で使われていて，sunglasses「サングラス」をかけている人数を尋ねている。イラストでサングラスをかけているのは2人だが，単に Two. や Two people. と答えるのではなく，質問の現在進行形に合わせて Two people are wearing sunglasses. と答える。

No. 3

解答例　She's going to wash her hands.

解答例の訳　「彼女は手を洗おうとしています」

イラスト中の the girl with long hair「長い髪の女の子」に関する質問。be going to ～ は「～しようとしている」という意味で，女の子がこれからとる行動は吹き出しの中に描かれている。質問に合わせて，She's [She is] going to ～（動詞の原形）の形で答える。「手を洗う」は wash *one's* hands で，ここでは wash her hands とする。hands と複数形で答えることにも注意する。

No. 4

解答例　I like quiz shows.

解答例の訳　「私はクイズ番組が好きです」

解 説　What kind of ～? は「どのような種類の～」という意味。自分が好きな TV programs「テレビ番組」のジャンルを，I like ～ の形で答える。解答例の他に，news「ニュース」，music shows「音楽番組」，comedy shows「お笑い番組」などを使うこともできる。好きなテレビ番組のジャンルを尋ねられているので，特定の番組名を答えないように注意する。

No.5

解答例 <u>Yes.</u> → Please tell me more.

    — <u>I'm going to visit Kobe.</u>

   <u>No.</u> → What time do you usually get up on weekends?

    — <u>I get up at eight.</u>

解答例の訳 「はい」→ もっと説明してください。

    —「私は神戸へ行く予定です」

   「いいえ」→ あなたは普段，週末に何時に起きますか。

    —「私は 8 時に起きます」

解 説 最初の質問の plans for ～は「～の予定[計画]」という意味で，the winter vacation「冬休み」に何か予定があるかどうかを Yes(, I do). / No(, I don't). で答える。Yes の場合の 2 番目の質問 Please tell me more. には，具体的にどのような予定，例えばどこへ行くかなどを I'm going to ～（動詞の原形）などの形で答える。No の場合の 2 番目の質問 What time do you usually get up on weekends? には，普段週末に何時に起きるかを，I (usually) get up at ～ などの形で答える。解答例の他に，（Yes の場合）I'm planning to go skiing with my family.「私は家族と一緒にスキーをしに行く予定です」，（No の場合）I usually get up around seven.「私は普段 7 時頃に起きます」のような解答も考えられる。

2022-1

解答一覧

一次試験・筆記

1

(1)	3	(6)	3	(11)	3
(2)	3	(7)	2	(12)	1
(3)	2	(8)	2	(13)	4
(4)	1	(9)	3	(14)	2
(5)	3	(10)	4	(15)	2

2

(16)	3	(18)	2	(20)	2
(17)	1	(19)	4		

3 A

(21)	1
(22)	4

3 B

(23)	3
(24)	1
(25)	3

3 C

(26)	1	(28)	1	(30)	4
(27)	3	(29)	2		

4
解答例は本文参照

一次試験・リスニング

第1部

No. 1	2	No. 5	3	No. 9	3
No. 2	2	No. 6	1	No.10	1
No. 3	1	No. 7	2		
No. 4	1	No. 8	1		

第2部

No.11	2	No.15	1	No.19	3
No.12	4	No.16	3	No.20	4
No.13	4	No.17	2		
No.14	1	No.18	3		

第3部

No.21	2	No.25	2	No.29	4
No.22	2	No.26	1	No.30	4
No.23	1	No.27	3		
No.24	3	No.28	3		

(1) 解答 **3**

訳 A「どこへ行くの，お母さん？」

B「新鮮な野菜を買いに市場へよ。それらはどれも地元の農家に よって栽培されたものなの」

解説 They were all grown の They は fresh vegetables「新鮮な野菜」 を指していて，grown は grow「〜を栽培する，育てる」の過去 分詞。by 以下は野菜を栽培した人を表すので，farmers「農家」 が正解。1，2，4 はそれぞれ doctor「医者」，pilot「パイロット」， musician「音楽家」の複数形。

(2) 解答 **3**

訳 「夏に，私は暗くなる直前によく走りに行く。日中は暑すぎて走れ ない」

解説 too 〜 to … は「〜すぎて…できない」，during the day は「日 中に」という意味。日中は暑すぎて走れないということから，走 りに行くのは just before it gets dark「暗くなる直前に」。young 「若い」，quiet「静かな」，real「本物の」。

(3) 解答 **2**

訳 「日本では，ドラッグストアは薬，食べ物，飲み物を売っているの で便利だ」

解説 medicine, food, and drinks「薬，食べ物，飲み物」を売ってい るのはどこかを考えて，drugstores「ドラッグストア」を選ぶ。 useful は「便利な，役に立つ」という意味。1，3，4 はそれぞれ church「教会」，library「図書館」，post office「郵便局」の複数 形。

(4) 解答 **1**

訳 A「私はこのビーチが大好きよ。ここにずっといたいわ」

B「ぼくもだよ。でも，ぼくたちは明日出発しないといけないね」

解 説 A の here は the beach「(今いる)ビーチ，海辺」を指している。I want to stay here「ここにいたい[留まりたい]」とのつながりから，forever「ずっと，永遠に」が正解。nearly「ほとんど」，straight「まっすぐに」，exactly「正確に」。

(5) 解答 ③

訳 「リュウジの夢は有名なすし職人になることだ」

解 説 Ryuji's dream「リュウジの夢」が to become 〜「〜になること」の形で説明されている。sushi「すし」とつながるのは chef「料理人，シェフ」で，sushi chef は「すし職人」ということ。carpenter「大工」，dentist「歯医者」，singer「歌手」。

(6) 解答 ③

訳 「英語の授業のために，ケンジは彼自身について5つの文を書かなければならない。明日，彼はクラスの前でそれを読む」

解 説 five ( ) は write の目的語になるので，sentences「文」が正解。2文目の them は five sentences about himself「彼自身に関する5つの文」を指している。1，2，4 はそれぞれ storm「嵐」，calendar「カレンダー」，century「世紀」の複数形。

(7) 解答 ②

訳 A「スミス先生。この問題の正しい答えを私に教えていただけませんか」

B「いいよ，デイビッド。見せてごらん」

解 説 Could you tell me 〜? は「私に〜を教えていただけませんか」という意味。空所後の answer につながるのは correct「正しい」。Let me see it. は「それ(=問題)を見せてください」ということ。narrow「(幅が)狭い」，weak「弱い」，quiet「静かな」。

(8) 解答 ②

訳 A「春が待ちきれないよ」

B「私もよ。この雪と寒い天気にはうんざりだわ」

解 説 can't wait for 〜は「〜が待ちきれない[待ち遠しい]」，Me, neither. は否定文を受けて「私も〜ない」という意味。B は自分

も春が待ちきれないと言っているので，this snow and cold weather の前は I'm tired of ～「～にはうんざりだ」が適切。upset「動揺して」，silent「黙って」，wrong「まちがった」。

(9) 解答 ③

訳　「私はニューヨークからのフライトでは眠れなかったけど，今朝はずっと気分がいい。昨夜は本当によく眠った」

解説　空所の後の much better に注目する。feel better で「（以前より）気分がいい」という意味の表現で，much「ずっと」は比較級の better を強調している。cover「～を覆う」，brush「～にブラシをかける，～を磨く」，share「～を共有する」。

(10) 解答 ④

訳　A「土曜日は一日中雪が降るよ」
　　　B「それはいいわ。今週末にスキーをしに行くの」

解説　A の snow は「雪が降る」という動詞。空所の後の day とつながるのは all で，all day で「一日中」という意味。any「どの～も」，more「より多くの」，much「たくさんの」。

(11) 解答 ③

訳　「来週，デイブの兄[弟]が結婚する。デイブは結婚式でスピーチをする」

解説　2文目の文末に at the wedding「結婚式で」とあるので，get married「結婚する」という表現にする。問題文では，… is getting married と近い未来を表す現在進行形になっている。collected「集まった」，raised「持ち上げた」，crowded「混雑した」。

(12) 解答 ①　　　　　　　　　　　　　　正答率 ★75%以上

訳　A「ピーター，どこにいたの？　あなたのことを心配してたのよ！」
　　　B「ごめん，お母さん。放課後に図書館へ行ったんだ」

解説　母親が Peter, where were you? と聞いている状況と，空所の後に about があることから，be worried about ～「～のことを心

配している」という表現にする。excited「わくわくした」，surprised「驚いた」，interested「興味を持った」。

(13) 解答 ④

訳 A「お母さんはもう仕事へ行った？」
B「うん，今日は早く出かけたよ。お母さんは大切な打ち合わせがあるんだ」

解説 A の文が Has で始まっていることに注目する。現在完了形〈have [has] ＋動詞の過去分詞〉の疑問文で，go の過去分詞 gone が正解。has already gone to ～で「もう～へ行った」という完了を表す。

(14) 解答 ②

訳 A「聞いて！　ポスターのコンテストで2位を取ったよ」
B「それはすごいわね。あなたのことをとても誇りに思うわ」

解説 Guess what! は話を切り出したり，相手の注意を引いたりするときの表現。B の That's great. から，A が the poster contest「ポスターのコンテスト」で second prize「2位」を取ったと報告している場面だとわかるので，win「～を獲得する，勝ち取る」の過去形 won が正解。be proud of ～は「～を誇りに思う」という意味。

(15) 解答 ②

訳 A「犬は猫より賢いと思う？」
B「わからないわ」

解説 空所の後に than があるので，dogs と cats を比較した文であることがわかる。smart「賢い」を比較級にして，smarter than ～「～より賢い」とする。3 の smartest は smart の最上級。

一次試験・筆記 **2** | 問題編 p.124

(16) 解答 ③

訳 女性1「私はよくツリートップ・カフェで昼食を食べるの」

女性2「私もよ。いつか一緒にそこへ行きましょうか」
女性1「いいわよ」

解説 女性2のI do, too. は，「私も（よくツリートップ・カフェで昼食を食べる）」ということ。女性1のOK. につながるのは3で，Shall we ～?「～しましょうか」の表現で一緒にツリートップ・カフェへ行こうと誘っている。

(17) 解答 ①

訳 母親「私はチキンカレーを注文するわ。あなたは，フレッド?」
息子「同じものにするよ。それはとてもおいしそうだね」

解説 母親のI'm going to order ～「私は～を注文する」の後のWhat about you, Fred? は，フレッドは何を注文するのか尋ねた質問。これに対して，the same「（母親と）同じもの」，つまりthe chicken curry「チキンカレー」を注文すると言っている1が正解。

(18) 解答 ②

訳 男の子「昨夜君に電話したんだけど，電話に出なかったね」
女の子「ごめん，レポートを書いていたの。今日，英語の先生にそれを提出しなくちゃいけないの」

解説 男の子からyou didn't answer the phone と言われた女の子が，電話に出なかった理由を説明している。空所の後にI have to give it to my English teacher today. とあるので，何を英語の先生に提出する必要があるのかを考えて，a report「レポート」を含む2を選ぶ。

(19) 解答 ④

訳 祖母「テレビが聞こえないわ，トニー。音がとても小さいの。私のために音量を上げてくれる?」
孫息子「わかった，おばあちゃん。すぐにそうするね」

解説 I can't hear the TV, Tony. It's very quiet. から，祖母はテレビの音がquiet「（音が）静かな」，つまり小さくて聞こえない状況だとわかる。この後の発話として適切なのは4で，Can you ～ (for me)? は「（私のために）～してくれませんか」，turn ～ up は「（音

154

量など）を上げる」という意味。

(20) 解答 ②

訳　娘　「明日，服を買いに行ける？」
父親「また今度ね。今週はとても忙（いそが）しいんだ」

解説　女の子の Can we go shopping ～? という質問に，父親は空所の後で I'm really busy this week. と言っている。この直前の発話として適切（てきせつ）なのは 2 の Maybe some other time. で，busy「忙しい」ので「また別のとき[また今度ね]」ということ。

一次試験・筆記 **3A** | 問題編 p.126～127

ポイント　学校で行われるダンスコンテストを案内する掲示（けいじ）。掲示（けいじ）の目的に加えて，複数（ふくすう）出てくる人名とそれぞれの人に関する情報（じょうほう）を的確（てきかく）に理解（りかい）しよう。

全訳

ステージへ踊（おど）りに来てください！

踊（おど）ることが好きなら，学校のダンスコンテストに参加してください。1 人で，または友だちと一緒（いっしょ）に踊（おど）ってください。

日時：10 月 21 日の午後 3 時から

場所：学校の体育館

演技（えんぎ）は約 2 分で，どんな種類のダンスでも踊（おど）ることができます。
私（わたし）たちの体育の先生であるリー先生は，若（わか）いときにプロのヒップホップダンサーでした。先生はコンテストで，校長先生であるシャープ先生と一緒（いっしょ）に特別（とくべつ）に演技（えんぎ）をされます。シャープ先生はこれまでステージで踊（おど）ったことがないので，とてもわくわくされています！
もし興味（きょうみ）があれば，10 月 10 日までにマシューズ先生に会ってください。踊（おど）ることは楽しいので，心配しないで申（もう）し込（こ）んでくださいね！

語句　come and ～「～をしに来る」，enter「～に参加[出場]する」，by *one*self「1 人で」，～ p.m.「午後～時」，performance「演

技」，～ minute(s) long「～分の長さで」，any kind of ～「どんな種類の～も」，professional「プロの」，hip-hop「ヒップホップの」，principal「校長」，nervous「緊張[心配]して」，sign up「申し込む，登録する」

(21) 解答 ①　　　　　　　　　　　　正答率 ★75%以上

質問の訳　「この掲示は何についてか」

選択肢の訳　**1** 学校でのコンテスト。　　　**2** 先生のためのパーティー。
　　　　　　3 新しい学校のクラブ。　　　**4** 無料のダンスレッスン。

解　説　1文目の If you like dancing, please enter the school dance contest. から，学校で行われるダンスコンテストへの参加者募集に関する掲示だとわかる。the school dance contest が，正解の1では A contest at a school. と表現されている。

(22) 解答 ④

質問の訳　「シャープ先生がするのは」

選択肢の訳　**1** リー先生と一緒に体育の授業を教える。
　　　　　　2 10月10日にダンスの演技を見る。
　　　　　　3 マシューズ先生と一緒に音楽祭へ行く。
　　　　　　4 10月21日に学校の体育館で踊る。

解　説　Mr. Lee で始まる段落の2文目の He'll do a special performance at the contest with our principal, Mr. Sharp. から，リー先生がシャープ校長先生と一緒にコンテストで a special performance をすることがわかる。さらに，When: や Where: からコンテストは10月21日に学校の体育館で行われることがわかるので，4が正解。

一次試験・筆記　**3B**　問題編 p.128～129

ポイント　自分たちの日本語の先生がぎっくり腰で学校に来られなくなってしまったことについて，3人の生徒がEメールでやり取りしている。先生に起こったことや，各生徒が先生のために何をしようと提案しているかを中心に読み取ろう。

全　訳　送信者：リチャード・カイザー

受信者：ケリー・ピーターソン，ジョー・ロジャーズ

日付：9月18日

件名：タナガワ先生

やあ，ケリーとジョー，

日本語の先生のタナガワ先生のことを聞いた？　先生はぼくの家の通りに住んでいて，ぼくのお母さんが今日，先生の奥さんと話したんだ。タナガワ先生が腰を痛めたことをお母さんが聞いたんだよ。先生は木曜日の午後に庭で作業をしていて，ぎっくり腰になったって。先生は水曜日まで学校に来られないんだ。先生のために何かしようよ。今日は土曜日だから，この週末に先生に何か買えるかもね。花とカードを贈るのがいいかな？

友より，

リチャード

送信者：ケリー・ピーターソン

受信者：リチャード・カイザー，ジョー・ロジャーズ

日付：9月18日

件名：まあ，大変！

こんにちは，リチャードとジョー，

タナガワ先生のことを聞いて悲しいわ。花はいいアイディアね。先生はひまわりが好きだと思うわ。カードもいいわね。私に考えがあるの！　先生に日本語でカードを作りましょう。クラスメート全員が月曜日の午後の授業後に，それに名前を書けるわ。その後，リチャードがタナガワ先生にそのカードを持っていけるわね。私は明日の夜にコンピューターでそれを作って，月曜日の朝に学校に持っていくわ。どう思う？

それじゃ，

ケリー

送信者：ジョー・ロジャーズ

受信者：リチャード・カイザー，ケリー・ピーターソン

日付：9月19日

件名：いい考えだね

やあ,

それはすばらしいアイディアだよ,ケリー。ぼくのおじが花屋を経営しているから,おじに花のことを尋ねたんだ。おじはぼくたちにひまわりをくれるよ。月曜日の放課後におじの店で花をもらって,それから,リチャードの家へそれを持っていくよ。リチャードは火曜日の朝,学校が始まる前にタナガワ先生にカードと花を渡せるね。それと,先生が学校に戻ってきたときに,先生のために何か計画しよう。「お帰りなさい,タナガワ先生!」と書いた張り紙を作れるよ。

また明日,

ジョー

語 句 heard<hear「~を聞く」の過去形,hurt<hurt「~を痛める」(過去形も同じ形),back「(腰の部分を含む)背中」,until「~まで」,sunflower(s)「ひまわり」,sign「~に名前を書く,署名する」,own「~を所有する,経営する」,plan「~を計画する」,sign「張り紙,表示」,say「(紙などに)~と書いてある」,Welcome back「お帰りなさい」

(23) 解答 ③　　　　　　　　　　　　正答率 ★75%以上

質問の訳 「タナガワ先生はいつ腰を痛めたか」

選択肢の訳 1 月曜日に。　2 水曜日に。　3 木曜日に。　4 土曜日に。

解 説 最初のEメールの3文目に,Mom heard that Mr. Tanagawa hurt his back. とある。さらに次の文の He was working in his garden on Thursday afternoon, and he got a strained back. から,タナガワ先生が腰を痛めたのは木曜日だとわかる。

(24) 解答 ①　　　　　　　　　　　　正答率 ★75%以上

質問の訳 「ケリーは明日の夜に何をするか」

選択肢の訳 1 カードを作る。　　　　　　2 贈り物を買う。
　　　　　　3 タナガワ先生に電話する。　4 日本語の授業を受ける。

解 説 ケリーが書いたのは2番目のEメール。ケリーが tomorrow night に何をするかは,9文目に,I'll make it on my computer

158

tomorrow night … とある。it は，その前の文にある the card
「（タナガワ先生にあげる）カード」を指している。

(25) 解答 ③

「誰がひまわりをリチャードの家へ持っていくか」

1 リチャード。　　　　　2 リチャードの母親。
3 ジョー。　　　　　　　4 ジョーのおじ。

ジョーが書いた3番目のEメールの3文目に，He'll give us
some sunflowers. とあり，さらに4文目の後半で，… and then,
I'll take them to Richard's house. と書いている。He はジョーの
おじのことで，them はジョーのおじがくれる some sunflowers
を指しているので，ひまわりをリチャードの家に持っていくのは
ジョー。

3C 問題編 p.130〜131

インスタントカメラを発明したアメリカの科学者エドウィン・ラ
ンドに関する4段落構成の英文。時を表す表現などに注意しなが
ら，ランドがインスタントカメラを作るまでにどのようないきさ
つがあったかを中心に読み取ろう。

エドウィン・ランド

　多くの人は写真を撮ることが好きだ。近頃，人々はたいていス
マートフォンやデジタルカメラで写真を撮るので，写真をすぐに
見ることができる。デジタル写真以前は，人々はたいてい写真を
見るのに待たなければならなかった。フィルムに写真を撮って，
そのフィルムを店に届けた。それから，誰かがフィルムを現像し
て，写真を紙に印刷した。これには通常，数日かかった。しかし
当時，写真をもっとずっと早く手に入れる方法が1つあった。人々
はインスタントカメラを使うことができたのだ。

　エドウィン・ランドという名前の科学者が最初のインスタント
カメラを作った。ランドは1909年に，アメリカ合衆国のコネチ
カット州で生まれた。子どもの頃，彼はラジオや時計などで遊ん
で楽しんだ。ランドは物がどのようにして動くのかを理解するこ

159

とが好きだったので，ハーバード大学で科学を勉強した。1932 年に，彼はジョージ・ウィールライトとともに会社を設立し，彼らはその会社をランド・ウィールライト研究所と名付けた。1937年，その会社の名前はポラロイドに変更された。

　ある日，ランドは家族と一緒に休暇を過ごしていた。彼は娘の写真を撮った。娘は彼に，「どうして今，写真を見られないの？」と尋ねた。このことが彼にあるアイディアを思いつかせた。ランドは 1947 年にインスタントカメラを作り上げた。それは 1 分もかからずに写真を現像して印刷した。

　ランドの会社は，1948 年に 60 台のインスタントカメラを作った。そのカメラはとても人気があって，1 日で売り切れた。会社はもっと多くのインスタントカメラを作り，アメリカ合衆国じゅうの客がそれを買った。その後，人々は写真をすぐに見ることができるようになった。

語句

these days「近頃」，smartphone(s)「スマートフォン」，right away「すぐに」，sent＜send「～を送る[届ける]」の過去形，print「～を印刷する」，in those days「当時」，things like ～「～のようなもの，～など」，understand「～を理解する」，company「会社」，call A B「A を B と名付ける」，on vacation「休暇で」，built＜build「～を作り上げる」の過去形，less than ～「～未満の」，be sold out「売り切れる」，customer(s)「客」，all around ～「～じゅうの」，be able to ～「～することができる」

(26) 解答 ① 　正答率 ★75％以上

質問の訳 「エドウィン・ランドは子どもの頃，何をすることが好きだったか」

選択肢の訳
1 ラジオや時計で遊ぶ。
2 紙で物を作る。
3 会社を設立することを夢見る。
4 いい学校へ入学するために勉強する。

解説 質問の when he was a child に注目する。同じ表現で始まる第 2 段落の 3 文目に，When he was a child, he enjoyed playing

with things like radios and clocks. とあるので，**1** が正解。
enjoy ～ing は「～して楽しむ」，play with ～ は「～で[～を
使って]遊ぶ」という意味。

(27) 解答 ③

質問の訳　「1937年に何が起こったか」

選択肢の訳
1　ランドがハーバード大学に入学した。
2　ランドがジョージ・ウィールライトに出会った。
3　ランド・ウィールライト研究所が名前を変えた。
4　ポラロイド社が新しい種類のカメラを作り上げた。

解　説　第2段落の最後に，In 1937, the company name was changed
to Polaroid. と書かれている。the company name「その会社の
名前」は，前文の Land-Wheelwright Laboratories を指してい
て，会社名が Polaroid に変更されたということ。

(28) 解答 ①

質問の訳　「誰がランドにインスタントカメラのアイディアを与えたか」

選択肢の訳　1　彼の娘。　　2　彼の妻。　　3　ある客。　　4　ある友だち。

解　説　第3段落の4～5文目に，This gave him an idea. Land built
an instant camera in 1947. とある。This の内容は，3文目の
She asked him, "Why can't I see the photo now?" を受けて
いて，ランドが娘の写真を撮ったときに娘がランドに言ったこと
がインスタントカメラを作るきっかけになったということ。

(29) 解答 ②

質問の訳　「最初のインスタントカメラは」

選択肢の訳
1　値段が高すぎた。
2　あっという間にすべて売れた。
3　1日しか使用することができなかった。
4　写真を印刷するのに数分かかった。

解　説　第4段落の2文目に，The cameras were very popular, and
they were sold out in one day. とある。The cameras と they
は，前文の 60 instant cameras のこと。were sold out in one
day「1日で売り切れた」を，正解の **2** では were all sold very

quickly「あっという間にすべて売れた」と表現している。

(30) 解答 ④

質問の訳 「この話は何についてか」

選択肢の訳
1 デジタルカメラの歴史。
2 有名な写真集。
3 最初のカメラ付きスマートフォン。
4 特別なカメラを作り上げた男性。

解説 タイトルにある通り Edwin Land に関する英文。第2段落の1文目 の A scientist named Edwin Land made the first instant camera. から，最初のインスタントカメラを作り上げた人物だと わかる。正解の4では instant camera のかわりに，a special camera「特別なカメラ」と表現している。

一次試験・筆記 **4** | 問題編 p.132

質問の訳 「あなたは夏に祭りに行くことが好きですか」

解答例 No, I don't. First, it's too hot in summer, so I don't want to go to festivals. Second, festivals are often very crowded. I don't like going to crowded places.

解答例の訳 「いいえ，好きではありません。第1に，夏は暑すぎるので，私は 祭りに行きたいとは思いません。第2に，祭りはよく大変混雑し ています。私は混雑した場所へ行くのが好きではありません」

解説 最初に，going to festivals in summer「夏に祭りに行くこと」 が好きかどうかを，Yes または No を使って書く。続けて，その 理由を2つ説明する。解答例では，1文目：自分の考え（好きでは ない），2文目：1つ目の理由（夏は暑すぎるので祭りに行きたく ない），3文目：2つ目の理由（祭りはよく大変混雑している），4 文目：2つ目の理由の補足（混雑した場所へ行くのが好きではな い）という構成になっている。2つの理由を列挙する First, ～「第 1に，～」と Second, ～「第2に，～」の使い方に慣れよう。

語句 too ～「～すぎる，あまりに～」，crowded「混雑した」，don't like ～ing「～するのが好きではない」

例題　解答 **3**

(放送文) ★：I'm hungry, Annie.

☆：Me, too.　Let's make something.

★：How about pancakes?

1 On the weekend.　　**2** For my friends.

3 That's a good idea.

(放送文の訳) ★：「おなかがすいたよ，アニー」

☆：「私もよ。何か作りましょう」

★：「パンケーキはどう？」

1 週末に。　　**2** 私の友だちに。

3 それはいい考えね。

No. **1**　解答 **2**

(放送文) ★：I want to go to China.

☆：I've been there.

★：Really?　When did you go?

1 The food was good.

2 When I was 19.

3 Not at all.

(放送文の訳) ★：「ぼくは中国へ行きたいんだ」

☆：「私はそこへ行ったことがあるわ」

★：「本当？　いつ行ったの？」

1 食べ物がおいしかったわ。

2 私が19歳のときよ。

3 いいえ，少しも。

(解　説) 男性の When did you go? は，女性がいつ China「中国」へ行ったのかを尋ねた質問。この質問への答えになっているのは**2**の When I was 19. で，19 は 19 years old「19歳」ということ。

No. 2　解答 ②

放送文　★：I'd like to send this package to Toronto.

　　　　☆：Sure.

　　　　★：How long will it take to get there?

　　　　　　1 Yesterday afternoon.　　　**2** Two or three days.

　　　　　　3 About ten dollars.

放送文の訳　★：「この小包をトロントへ送りたいのですが」

　　　　☆：「かしこまりました」

　　　　★：「到着するのにどれくらいかかりますか」

　　　　　　1 昨日の午後です。　　　　**2** 2～3日です。

　　　　　　3 約10ドルです。

解説　男性が package「小包，荷物」を送ろうとしている場面。How long ～? は「～の期間[時間]はどれくらいですか」という意味で，to get there は「そこ（＝トロント）へ到着するのに」ということ。小包が届くまでの所要日数を～ days「～日」を使って答えている **2** が正解。

No. 3　解答 ①

放送文　★：I heard you joined the softball club.

　　　　☆：Yeah.　We had our first game yesterday.

　　　　★：How was it?

　　　　　　1 We lost, but it was fun.

　　　　　　2 No, but we will next time.

　　　　　　3 Every Sunday at two o'clock.

放送文の訳　★：「君がソフトボールクラブに入ったって聞いたよ」

　　　　☆：「そうよ。昨日，最初の試合があったの」

　　　　★：「どうだった？」

　　　　　　1 負けたけど，楽しかったわ。

　　　　　　2 ううん，でも今度はそうするわ。

　　　　　　3 毎週日曜日の2時よ。

解説　How was it? の it は，女の子が言った our first game「私たち（＝ソフトボールクラブ）の最初の試合」を指していて，その試合がどうだったか尋ねている。これに対応しているのは **1** で，We

lost と結果を伝えた後で，but it was fun と感想を述べている。
lost は lose「負ける」の過去形。

No. 4　解答 ①

放送文　★：I'll cook dinner tonight.

☆：Thanks.

★：What do you want to have?

1 Anything is OK.　　　　**2** In about an hour.

3 I haven't started.

放送文の訳　★：「今夜はぼくが夕食を作るよ」

☆：「ありがとう」

★：「何を食べたい？」

1 何でもいいわよ。　　　　**2** 約1時間後よ。

3 私は始めてないわ。

解説　男性は最初に I'll cook dinner tonight. と言っているので，What do you want to have? は，女性に夕食に何を食べたいかを尋ねた質問。具体的な食べ物を答えている選択肢はないが，Anything is OK.「何でもいいわよ」と伝えている **1** が正解。

No. 5　解答 ③

放送文　☆：Which university did you go to?

★：Linwood.

☆：Did you have a good experience there?

1 It's next to the bridge.

2 I'll go tomorrow.

3 I enjoyed it a lot.

放送文の訳　☆：「あなたはどこの大学へ行ったの？」

★：「リンウッドだよ」

☆：「そこではいい経験をした？」

1 それは橋の隣だよ。

2 ぼくは明日行くよ。

3 とても楽しんだよ。

解説　Did you have a good experience there? の experience は「経験」という意味で，there は男性が通った大学である Linwood を

22年度第1回　リスニング

165

指している。この質問に対して Yes / No で答えている選択肢はないが，enjoyed「～を楽しんだ」を使って答えている 3 が正解。

No. 6　解答 ①

放送文　★：Do you want to go hiking tomorrow?
　　　　☆：OK.　When do you want to meet?
　　　　★：Around seven.　Is it too early?
　　　　1 Not at all.
　　　　2 In the mountains.
　　　　3 For a while.

放送文の訳　★：「明日，ハイキングに行かない？」
　　　　☆：「いいわよ。いつ会う？」
　　　　★：「7 時頃。それだと早すぎる？」
　　　　1 全然そんなことないわ。
　　　　2 山中に。
　　　　3 しばらくの間。

解　説　Is it too early? は直前の Around seven. を受けて，7 時頃に会うのは早すぎるかどうか尋ねた質問。適切な応答になっているのは 1 で，ここでの Not at all. は強い否定を表し，7 時頃に会うのは全然早すぎはしないということ。

No. 7　解答 ②

放送文　★：Here's a gift from Hawaii.
　　　　☆：Thanks!　How was your trip?
　　　　★：It rained all week.
　　　　1 I'm OK, thanks.
　　　　2 That's too bad.
　　　　3 It's my first time.

放送文の訳　★：「これ，ハワイのおみやげだよ」
　　　　☆：「ありがとう！　旅行はどうだった？」
　　　　★：「1 週間ずっと雨が降ってたよ」
　　　　1 私は大丈夫よ，ありがとう。
　　　　2 それは残念だったわね。
　　　　3 私は初めてだわ。

166

女性から How was your trip? とハワイ旅行の様子を尋ねられた男性は，It rained all week. と答えている。all week は「1週間ずっと」という意味。ハワイではずっと雨だったと聞いた女性の応答としては，同情する気持ちなどを表す That's too bad. が適切。

No. 8　解答　**1**　　　　　　　　正答率 ★75%以上

放送文　☆：Oh no! I left my history textbook at home!

★：You can borrow mine.

☆：Really?

1　Yeah, I don't need it today.

2　No, it's easier than science.

3　Yes, you should become a teacher.

放送文の訳　☆：「困ったわ！　歴史の教科書を家に置いてきちゃった！」

★：「ぼくのを借りていいよ」

☆：「本当？」

1　うん，ぼくは今日それが必要ないよ。

2　ううん，それは理科より簡単だよ。

3　うん，君は先生になったほうがいいよ。

解　説　left は leave「～を置き忘れる」の過去形。my history textbook「歴史の教科書」を家に置いてきてしまったという女の子に，男の子は You can borrow mine (＝my history textbook). と言っている。女の子が歴史の教科書を借りてもいい理由を I don't need it today と説明している **1** が正解。

No. 9　解答　**3**　　　　　　　　正答率 ★75%以上

放送文　☆：You can play the guitar well.

★：Thanks.

☆：How often do you practice?

1　I have two guitars.

2　Three years ago.

3　Every day after school.

放送文の訳　☆：「あなたはギターを弾くのがじょうずね」

★：「ありがとう」

☆：「どれくらいの頻度で練習するの？」

1 ぼくはギターを 2 つ持っているよ。

2 3 年前に。

3 毎日放課後に。

> 解説　How often ～？ は「どれくらいの頻度で～」，practice は「練習する」という意味で，女の子は男の子にギターを練習する頻度を尋ねている。この質問に対応しているのは **3** で，Every day は「毎日」，after school は「放課後に」という意味。

No. 10 解答 ①　　　　　　　　　　　　　　　　正答率 ★75%以上

> 放送文　☆：I bought some cookies today.
>
> ★：Great.
>
> ☆：Would you like some?
>
> 　　**1** I'll just have one, thanks.
>
> 　　**2** You're a good cook.
>
> 　　**3** Let's make them together.

> 放送文の訳　☆：「今日，クッキーを買ったわ」
>
> ★：「いいね」
>
> ☆：「少し食べる？」
>
> 　　**1** 1つだけ食べるよ，ありがとう。
>
> 　　**2** 君は料理がじょうずだね。
>
> 　　**3** 一緒にそれを作ろう。

> 解説　女性の Would you like ～？ は「～はいかがですか」と物をすすめる表現で，some は some cookies のこと。買ってきたクッキーを食べるかどうか尋ねられているので，I'll just have one「1つだけ食べる」と答えている **1** が正解。

一次試験・リスニング	第**2**部	問題編 p.136〜137	🔊	▶MP3 ▶アプリ ▶CD 3 **12**〜**22**

No. 11 解答 ②　　　　　　　　　　　　　　　　正答率 ★75%以上

> 放送文　☆：Are you going to start writing your history report tonight?
>
> ★：No, I'll start it tomorrow morning.

☆ : We need to finish it by Tuesday afternoon, right?

★ : Yeah.

Question: When will the boy start writing his report?

放送文の訳　☆ :「歴史のレポートを今夜書き始めるの？」

★ :「ううん，明日の午前に始めるよ」

☆ :「火曜日の午後までにそれを仕上げる必要があるんだよね？」

★ :「そうだよ」

質問の訳　「男の子はいつレポートを書き始めるか」

選択肢の訳
1　今夜。　　　　　　　　　2　明日の午前。
3　火曜日の午後。　　　　　4　火曜日の夜。

解説　Are you going to start writing your history report tonight? に
男の子は No と答えているので，1 を選ばないように注意する。
その後の I'll start it tomorrow morning から，2 が正解。3 の
Tuesday afternoon. は歴史のレポートの期限。

No. 12 解答 4

放送文　☆ : I like your hat, Bob.

★ : Thanks. My mom's friend gave it to me.

☆ : Really?

★ : Yes. She bought it in Toronto.

Question: Who gave the hat to Bob?

放送文の訳　☆ :「あなたの帽子はいいわね，ボブ」

★ :「ありがとう。お母さんの友だちがぼくにくれたんだ」

☆ :「そうなの？」

★ :「うん。彼女はトロントでそれを買ったんだ」

質問の訳　「誰がボブに帽子をあげたか」

選択肢の訳
1　ボブの父親。　　　　　　2　ボブの友だち。
3　ボブの母親。　　　　　　4　ボブの母親の友だち。

解説　I like your hat, Bob. から，ボブの帽子が話題だとわかる。ボブ
は My mom's friend gave it to me. と言っているので，4 が正
解。gave は give「～をあげる」の過去形で，〈give ＋（物）＋ to ＋
（人）〉で「（物）を（人）にあげる」の形で使われている。

No. 13　解答 ④　

放送文　☆：How was your trip to the mountains?

★：We couldn't ski.　There wasn't enough snow.

☆：Oh no!　What did you do?

★：We went hiking.

　　Question: Why couldn't the man go skiing?

放送文の訳　☆：「山への旅行はどうだった？」

★：「ぼくたちはスキーができなかったよ。十分な雪がなかったんだ」

☆：「あら，まあ！　何をしたの？」

★：「ハイキングに行ったよ」

質問の訳　「男性はなぜスキーに行くことができなかったか」

選択肢の訳　**1** 料金が高すぎた。

2 彼は山から遠く離れたところにいた。

3 彼はひどい頭痛がした。

4 十分な雪がなかった。

解　説　女性から your trip to the mountains がどうだったか尋ねられた男性は，We couldn't ski. と答え，続けてその理由を There wasn't enough snow. と言っている。There wasn't enough ～ は「十分な～がなかった」という意味。

No. 14　解答 ①　

放送文　☆：I didn't see you in the office last week.

★：I just got back from Japan, Alice.

☆：Was it a business trip?

★：Yeah, but I did some sightseeing, too.

　　Question: What did the man do last week?

放送文の訳　☆：「先週はオフィスであなたを見なかったわね」

★：「日本から戻ってきたばかりなんだ，アリス」

☆：「それは出張だったの？」

★：「そうだよ，でも少し観光もしたよ」

質問の訳　「男性は先週，何をしたか」

選択肢の訳　**1** 彼は出張に行った。

2 彼は日本語の教科書を買った。

3 彼はアリスの家族を訪ねた。

4 彼は新しいオフィスを探した。

解　説　男性は先週いなかった理由として，I just got back from Japan, Alice. と言っている。これに対して，女性は Was it a business trip? と尋ねていて，business trip は「出張」という意味。男性は Yeah と答えているので，1 が正解。

No.15 解答 **1**

放送文　★ : Where's Sam?

☆ : He's still at his friend's house. I have to go and pick him up at six.

★ : I'll make dinner, then.

☆ : Thanks, honey.

Question: What does the woman need to do?

放送文の訳　★ : 「サムはどこにいるの？」

☆ : 「まだ友だちの家にいるわ。6 時に車で迎えに行かなければならないの」

★ : 「それなら，ぼくが夕食を作るよ」

☆ : 「ありがとう，あなた」

質問の訳　「女性は何をする必要があるか」

選択肢の訳　**1** サムを車で迎えに行く。　　**2** 家を掃除する。

3 夕食を買う。　　　　　　　**4** 友だちに電話をする。

解　説　サムがどこにいるのか尋ねられた女性は，サムがまだ his friend's house にいることを伝えた後，I have to go and pick him up at six. と言っている。go and ～ は「～をしに行く」，pick ～ up は「～を（車で）迎えに行く」という意味。

No.16 解答 **3**

正答率 ★75%以上

放送文　★ : Excuse me.

☆ : Yes. May I help you?

★ : Yes. Do you have any books about China?

☆ : We have one, but someone is borrowing it at the moment.

Question: Where are they talking?

放送文の訳　★ : 「すみません」

☆：「はい。ご用件をお伺いしましょうか」

★：「はい。中国に関する本は何かありますか」

☆：「1冊ありますが，今は誰かが借りています」

質問の訳 「彼らはどこで話しているか」

選択肢の訳 1 スーパーマーケットで。　　2 銀行で。

3 図書館で。　　4 空港で。

解　説 男性の Do you have any books about China? から，男性は中国に関する本を探していることがわかる。また，女性の We have one, but someone is borrowing it at the moment. から，女性は図書館のスタッフだと推測できる。borrow は「〜を借りる」，at the moment は「現在，今は」という意味。

No. 17 解答 ②　　　　　　　　　　　　正答率 ★75％以上

放送文 ☆：Dad, can you get me some apples at the store? I need three.

★：Sure. Anything else?

☆：Two bananas, please.

★：OK. I'll be back by 4:30.

Question: How many apples does the girl need?

放送文の訳 ☆：「お父さん，店で私にリンゴを買ってきてくれない？ 3個必要なの」

★：「いいよ。何か他には？」

☆：「バナナを2本お願い」

★：「わかった。4時30分までに戻るよ」

質問の訳 「女の子はいくつのリンゴが必要か」

選択肢の訳 1 2個。　　2 3個。　　3 4個。　　4 5個。

解　説 女の子は父親に，Dad, can you get me some apples at the store? とリンゴを買ってきてくれるように頼んでいる。その後の I need three. で，必要なリンゴの数を伝えている。Two bananas や4:30（four thirty）を聞いて1や3を選ばないように注意する。

No. 18 解答 ③

放送文 ☆：This math homework is hard.

★：Yeah. Shall we ask Mr. Kim about it this afternoon?

☆ : Let's ask Meg first. She's good at math.

★ : OK.

Question: What will they do first?

放送文の訳 ☆ :「この数学の宿題は難しいわ」

★ :「そうだね。今日の午後，キム先生にそれについて尋ねようか」

☆ :「まずはメグに尋ねましょう。彼女は数学が得意よ」

★ :「わかった」

質問の訳 「彼らは最初に何をするか」

選択肢の訳
1 キム先生に E メールを送る。
2 数学のテストを受ける。
3 宿題についてメグに尋ねる。
4 彼らの教科書を探す。

解説 math homework「数学の宿題」が話題。男の子の Shall we ask Mr. Kim about it this afternoon? に，女の子は Let's ask Meg first. と提案している。これに男の子は OK. と言っているので，数学の宿題についてメグに尋ねるのが最初にすること。

No. 19 解答 3

放送文 ☆ : How was the food at today's picnic?

★ : Delicious, Mom. I liked the potato salad the best.

☆ : Were there any sandwiches?

★ : Yes, and there was vegetable pizza, too.

Question: What was the boy's favorite food at the picnic?

放送文の訳 ☆ :「今日のピクニックでの食べ物はどうだった？」

★ :「とてもおいしかったよ，お母さん。ぼくはポテトサラダがいちばん気に入った」

☆ :「サンドイッチはあったの？」

★ :「うん，それと野菜ピザもあったよ」

質問の訳 「ピクニックで男の子が気に入った食べ物は何だったか」

選択肢の訳
1 ピザ。 2 サンドイッチ。
3 ポテトサラダ。 4 野菜スープ。

解説 質問の the boy's favorite food at the picnic「ピクニックで男の子が気に入った食べ物」については，男の子の I liked the potato

salad the best. に正解が含まれている。like ～ the best は「～
がいちばん好き」という意味。

No. 20 解答 ④

放送文 ★：Are you going to give Christmas cards to your friends this
year?

☆：Yes, Dad.

★：Shall I buy some for you at the bookstore?

☆：No, I'm going to make them tonight.

Question: What is the girl going to do tonight?

放送文の訳 ★：「今年は友だちにクリスマスカードをあげるの？」

☆：「うん，お父さん」

★：「書店で何枚か買ってきてあげようか」

☆：「ううん，今夜それを作るの」

質問の訳 「女の子は今夜，何をするか」

選択肢の訳 **1** 書店で働く。

2 友だちと買い物に行く。

3 クリスマスのプレゼントを買う。

4 カードを作る。

解説 女の子が今夜何をするかについては，最後の I'm going to make
them tonight の聞き取りがポイント。them は友だちにあげる
Christmas cards「クリスマスカード」を指している。Shall I ～?
は「(私が)～しましょうか」，bookstore は「書店」。

| 一次試験・リスニング | 第**3**部 | 問題編 p.138～139 | 🔊 | ▶MP3 ▶アプリ ▶CD 3 **23**～**33** |

No. 21 解答 ②

放送文 Attention, shoppers. Today is the first day of our 10-day
sale. Large chairs are only $25, and small ones are only
$14. They've never been so cheap!

Question: How much are small chairs today?

放送文の訳 「お客さまにご案内いたします。本日は当店の 10 日間セールの初

日です。大きな椅子はたった 25 ドルで，小さな椅子はたった 14
ドルです。これほど安くなったことは一度もありません！」

質問の訳 「小さな椅子は今日いくらか」

選択肢の訳 **1** 10 ドル。　**2** 14 ドル。　**3** 25 ドル。　**4** 40 ドル。

解　説 shoppers「買い物客」への案内放送。質問では small chairs の値
段を尋ねていることに注意する。Large chairs are only $25 に続
いて，and small ones are only $14 と言っているので，**2** が正
解。**3** の $25 は Large chairs の値段。

No. 22 解答 ②

放送文 Kenji is from Japan, but now he lives in the United States.
He studies English at a university there.　In winter, he
often visits Canada to go skiing.

Question: Where does Kenji go to university?

放送文の訳 「ケンジは日本の出身だが，現在はアメリカ合衆国に住んでいる。
彼は現地の大学で英語を勉強している。冬に，彼はスキーをしに
よくカナダを訪れる」

質問の訳 「ケンジはどこで大学に通っているか」

選択肢の訳 **1** カナダで。　　　　　　　**2** アメリカ合衆国で。
3 日本で。　　　　　　　　**4** イングランドで。

解　説 now he lives in the United States から，現在ケンジはアメリカ
合衆国に住んでいることがわかる。次の He studies English at a
university there. の there は，the United States を指している
ので，**2** が正解。

No. 23 解答 ①

放送文 There's a big park near my office.　I go there after work
every Wednesday and run for an hour.　Sometimes my
friends from work join me.

Question: What does the man do every Wednesday?

放送文の訳 「ぼくのオフィスの近くに大きな公園がある。ぼくは毎週水曜日の
仕事の後にそこへ行って，1 時間走る。ときどき，職場の友だち
がぼくに付き合う」

質問の訳 「男性は毎週水曜日に何をするか」

1 彼は公園で走る。 **2** 彼は友だちに電話をする。
3 彼は遅くまで働く。 **4** 彼はオフィスまで歩いていく。

解説 2文目の I go there after work every Wednesday and run for an hour. の聞き取りがポイント。there は，1文目の a big park を指している。この内容を He runs in a park. と短くまとめている **1** が正解。

No.24 解答 ③

放送文 Yesterday afternoon, Keith and his sister Julia were sitting on the beach. Suddenly, a dolphin jumped out of the water. They were very excited and ran home to tell their parents.
Question: Why were Keith and Julia excited?

放送文の訳 「昨日の午後，キースと彼の姉[妹]のジュリアは海辺に座っていた。突然，1頭のイルカが海から跳び出した。2人はとても興奮して，両親に話すために走って家へ帰った」

質問の訳 「キースとジュリアはなぜ興奮したか」

選択肢の訳 **1** 水が温かかった。
2 彼らは有名な水泳選手に会った。
3 彼らはイルカを見た。
4 彼らは新しいペットを手に入れた。

解説 3文目に They were very excited とあり，2人が興奮した理由は，その前の Suddenly, a dolphin jumped out of the water. にある。dolphin は「イルカ」，jump out of ～ は「～から跳び出す」という意味。この内容が，正解の **3** では They saw a dolphin. という表現になっている。

No.25 解答 ②

放送文 I'm good at remembering people's faces, but I often forget their names. Now, when I meet people for the first time, I write their names in a small notebook. I hope it helps.
Question: What is the man's problem?

放送文の訳 「私は人の顔を覚えることが得意だが，名前をよく忘れる。今は，人に初めて会ったときに，小さなノートにその人の名前を書く。

それが役立てばいいなと思っている」

「男性の問題は何か」

選択肢の訳
1 彼はノートをなくした。
2 彼は人の名前を忘れる。
3 彼のノートが小さすぎる。
4 彼は書くことが得意ではない。

解説 I'm good at remembering people's faces は得意なことの説明だが，その後の I often forget their names が男性の problem「問題」。forget は「～を忘れる」という意味で，their は people's「人々の」を指している。

No. 26 解答 ①

放送文 Pamela will go to Mexico in July. She'll buy her tickets this weekend because there will be a sale on tickets to Mexico then. She already has a passport, and she'll use her friend's suitcase.

Question: What will Pamela do this weekend?

放送文の訳 「パメラは 7 月にメキシコへ行く。今週末にメキシコ行きのチケットのセールがあるので，そのときにチケットを買うつもりだ。彼女はすでにパスポートを持っていて，友だちのスーツケースを使う予定だ」

質問の訳 「パメラは今週末に何をするか」

選択肢の訳
1 チケットを買う。
2 メキシコへ行く。
3 パスポートを手に入れる。
4 スーツケースをきれいにする。

解説 質問ではパメラが this weekend「今週末」に何をするかを尋ねている。2 文目の She'll buy her tickets this weekend から，1 が正解。2 の Go to Mexico. は in July のことで，3 の a passport については She already has a passport とあるので，いずれも不正解。

No. 27 解答 ③

正答率 ★75%以上

放送文 John went camping last weekend. He took a warm blanket

177

and a jacket, but he forgot to take a hat. Luckily, he could
buy one at a store near the camping area.
Question: What did John forget to take?

放送文の訳「ジョンは先週末にキャンプに行った。温かい毛布とジャケットを
持っていったが，帽子を持っていくのを忘れた。幸い，彼はキャ
ンプ場近くの店で帽子を買うことができた」

質問の訳 「ジョンは何を持っていくのを忘れたか」

選択肢の訳 **1** テント。　　　　　　　　　　**2** ジャケット。
3 帽子。　　　　　　　　　　　**4** 毛布。

解　説 2文目の but 以降で he forgot to take a hat と言っているので，
3が正解。forgot は forget の過去形で，forget to ～は「～し忘
れる」という意味。He took a warm blanket and a jacket とあ
るので，**2**や**4**を選ばないように注意する。

No. 28 解答 ③　　　　　　　　　　　　　　　　正答率 ★75%以上

放送文 I'm going to make curry and rice tonight. I'll go to the
supermarket and get some meat this afternoon. I already
have lots of vegetables, and I bought some rice yesterday.
Question: What will the man buy this afternoon?

放送文の訳 「今夜，ぼくはカレーライスを作るつもりだ。今日の午後，スー
パーマーケットへ行って肉を買う。野菜はすでにたくさんあって，
お米は昨日買った」

質問の訳 「男性は今日の午後に何を買うか」

選択肢の訳 **1** 米。　　　**2** カレー。　　　**3** 肉。　　　**4** 野菜。

解　説 2文目の I'll go to the supermarket and get some meat this
afternoon. から，**3**が正解。ここでの get は，質問の buy と同じ
意味で使われている。**1**の Rice. は昨日買ったもの，**4**の
Vegetables. はすでにたくさんあるので，いずれも不正解。

No. 29 解答 ④　　　　　　　　　　　　　　　　正答率 ★75%以上

放送文 My best friend is Ken. I first met him at my brother's
birthday party. They are in the same rock band. After I
met Ken, I started listening to rock music, too.
Question: Where did the girl meet Ken?

放送文の訳	「私のいちばんの親友はケンだ。私は兄[弟]の誕生日パーティーで初めて彼に会った。2人は同じロックバンドに入っている。ケンに出会った後，私もロック音楽を聴き始めた」
質問の訳	「女の子はどこでケンに会ったか」
選択肢の訳	1 ロックコンサートで。　　　　2 音楽店で。 3 彼女の兄[弟]の学校で。　　4 誕生日パーティーで。
解　説	My best friend is Ken. と自分のいちばんの親友を紹介した後で，I first met him at my brother's birthday party. と言っているので，4が正解。met は meet「～に会う」の過去形。him は Ken を指している。

No. 30 解答 ④

放送文	Mark got up early twice this week.　On Tuesday night, he couldn't do all of his homework, so he finished it early on Wednesday morning.　And on Friday, he went for a walk before breakfast. Question: When did Mark go for a walk?
放送文の訳	「マークは今週，2回早起きした。火曜日の夜，彼は宿題を全部やることができなかったので，水曜日の朝早くにそれを終えた。そして金曜日には，朝食前に散歩に行った」
質問の訳	「マークはいつ散歩に行ったか」
選択肢の訳	1 火曜日の夜に。　　　　2 水曜日の朝に。 3 木曜日の夜に。　　　　4 金曜日の朝に。
解　説	go for a walk は「散歩に行く」の意味で，質問ではマークがいつ散歩に行ったかを尋ねている。最後の And on Friday, he went for a walk before breakfast. から，4が正解。1の On Tuesday night. は宿題が終わらなかったとき，2の On Wednesday morning. は宿題を終えたときなので，いずれも不正解。

全 訳

アイスクリーム

アイスクリームは人気のあるデザートだ。多くの人は夏の暑い日に外でそれを食べる。人々はよくスーパーマーケットでアイスクリームを買い，いろいろな種類のアイスクリームを家で作ることが好きな人たちもいる。

質問の訳

No.1 パッセージを見てください。家で何をすることが好きな人たちがいますか。

No.2 イラストを見てください。何人の人が帽子をかぶっていますか。

No.3 女性を見てください。彼女は何をしようとしていますか。

さて，〜さん，カードを裏返しにしてください。

No.4 あなたは今日，どうやってここに来ましたか。

No.5 あなたは自由な時間があるときに買い物に行くことを楽しみますか。

はい。 → もっと説明してください。

いいえ。→ あなたは次の週末にどこへ行きたいですか。

No. 1

解答例 They like to make different kinds of ice cream.

解答例の訳 「彼らはいろいろな種類のアイスクリームを作ることが好きです」

解 説 質問では some people が at home「家で」何をすることが好きかを尋ねている。3文目の and 以降に正解が含まれているが，①質問の主語と重なる some people を3人称複数の代名詞 They に置き換える，②文の前半 People often buy ice cream at supermarkets「人々はよくスーパーマーケットでアイスクリームを買う」は質問に直接関係しない内容なので省く，という2点に注意する。

No. 2

解答例 Two people are wearing caps.

解答例の訳 「2人の人が帽子をかぶっています」

解 説 〈How many＋複数名詞〉は数を尋ねる表現。wear「〜を着る，

かぶる」が現在進行形で使われていて，caps「帽子」をかぶって
いる人数を尋ねている。イラストで帽子をかぶっているのは2人
だが，単に Two. や Two people. と答えるのではなく，質問の現
在進行形に合わせて Two people are wearing caps. と答える。

No. 3

解答例 She's going to sit.

解答例の訳 「彼女は座ろうとしています」

解　説 イラスト中の女性に関する質問。be going to ～は「～しようと
している」という意味で，女性がこれからとる行動は吹き出しの
中に描かれている。質問に合わせて，She's [She is] going to ～
(動詞の原形) の形で答え，to の後に，「座る」を意味する sit を
続ける。sit on the bench「ベンチに座る」や sit next to the
boy「男の子の隣に座る」などでもよい。

No. 4

解答例 I walked.

解答例の訳 「私は歩いてきました」

解　説 How は「どのようにして」を意味する疑問詞で，受験会場まで自
分がどのような手段で来たかを，I で始めて答える。動詞は過去形
を使う。解答例の他に，I came here by bus.「バスでここへ来ま
した」や My mother drove me here.「母がここまで車で送って
くれました」などの解答も考えられる。

No. 5

解答例 <u>Yes.</u> → Please tell me more.
　　　— I like to buy clothes.
　　　<u>No.</u> → Where would you like to go next weekend?
　　　— I'd like to go to a museum.

解答例の訳 「はい」→ もっと説明してください。
　　　—「私は服を買うことが好きです」
　　　「いいえ」→ あなたは次の週末にどこへ行きたいですか。
　　　—「私は博物館へ行きたいです」

解　説 最初の質問の enjoy ～ing は「～することを楽しむ」，in *one's*
free time は「自由な時間があるときに」という意味で，時間があ
るときに going shopping「買い物に行くこと」を楽しむかどうか

を Yes(, I do). / No(, I don't). で答える。Yes の場合の 2 番目の質問 Please tell me more. には，どこで，何を買うことが好きかなどを答えればよい。No の場合の 2 番目の質問 Where would you like to go next weekend? には，next weekend「次の週末」にどこへ行きたいかを質問に合わせて I'd like to go to ～ や I'd like to visit ～ の形で答える。解答例の他に，(Yes の場合) I often go shopping with my friends on the weekend.「私はよく週末に友だちと買い物に行きます」，(No の場合) I'd like to go to see a movie.「私は映画を見に行きたいです」のような解答も考えられる。

| 二次試験・面接 | 問題カード **B** 日程 | 問題編 p.142〜143 | 🔊 | ▶MP3 ▶アプリ
▶CD 3 **39**〜**42** |

全 訳

山登り

山登りはわくわくすることがある。多くの人は自然の写真を撮ることが好きなので，山に登るときにカメラを一緒に持っていく。人々は地図と温かい服もいつも持っていったほうがいい。

質問の訳

No.1　パッセージを見てください。多くの人は山に登るときになぜカメラを一緒に持っていきますか。

No.2　イラストを見てください。何羽の鳥が飛んでいますか。

No.3　長い髪の女性を見てください。彼女は何をしようとしていますか。

さて，～さん，カードを裏返しにしてください。

No.4　あなたはこの夏に何をしたいですか。

No.5　あなたはレストランで食事をすることが好きですか。

はい。　→　もっと説明してください。

いいえ。→　なぜですか。

No. 1

解答例　Because they like taking photos of nature.

解答例の訳　「彼らは自然の写真を撮ることが好きだからです」

解 説　質問は Why で始まっていて，多くの人が山に登るときに carry a camera「カメラを持っていく」理由を尋ねている。2 文目に正解

が含まれているが，解答する際，①質問の主語と重なる Many people を 3 人称複数の代名詞 they に置き換える，②文の後半 so they carry a camera with them when they climb mountains「だから，彼らは山に登るときにカメラを一緒に持っていく」は質問と重なる内容なので省く，という 2 点に注意する。

No. 2

解答例 Three birds are flying.

解答例の訳 「3 羽の鳥が飛んでいます」

解　説 〈How many＋複数名詞〉は数を尋ねる表現。fly「飛ぶ」が現在進行形で使われていて，何羽の birds「鳥」が飛んでいるかを尋ねている。イラストでは 3 羽の鳥が飛んでいるが，単に Three. や Three birds. と答えるのではなく，質問の現在進行形に合わせて Three birds are flying. と答える。

No. 3

解答例 She's going to eat.

解答例の訳 「彼女は食べようとしています」

解　説 イラスト中の the woman with long hair「長い髪の女性」に関する質問。be going to ～は「～しようとしている」という意味で，女性がこれからとる行動は吹き出しの中に描かれている。質問に合わせて，She's [She is] going to ～（動詞の原形）の形で答え，to の後に，「食べる」を意味する eat を続ける。eat a sandwich「サンドイッチを食べる」などでもよい。

No. 4

解答例 I want to visit my grandparents.

解答例の訳 「私は祖父母を訪ねたいです」

解　説 want to ～ は「～したい」という意味。this summer「この夏」に自分がしたいことを，質問に合わせて I want to ～（動詞の原形）の形で答える。解答例の他に，I want to go swimming in the sea.「私は海に泳ぎに行きたいです」のような解答も考えられる。

No. 5

解答例 Yes. → Please tell me more.
　　— I like to go to Chinese restaurants.
No. → Why not?

— I like to eat at home.

解答例の訳 「はい」 → もっと説明してください。
　　　— 「私は中華料理のレストランへ行くことが好きです」
「いいえ」 → なぜですか。
　　　— 「私は家で食べることが好きです」

解　説 最初の質問は Do you like to ～?「～することが好きですか」で
始まっていて，eat at restaurants「レストランで食事する」こと
が好きかどうかを Yes(, I do). / No(, I don't). で答える。Yes の
場合の2番目の質問 Please tell me more. には，どのような料理
を，誰と食べることが好きかなどを答えればよい。No の場合の2
番目の質問 Why not? には，レストランで食事することが好きで
はない理由を説明する。解答例の他に，（Yes の場合）I can eat
different kinds of food at restaurants.「私はレストランでいろ
いろな種類の食べ物を食べることができます」，（No の場合）
There aren't many restaurants near my house.「私の家の近く
にはあまりたくさんのレストランがありません」のような解答も
考えられる。

2021-3

解答一覧

一次試験・筆記

1

(1)	4	(6)	3	(11)	2
(2)	4	(7)	3	(12)	2
(3)	3	(8)	2	(13)	3
(4)	1	(9)	4	(14)	1
(5)	3	(10)	2	(15)	1

2

(16)	2	(18)	1	(20)	2
(17)	4	(19)	4		

3 A 　　　　　　　　　　　**3 B**

(21)	3	(23)	2
(22)	4	(24)	4
		(25)	1

3 C

(26)	2	(28)	3	(30)	1
(27)	2	(29)	4		

4 　解答例は本文参照

一次試験・リスニング

第1部

No. 1	1	No. 5	1	No. 9	3
No. 2	1	No. 6	3	No.10	3
No. 3	2	No. 7	2		
No. 4	1	No. 8	2		

第2部

No.11	1	No.15	1	No.19	3
No.12	4	No.16	3	No.20	1
No.13	4	No.17	2		
No.14	4	No.18	2		

第3部

No.21	2	No.25	3	No.29	1
No.22	4	No.26	2	No.30	4
No.23	4	No.27	1		
No.24	4	No.28	1		

(1)　解答 4

訳　A「お母さん，見て！　シロにドアを開けることを教えたよ」
B「すごいわ。とても賢い犬だわね」

解説　taught は teach の過去形で，ここでの teach 〜 to … は「〜に…することを教える」という意味。open the door「ドアを開ける」ことができるようになった犬の説明として適切なのは clever「賢い」。correct「正しい」，careless「不注意な」，clear「澄んだ」。

(2)　解答 4

訳　A「私は野球についてあまりよく知らないの。私にルールを説明してくれる？」
B「いいよ。簡単だよ」

解説　don't know much about 〜 は「〜についてあまりよく知らない［詳しくない］」という意味。野球についてあまりよく知らないので，explain the rules「そのルールを説明する」ように頼んでいる。〈explain 〜 to +（人）〉「（人）に〜を説明する」の形で覚えよう。sell「〜を売る」，save「〜を救う」，happen「起こる」。

(3)　解答 3

訳　A「このパンケーキはおいしいね，お母さん。もう1つ食べてもいい？」
B「ええ，はいどうぞ」

解説　pancakes「パンケーキ」がおいしいと言っていることと，空所の後の one とのつながりから，another「もう1つの」が正解。one は pancake のかわりに用いられている。other「他の」，all「すべての」，anything「何か」。

(4)　解答 1　　正答率 ★75%以上

訳　A「明日は何か予定があるの？」
B「ええ。渋谷へ買い物に行くわ」

解説 Bの I'm going shopping in Shibuya. から，A は B に明日の plans「予定」が何かあるかどうかを尋ねていることがわかる。plans for ～ で「～の予定」という意味。2，3，4 はそれぞれ symbol「象徴」，kind「種類」，voice「声」の複数形。

(5)　解答 **3**

訳 A「ブライアン，ジャネットはどこ？」
B「彼女はたぶん図書館にいるよ。数学のテストのために勉強をしなくちゃいけないって言ってた」

解説 B のブライアンは，ジャネットがどこにいるかを尋ねられている。She said she had to ～「彼女は～しなければならないと言っていた」から，その前の発話として自然なのは She's probably at ～「彼女はたぶん～にいる」。slowly「ゆっくりと」，widely「広く」，cheaply「安く」。

(6)　解答 **3**　　　　　　正答率 ★75%以上

訳 A「新しいフランス料理のレストランはどうだった？」
B「すばらしかったわ。料理は見た目がきれいで，味もよかったわ」

解説 空所の前の it は，文前半の主語 The food「その（レストランの）料理」を指しているので，taste「～の味がする」の過去形 tasted が正解。taste nice は「味がいい，おいしい」という意味。1，2，4 はそれぞれ grow「成長する」，hold「～を開催する，～を（手に）持つ」，join「～に参加する」の過去形。

(7)　解答 **3**

訳 「アメリカ合衆国では，7月4日に花火を見ることは伝統である」

解説 it's a ( ) の it は，to watch fireworks on the Fourth of July「7月4日に花火を見ること」を指している。このことが何であるかを考えて，tradition「伝統」を入れる。voice「声」，surprise「驚き」，meaning「意味」。7月4日はアメリカ合衆国の独立記念日。

(8) 解答 ②

訳　A「ボブ，手を貸してくれる？　この机を動かさなくちゃいけないの」

B「わかった」

解説　Could you ～? は「～してくれませんか」と相手に依頼する表現。空所の前の give me a とつながるのは hand で，give ～ a hand は「～に手を貸す，～を手伝う」という意味。face「顔」，finger「指」，head「頭」。

(9) 解答 ④

訳　A「このジャケットは私には少し大きいです。もっと小さいものを試着してもいいですか」

B「かしこまりました，お客さま。こちらはいかがでしょうか」

解説　Can I ～? 「～してもいいですか」は許可を求める表現。空所の後の on，さらに a smaller one「もっと小さいもの（＝ジャケット）」とのつながりから，try on ～「～を試着する」とする。hit「～を打つ」，make「～を作る」，enter「～に入る」。

(10) 解答 ②

訳　「ローラの母親は就寝時に，ローラに悲しくなる本を読み聞かせていた。物語の最後で，ローラは泣いてしまった」

解説　ローラの母親がローラに a sad book「悲しくなる本」を読み聞かせていたという状況と，空所前後にある At the と of とのつながりから，At the end of ～「～の最後で」という表現にする。back「後ろ」，page「ページ」，letter「手紙」。

(11) 解答 ②

訳　A「ピアノのコンサートの準備はできてる，ポーラ？」

B「うん。今週は毎日３時間練習したわ」

解説　空所の後に for your piano concert があることと，ポーラが I practiced「私は練習した」と言っていることから，be ready for ～「～の準備ができている」を疑問文にして Are you ready for ～? とする。late「遅い」，near「近い」，dark「暗い」。

(12) 解答 2

訳 「そのアイススケート選手は1つもミスをしなかった。彼女は美しくスケートをしたので，高得点を獲得した」

解説 mistakes「間違い」を目的語に取ることができる make が正解。問題文では，make mistakes「間違い[ミス]をする」が否定文の didn't make any mistakes「1つもミスをしなかった」の形になっている。meet「～に会う」，move「～を動かす」，miss「～を逃す」。

(13) 解答 3

訳 A「どこでジャックに出会ったの？」
B「ぼくたちは高校で出会ったから，ぼくは彼のことを20年以上知っているよ」

解説 I've は I have の短縮形。ジャックとは in high school「高校で」出会ってからの知り合いなので，現在完了形〈have + 過去分詞〉を使って have known とする。〈have known +（人）+ for ～ years〉は「（人）を～年間知っている」，つまり「（人）とは～年前からの知り合い」ということ。

(14) 解答 1

訳 「ピーターは物語を書くことがとても得意だ。彼の英語の先生は，彼は作家になったほうがいいと言っている」

解説 be good at ～ は「～が得意である」ということ。at は前置詞なので，この後は動詞の write を名詞の働きをする動名詞 writing「～を書くこと」にする必要がある。be good at ～ing「～することが得意である」の形で覚えておこう。writer は「作家」という意味。

(15) 解答 1

訳 A「ジェイコブの誕生日に何か買ってあげたいわ」
B「彼が何をほしいか知ってるよ。一緒に買い物に行こう」

解説 A はジェイコブの誕生日に何かを買ってあげたいと言っている。それに対して B は I know ～「～を知っている」と応答している

ので，B が知っているのは what he wants「彼（＝ジェイコブ）が何をほしいか」。what は「何を」という意味の疑問詞。

(16) 解答 **2**

訳 兄[弟]「何を探しているの？」
妹[姉]「私の赤いスカーフよ。それを見なかった？」
兄[弟]「ううん，今日は見てないよ」

解説 look for ～ は「～を探す」という意味。妹[姉]が自分の red scarf「赤いスカーフ」を探している場面であることと，兄[弟]の No, not today. とのつながりから，スカーフを見たかどうかを尋ねる Have you seen it? が正解。seen は see「～を見る」の過去分詞。

(17) 解答 **4** 正答率 ★75%以上

訳 息子「どうしてお母さんは今夜一緒に夕食を食べないの？」
父親「お母さんはひどい腹痛がするので，寝たんだ」

解説 母親が今夜一緒に夕食を食べていない理由を説明しているのは4で，has a bad stomachache は「ひどい腹痛がする」という意味。so she went to bed「だからお母さんは寝た」とのつながりもヒントになる。

(18) 解答 **1**

訳 妻「今日はコーヒーを何杯飲んだの？」
夫「これが4杯目だよ」
妻「うわー，それは多いわね」

解説 〈How many ＋名詞の複数形〉「いくつの～」は数を尋ねる表現。ここでは妻が夫に How many cups of coffee「何杯のコーヒー」を飲んだか尋ねている。正解 1 の my fourth one は my fourth cup of coffee のことで，「4杯目のコーヒー」という意味。

(19) 解答 4

訳　男性1「明日，ジム・クラークと一緒に釣りに行くんだ。彼のことを知ってる？」

　　　男性2「うん，ぼくたちは友だちだよ。ぼくのかわりに彼によろしく伝えてね」

　　　男性1「そうするよ」

解説　最後に男性1はI will.「そうする」と応答しているので，男性2は，ジム・クラークと一緒に釣りに行くという男性1に何かをするように言ったことがわかる。この流れに合うのは4で，say hello to ～ (for me) は「(私のかわりに)～によろしくと伝える」という意味。

(20) 解答 2

正答率 ★75%以上

訳　女の子「映画は20分後に始まるわ。遅れちゃうかしら？」

　　　男の子「心配しないで。時間通りに着くよ」

解説　女の子のAre we going to be late? に男の子はDon't worry.「心配しないで」と答えていることから，その後の発話としては，on time「時間通りに」を使って映画の開始時刻に間に合うことを伝えている2が適切。

一次試験・筆記　3A　問題編 p150～151

ポイント　ピザ店のアルバイト募集に関する掲示。仕事の内容や応募条件について，時刻，金額，年齢などの数字に注意して，どのような情報が書かれているかを理解しよう。

全訳
スタッフ募集

アルバイトに興味はありますか？　自転車に乗ることが好きですか？　ペリーズ・ピザ・プレイスでは，当店のピザを自転車で家々に配達する新しいスタッフを募集しています。

勤務時間：毎週金曜日の午後5時から午後8時までと，毎週土曜日の午前11時から午後6時まで

給料：時給10ドル

この仕事をするには 18 歳以上である必要があります。当店の自転車のうちの 1 台を使えますので，自分の自転車は必要ありません。この仕事では，調理や掃除をする必要はありません。
この仕事に関心があれば，当店の店長ペリー・ピティーノ（pitino@pizzaplace.com）へ E メールを送ってください。

staff member「スタッフ，職員」，~ wanted「~の募集」，be interested in ~「~に興味[関心]がある」，part-time job「アルバイト，非常勤の仕事」，by bike「自転車で」，~ p.m.「午後~時」，~ a.m.「午前~時」，pay「給料」，~ an hour「1 時間につき~」，send「~を送る」，manager「店長，経営者」

(21) 解答 ③

正答率 ★75%以上

質問の訳 「新しいスタッフは毎週土曜日は何時に仕事を終えるか」

選択肢の訳
1 午前 11 時に。　　　　2 午後 5 時に。
3 午後 6 時に。　　　　4 午後 8 時に。

解説 勤務時間については，掲示の Hours「勤務時間」のところに書かれている。Saturdays 11 a.m. to 6 p.m. から，毎週土曜日の finish work「仕事を終える」時刻は 6 p.m.「午後 6 時」。4 の 8 p.m. は Fridays「毎週金曜日」の仕事を終える時刻。

(22) 解答 ④

質問の訳 「人々がこの仕事ができないのは，彼らが」

選択肢の訳
1 とてもおいしいピザを作れない場合。
2 自分の自転車を持っていない場合。
3 金曜日の午前中が忙しい場合。
4 17 歳以下の場合。

解説 アルバイトの応募条件として，You need to be 18 or older to do this job. と書かれている。18 or older は「18 歳かそれより年上」，つまり「18 歳以上」ということ。質問の People can't do this job if they は「もし~ならこの仕事ができない」という意味なので，4 の are 17 years old or younger.「17 歳以下である」が正解。

ポイント

購入した家の前に花を植えたいと思っているサンドラ・ノーブルとガーデンセンターの店長との E メールでのやり取り。サンドラの質問に店長はどう答えているかに加えて，サンドラがいつ何をしたか[するか]を中心に読み取ろう。

全 訳

送信者：サンドラ・ノーブル

受信者：スミスビル・ガーデンセンター

日付：3 月 25 日

件名：お花

こんにちは，

私の名前はサンドラ・ノーブルです。私の友だちがそちらのガーデンセンターはいちばんいいと言ったのですが，私の家からは遠いのです。アドバイスをいただきたいと思っていて，来週そちらのガーデンセンターへ行こうかなと思っています。夫と私は 1 月に，スミスビルで家を購入しました。この春，私たちは自宅の前に花を植えたいと思っています。毎年ガーデニングをする時間があまりないので，1～2 年よりも長く生きる花がほしいです。どんな種類の花がいいでしょうか。

よろしくお願いします，

サンドラ・ノーブル

送信者：スミスビル・ガーデンセンター

受信者：サンドラ・ノーブル

日付：3 月 25 日

件名：私からのアドバイス

ノーブルさま，

E メールをありがとうございます。2 年よりも長く生きる花は多年生植物と呼ばれます。スミスビル・ガーデンセンターには，たくさんの多年生植物があります。それらの多くは世話をするのが簡単ですが，花によって必要なことが違ってきます。たくさんの日光を必要とする花もあれば，そうでない花もあります。乾燥し

た土を好む花もあります。ご自宅の前に花を植えたいと書かれていましたね。その場所は，何時間日光があたりますか。土は乾燥していますか。どんな色がお好みでしょうか。私は来週，毎日 8 時から正午までセンターにおります。

それでは，

ゲーリー・ローガン

スミスビル・ガーデンセンター店長

送信者：サンドラ・ノーブル

受信者：スミスビル・ガーデンセンター

日付：3 月 26 日

件名：ありがとうございます

こんにちは，ローガンさま，

私の家の前庭には何本か大きな木があるので，夏はあまり日光があたりません。土は少し湿気があります。私はピンクか青色の花が咲くものがほしいです。来週の水曜日，ガーデンセンターへお伺いして，あなたとお話ししたいと思います。

よろしくお願いします，

サンドラ・ノーブル

語 句　　far from ～「～から遠い」，advice「アドバイス，助言」，in front of ～「～の前に」，gardening「ガーデニング，園芸」，longer than ～「～より長く」，Sincerely,「敬具，よろしくお願いします」，perennial(s)「多年生植物」，lots of ～「たくさんの～」，take care of ～「～の世話をする」，sun「日光」，area「場所，区域」，Best wishes,「それでは」，front yard「前庭」，come and visit ～「～を訪れに来る」

(23) 解答 **②**

質問の訳　「サンドラ・ノーブルは 1 月に何をしたか」

選択肢の訳　**1** 彼女は結婚した。

2 彼女は新しい家を手に入れた。

3 彼女は友だちにアドバイスを求めた。

4 彼女はガーデンセンターに行った。

解 説　サンドラ・ノーブルが1月に何をしたかは，彼女が書いた最初の
Eメールの4文目に，My husband and I bought a house in
Smithville in January. とある。bought は buy「〜を買う」の過
去形で，正解の2ではかわりに got が使われている。

(24) 解答 4

質問の訳　「ゲーリー・ローガンは，多年生植物と呼ばれる花について何と
言っているか」

選択肢の訳　**1** 彼のガーデンセンターではそれらを販売していない。
2 それらは日光をまったく必要としない。
3 それらは値段が高すぎて買えない。
4 それらは2年よりも長く生きる。

解 説　ゲーリー・ローガンは2番目のEメールの2文目に，Flowers
that live longer than two years are called perennials. と書い
ている。Flowers that live longer than two years「2年よりも長
く生きる花」が正解の4と一致する。選択肢1〜4の them と
They は perennials「多年生植物」を指す。perennials の意味を
知らなくても，A are called B「A は B と呼ばれる」という文か
ら考える。

(25) 解答 1

質問の訳　「サンドラ・ノーブルは来週，何をするか」

選択肢の訳　**1** ゲーリー・ローガンに会う。
2 土を買う。
3 自分の家の前に木を植える。
4 ガーデンセンターで働き始める。

解 説　サンドラ・ノーブルは来週何をするかについて，3番目のEメール
の4文目に，I'll come and visit your garden center and speak
to you next Wednesday. と書いている。サンドラはガーデンセ
ンターを訪れたうえで，speak to you「あなたと話す」と書いて
いるので，つまりガーデンセンターのゲーリー・ローガンと会っ
て話すということ。

ポイント

ニュージーランド生まれの競走馬であるファーラップに関する4段落構成の英文。ファーラップが若いときの状態や戦績，初勝利を挙げてからの活躍，登場人物とファーラップとの関係など，何年に何があったかに注意しながら読み取ろう。

全 訳

ファーラップ

世界中で，多くの人が競馬を見ることが大好きだ。毎年，何千頭もの馬がレースに参加する。ほとんどの馬は勝利しないが，ときとして有名になる馬もいる。そういった馬の一頭にニュージーランド生まれがいて，名前はファーラップだった。

ファーラップは1926年に生まれた。父馬が優勝馬だったので，ファーラップの馬主たちはファーラップも速く走るだろうと思った。しかし，若い頃，ファーラップはやせていて弱く，参加したすべてのレースで負けた。馬主たちはファーラップに不満だったので，1928年にデビッド・J・デイビスという名のアメリカ人実業家にファーラップを売却した。ファーラップの調教師は，ハリー・テルフォードという名のオーストラリア出身の男性だった。

テルフォードが初めてファーラップに会ったとき，ファーラップの健康状態の悪さを見て驚いた。しかし，彼はファーラップが競走馬として成功できると思ったので，一緒にとても厳しい訓練をし始めた。ファーラップはより強くなり，体高は174センチに成長した。ファーラップは，オーストラリアで最初の数レースに負けたものの，1929年4月，ローズヒル競馬場で行われた末勝利ハンデキャップ競走でついに初勝利を挙げた。

その後，ファーラップは人々の間ではるかに人気になった。1929年から1931年の間に，大勢の人たちがオーストラリアや他の国々でのファーラップのレースを見にやってきた。この間，ファーラップは参加した41レース中36レースで勝利した。多くの世界新記録も樹立した。このために，ファーラップは競馬の歴史においてすばらしい競走馬としていつまでも記憶に残るだろう。

語 句	horse racing「競馬」, thousands of ～「何千もの～」, take part in ～「～に参加する」, race(s)「レース」, champion「優勝者」, racehorse「競走馬」, owner(s)「所有者」, thin「やせた, 細い」, lost＜lose「～で負ける」の過去形, sold＜sell「～を売る」の過去形, businessman「実業家」, named ～「～という名の」, for the first time「初めて」, however「しかし」, successful「成功した」, training＜train「訓練する」の～ing形, grew＜grow「成長する」の過去形, finally「ついに」, won＜win「～で勝つ」の過去形, because of ～「～のために」, be remembered as ～「～として記憶に残る」, history「歴史」

(26) 解答 ②

質問の訳 「ファーラップはいつ売却されたか」

選択肢の訳
1 1926年に。   2 1928年に。
3 1929年に。   4 1931年に。

解 説 第2段落の4文目に, His owners weren't happy with him, so they sold him to an American … in 1928. と書かれている。His と him は, この段落の最初にある Phar Lap を指している。ここから, ファーラップは1928年に馬主たちによって売却されたことがわかる。

(27) 解答 ②

質問の訳 「ハリー・テルフォードとは誰だったか」

選択肢の訳
1 オーストラリア人の騎手。
2 オーストラリア人の馬の調教師。
3 アメリカ人の実業家。
4 アメリカ人の走者。

解 説 ハリー・テルフォードについては, 第2段落最後の文で, The trainer for Phar Lap was a man from Australia named Harry Telford. と説明されている。ここでの from ～は「～出身の」という意味。

(28) 解答 ③

正答率 ★75%以上

質問の訳 「1929年4月に, オーストラリアで何が起こったか」

197

選択肢の訳　1　テルフォードが大金を勝ち取った。

　　2　テルフォードが初めてファーラップに会った。

　　3　ファーラップが初めてレースで勝利した。

　　4　ファーラップがレースに参加し始めた。

解　説　April 1929については，第3段落最後の文に，… in April 1929, he finally won his first race, the Maiden Juvenile Handicap in Rosehill. と書かれている。he は前文の最初にある Phar Lap のこと。正解の3では won a race for the first time 「初めてレースで勝利した」という表現になっている。the Maiden Juvenile Handicap は競馬のレースの種類の1つ。

(29)　解答　**4**　　　　　　　　　　　　　　　　正答率 ★**75%以上**

質問の訳　「人々がファーラップを決して忘れることがないのは，ファーラップが」

選択肢の訳　1　競馬で一度も負けなかったから。

　　2　オーストラリアのすべてのレースに出走したから。

　　3　競馬で最も小さな馬だったから。

　　4　多くの世界新記録を樹立したから。

解　説　will never forget ～ は「～を決して忘れない」という意味。第4段落最後の文に，Because of this, Phar Lap will always be remembered …「このために，ファーラップはいつまでも記憶に残るだろう」とある。this は，前文の He also made many new world records. を指しているので，4が正解。

(30)　解答　**1**　　　　　　　　　　　　　　　　正答率 ★**75%以上**

質問の訳　「この話は何についてか」

選択肢の訳　1　有名な競走馬。

　　2　いろいろな種類の競馬。

　　3　馬の調教方法。

　　4　ペット所有者に人気のある場所。

解　説　タイトルにある通り，Phar Lap に関する英文。その Phar Lap について，第1段落の3文目後半の …, but sometimes there are horses that become famous. と，4文目の One of these horses was …, and his name was Phar Lap. から，有名になった競走馬であることがわかる。

質問の訳　「あなたは週末に何をして楽しみますか」

解答例　I enjoy going to the park near my house on weekends. First, I can play soccer with my friends there. Second, I like taking pictures of the beautiful flowers and trees in the park.

解答例の訳　「私は週末に家の近くの公園へ行って楽しみます。第1に，私はそこで友だちと一緒にサッカーをすることができます。第2に，私は公園のきれいな花や木の写真を撮ることが好きです」

解　説　最初に，on weekends「週末に」何をして楽しむかを，I enjoy 〜ing「私は〜をして楽しみます」や I like 〜ing「私は〜することが好きです」の形で書く。続けて，その理由を2つ説明する。解答例では，1文目：自分の考え（家の近くの公園へ行って楽しむ），2文目：1つ目の理由（公園で友だちとサッカーができる），3文目：2つ目の理由（公園のきれいな花や木の写真を撮ることが好き）という構成になっている。2つの理由を列挙する First, 〜「第1に，〜」や Second, 〜「第2に，〜」の使い方に慣れよう。

語　句　near 〜「〜の近くの」，take pictures「写真を撮る」

一次試験・リスニング 第**1**部 問題編 p.158〜159　🔊　▶MP3 ▶アプリ ▶CD 3 **43**〜**53**

例題　解答 ③

放送文　★：I'm hungry, Annie.

☆：Me, too. Let's make something.

★：How about pancakes?

1 On the weekend.　　**2** For my friends.

3 That's a good idea.

★：「おなかがすいたよ，アニー」

☆：「私もよ。何か作りましょう」

★：「パンケーキはどう？」

1 週末に。　　　　　　　　**2** 私の友だちに。

3 それはいい考えね。

No. 1　解答　**1** ━━━━━━━━━━━━━━━━━━━━━━━━━

放送文 　★：It's raining.

☆：Yeah. I forgot my umbrella.

★：Me, too.

1 Maybe we should buy one.

2 A few minutes ago.

3 That's kind of you.

放送文の訳 　★：「雨が降っているよ」

☆：「そうね。カサを忘れちゃったわ」

★：「ぼくもだよ」

1 1本買ったほうがいいかもね。

2 数分前よ。

3 親切にありがとう。

解　説　女の子の I forgot my umbrella. の後に，男の子は Me, too.「ぼ
く（カサを忘れた）」と言っている。この後に続く女の子の発話
として適切なのは **1** で，Maybe は「〜かもしれない」という意
味，buy one は buy an umbrella「カサを1本買う」ということ。

No. 2　解答　**1** ━━━━━━━━━━━━━━━━━━━━━ 正答率 ★75%以上

放送文 　★：Oh, no! It's my turn next.

☆：Are you all right?

★：I'm really nervous.

1 You'll do fine.

2 It's my favorite.

3 They're for school.

放送文の訳 　★：「うわー！　次がぼくの番だ」

☆：「大丈夫？」

★：「とても緊張してるよ」

1 うまくいくわよ。

2 それは私^(わたし)のお気に入りよ。

3 それらは学校用よ。

> **解 説**　男の子は次が演奏^(えんそう)する my turn「自分の番」で，I'm really nervous.「とても緊張^(きんちょう)している」と言っている。これに対して，You'll do fine.「あなたはうまくいく[うまくできる]」と励^(はげ)ましている **1** が正解^(せいかい)。

No.3　解答 ②　　　　　　　　　　　　　　正答率 ★75%以上

放送文 ☆：Are you ready for your trip?

★：Yes, Mom.

☆：Do you have your passport?

   1 We'll leave soon.

   2 Yes, don't worry.

   3 I've already eaten, thanks.

放送文の訳 ☆：「旅行の準備^(じゅんび)はできてる？」

★：「うん，お母さん」

☆：「パスポートを持ってる？」

   1 ぼくたちはもうすぐ出発するよ。

   2 うん，心配しないで。

   3 もう食べたよ，ありがとう。

> **解 説**　Are you ready for ～? は「～の準備^(じゅんび)はできてる？」という意味で，男の子が trip「旅行」に出かける場面。母親は passport「パスポート」を持ったかどうか尋^(たず)ねているので，Yes に続いて don't worry「(持ったので) 心配しないで」と答えている **2** が正^(せい)解^(かい)。

No.4　解答 ①

放送文 ☆：When are you going to Japan?

★：Next month.

☆：What are you looking forward to the most?

   1 Climbing Mt. Fuji.

   2 For 10 days.

   3 On the Internet.

☆：「いつ日本へ行くの？」

★：「来月だよ」

☆：「何をいちばん楽しみにしているの？」

1 富士山に登ることだね。

2 10日間。

3 インターネットで。

解 説 look forward to ～ は「～を楽しみにする」という意味で，最後の質問ではこれが現在進行形で使われている。日本に行っていちばん楽しみにしていることを答えている **1** が正解。Climbing は climb「～に登る」の動名詞で「～に登ること」という意味。

No.5　解答 ①

放送文 ★：You look tired.

☆：I just finished a big report.

★：How long did it take?

1 Most of the day.

2 Not yet.

3 For tomorrow's meeting.

放送文の訳 ★：「疲れているようだね」

☆：「大量の報告書を完成させたところなの」

★：「どれくらいの時間がかかったの？」

1 ほぼ丸1日よ。

2 まだよ。

3 明日の会議用よ。

解 説 男性の How long did it take? は，女性が言った a big report「大量の報告書[レポート]」の作成にどれくらいの時間がかかったかを尋ねた質問。これに対応した応答は **1** で，Most of the day. は「ほぼ丸1日，1日の大半」という意味。

No.6　解答 ③

放送文 ★：Do you have any plans this weekend?

☆：I'm going skating.

★：Great.　Who are you going with?

1 I bought some skates.

202

2 I'll go skiing, too.

3 Two of my classmates.

放送文の訳 ★：「今週末は何か予定があるのかい？」

☆：「スケートをしに行くわ」

★：「いいね。誰と行くの？」

1 私はスケート靴を買ったわ。

2 私もスキーをしに行くわ。

3 クラスメートの2人よ。

解説 Who ～ with? は「誰と一緒に～」という意味で，男性は I'm going skating. と言った女の子に誰とスケートをしに行くのか尋ねている。一緒に行く相手を答えているのは 3 で，classmates は classmate「クラスメート」の複数形。

No.7 解答 ②

放送文 ☆：You look sad.

★：I am. Luke is moving back to Canada.

☆：Will he live in Toronto?

1 It was my first trip.

2 I'm not sure.

3 No problem.

放送文の訳 ☆：「悲しそうね」

★：「そうなんだ。ルークがカナダに戻っちゃうんだ」

☆：「彼はトロントに住むの？」

1 それはぼくの最初の旅行だったよ。

2 わからないんだ。

3 問題ないよ。

解説 move back to ～ は「～へ戻る[帰る]」という意味。カナダへ戻るルークについて，女の子は Will he live in Toronto? と住む場所を尋ねている。これに対して Yes / No で始まる選択肢はないが，I'm not sure.「わからない」と答えている 2 が正解。

No.8 解答 ②

正答率 ★75%以上

放送文 ★：I can't go to your basketball game today, Sally.

☆：Why not?

★：I'm too busy with work.　I'm sorry.

1　Well done.

2　That's OK.

3　I watched it.

放送文の訳 ★：「今日は君のバスケットボールの試合に行けないんだ，サリー」

☆：「どうして？」

★：「仕事が忙し過ぎるんだ。ごめんね」

1　よくやったわね。

2　大丈夫よ。

3　私はそれを見たわ。

解説　男性は I can't go to your basketball game today ということについて，女の子に I'm sorry. と謝っている。これに対応した応答は 2 の That's OK.「いいよ，大丈夫」。too 〜 は「あまりに〜，〜すぎる」，be busy with 〜 は「〜で忙しい」という意味。

No. 9　解答 **3** ────────────── 正答率 ★75%以上

放送文 ★：I had a bad day.

☆：What happened?

★：I got a bad grade on my English test.

1　Science is difficult.

2　I'm happy for you.

3　You'll do better next time.

放送文の訳 ★：「ひどい１日だったよ」

☆：「何があったの？」

★：「英語のテストで悪い点を取っちゃったんだ」

1　理科は難しいわ。

2　よかったわね。

3　次はもっとうまくいくわよ。

解説　I had a bad day. は「ひどい１日だった」という意味。男の子は英語のテストで a bad grade「悪い点」を取ったと言っているので，You'll do better next time.「次はもっとうまくいく」と励ましの言葉をかけている 3 が正解。

No. 10 解答 **3**

放送文 ★：Can you help me to study French?

☆：I think you should ask James.

★：Why?

1 I hope you enjoy your trip.

2 I think he's sick today.

3 He's really good at French.

放送文の訳 ★：「フランス語の勉強をするのを手伝ってくれない？」

☆：「ジェームズに頼んだほうがいいと思うわ」

★：「どうして？」

1 旅行を楽しめるといいわね。

2 彼は今日，具合が悪いと思うわ。

3 彼はフランス語が本当に得意よ。

解説　最後の Why? は，女の子の I think you should ask James. を受けて，「どうしてジェームズに頼んだほうがいい（と思う）か」ということ。その理由になっているのは 3 で，be good at ～ は「～が得意だ」という意味。

一次試験・リスニング	第**2**部	問題編 p.160〜161	🔊	▶MP3 ▶アプリ ▶CD 3 **54**〜**64**

No. 11 解答 **1**　　　　　　　　　　　　　　正答率 ★75%以上

放送文 ☆：Is something wrong, Bill?

★：Have you seen my ruler? I can't find it.

☆：Where did you see it last?

★：In my pencil case on my desk.

Question: What is Bill doing?

放送文の訳 ☆：「どうかしたの，ビル？」

★：「ぼくの定規を見なかった？　それが見つからないんだ」

☆：「最後にどこで見たの？」

★：「ぼくの机の上にある筆箱の中だよ」

質問の訳　　「ビルは何をしているか」

選択肢の訳　**1** 彼の定規を探している。　　**2** 筆箱を買っている。

205

3 彼の机を掃除している。　　4 宿題をしている。

解　説 Is something wrong? は，困った様子の相手に「どうかしたの？」と尋ねる表現。Have you seen ～? は「～を見ましたか」という意味で，自分が探しているものを見なかったか尋ねる質問。ここではビルが自分の ruler「定規」を探している。

No.12 解答 ④

放送文　★：That's a nice necklace, Nancy.

☆：Thanks, Dan.　I got it yesterday at the new store by the bank.

★：It looks expensive.

☆：It was only $20.

Question: What did Nancy do yesterday?

放送文の訳　★：「それはすてきなネックレスだね，ナンシー」

☆：「ありがとう，ダン。銀行のそばの新しいお店で昨日買ったの」

★：「高そうだね」

☆：「たった 20 ドルだったわ」

質問の訳　「ナンシーは昨日，何をしたか」

選択肢の訳　1 彼女は自分の店を開いた。　　2 彼女はダンに電話をした。
3 彼女は銀行へ行った。　　4 彼女はネックレスを買った。

解　説　ダンが That's a nice necklace, Nancy. と言ったのを受けて，ナンシーはお礼を言った後に I got it yesterday at the new store by the bank. と説明している。it は necklace「ネックレス」を指している。正解の 4 では，got のかわりに bought「～を買った」が使われている。

No.13 解答 ④

放送文　★：I fell asleep during the movie.

☆：It was three hours long!

★：Yeah.　Movies are usually one and a half or two hours long.

☆：I know.

Question: How long was the movie?

放送文の訳　★：「映画の間に寝ちゃったよ」

☆：「3 時間あったわね！」

★：「うん。映画はたいてい 1 時間半か 2 時間だよね」

☆：「そうよね」

質問の訳　「映画はどれくらいの長さだったか」

選択肢の訳　**1** 1 時間半。　**2** 2 時間。　**3** 2 時間半。　**4** 3 時間。

解説　女性の It was three hours long! の It は the movie を指していて，映画の長さは 3 時間だったことがわかる。男性の one and a half or two hours long「1 時間半か 2 時間の長さ」は，今回見た映画ではなく，一般的な映画の長さを言っていることに注意する。

No. 14 解答 **4**

正答率 ★75%以上

放送文　★：When is your birthday, Linda?

☆：September 25th.

★：What a surprise! That's my birthday, too.

☆：Wow! We should have a party together.

　　Question: Why are Linda and the boy surprised?

放送文の訳　★：「君の誕生日はいつなの，リンダ？」

☆：「9 月 25 日よ」

★：「驚いたなあ！　その日はぼくも誕生日だよ」

☆：「うわー！　一緒にパーティーをしたほうがいいわね」

質問の訳　「リンダと男の子はなぜ驚いているか」

選択肢の訳　**1** 彼は彼女より年上である。
2 彼女は彼より背が高い。
3 彼らは誕生日プレゼントをもらった。
4 彼らは同じ誕生日である。

解説　What a surprise! は驚いたときの表現。男の子が驚いた理由は，その後の That's my birthday, too. で説明されていて，リンダの誕生日である September 25th「9 月 25 日」は男の子と the same birthday「同じ誕生日」だということ。

No. 15 解答 **1**

正答率 ★75%以上

放送文　☆：Mark, I'm going to make a blueberry pie.

★：I love making pies. Can I help you?

☆：Sure. Can you wash these blueberries?

★：No problem.

Question: What does Mark like to do?

☆：「マーク，ブルーベリーパイを作ろうと思うの」

★：「ぼくはパイを作るのが大好きなんだ。手伝おうか？」

☆：「ええ。このブルーベリーを洗^{あら}ってくれる？」

★：「わかった」

質問の訳　「マークは何をすることが好きか」

選択肢の訳　**1** パイを作る。　　　　　**2** 彼^{かれ}の祖母^{そぼ}と話す。

3 ブルーベリーを食べる。　**4** 買い物に行く。

解　説　質問^{しつもん}の like to ～は「～することが好きだ」という意味。マークは
これに近い表現^{ひょうげん} love ～ing「～することが大好きだ」を使って I
love making pies. と言っているので，**1** が正解^{せいかい}。No problem.
は「わかった，いいよ」という意味。

No. 16 解答 ③ 　　　　　　　　　　　　　　　　　正答率 ★75%以上

放送文　☆：Which club will you join this year?

★：Maybe the English club or the science club.

☆：You can play the piano well. You should join the music
club.

★：Good idea.

Question: Which club does the girl tell the boy to join?

放送文の訳　☆：「今年はどのクラブに入るの？」

★：「たぶん英語クラブか理科クラブだね」

☆：「あなたはピアノをじょうずに弾^ひけるわ。音楽クラブに入ったほう
がいいわよ」

★：「いい考えだね」

質問の訳　「女の子は男の子にどのクラブに入るように言っているか」

選択肢の訳　**1** 英語クラブ。　　　　　**2** 理科クラブ。

3 音楽クラブ。　　　　　**4** 演劇^{えんげき}クラブ。

解　説　質問^{しつもん}の 〈tell＋（人）＋to ～〉は「（人）に～するように言う」とい
う意味。今年どのクラブに入るかについて，男の子は Maybe the
English club or the science club. と答えているが，女の子は
You should join the music club. と言っていることに注意する。

You should ～ は「あなたは～したほうがいい」という提案の表現。

No. 17 解答 **2**

放送文　☆：What's for dinner?

★：Let's go to a Japanese restaurant.

☆：No, we need to save money for our trip to Australia.

★：OK. I'll make curry.

Question: What does the woman want to do?

放送文の訳　☆：「夕食は何？」

★：「日本食のレストランへ行こう」

☆：「だめよ，オーストラリアへの旅行のためにお金を節約する必要があるわ」

★：「わかった。ぼくがカレーを作るよ」

質問の訳　「女性は何をしたいか」

選択肢の訳　1　レストランで食事する。　　2　旅行のためにお金を節約する。
3　日本へ旅行する。　　　　4　カレーの作り方を習う。

解説　男性の Let's go to a Japanese restaurant. という提案に，女性は No と答えた後，続けて we need to save money for our trip to Australia と言っている。save money for ～ は「～のためにお金を節約する」という意味。

No. 18 解答 **2**

正答率 ★75%以上

放送文　★：Hi, Jenny. Is that your dog?

☆：No, it's my sister's. I'm just taking care of him for a week.

★：Did she go somewhere?

☆：Yeah. She's visiting friends in Boston.

Question: Whose dog is it?

放送文の訳　★：「やあ，ジェニー。それは君の犬なの？」

☆：「ううん，私の姉[妹]の犬よ。1週間世話をしているだけなの」

★：「お姉さん[妹さん]はどこかへ行ったの？」

☆：「ええ。ボストンの友だちのところへ行っているわ」

質問の訳　「それは誰の犬か」

209

　1 ジェニーの（犬）。

　　　　　　　2 ジェニーの姉[妹]の（犬）。

　　　　　　　3 ジェニーの友だちの（犬）。

　　　　　　　4 男性の（犬）。

解　説　男性の Is that your dog? にジェニーは No と答えているので，**1** を選ばないように注意する。その後の it's my sister's に正解が含まれている。my sister's は my sister's dog ということ。take care of 〜 は「〜の世話をする」という意味。

No. 19 解答 ③

（放送文）☆：Have you finished the report, Carl?

　　　　★：Yes, Tracy.　I put it on your desk.

　　　　☆：We need it for this meeting.　Can you go and get it?

　　　　★：Sure.

　　　　Question: Where is the report now?

（放送文の訳）☆：「報告書は終わったの，カール？」

　　　　★：「うん，トレイシー。君の机の上に置いたよ」

　　　　☆：「この会議にそれが必要なの。取りに行ってくれる？」

　　　　★：「わかった」

（質問の訳）　「報告書は今どこにあるか」

（選択肢の訳）　**1** カールのオフィスに。　　　**2** 会議室に。

　　　　　　3 トレイシーの机の上に。　**4** コピー機の上に。

解　説　トレイシーの Have you finished the report, Carl? に，カールは Yes, Tracy. と答えた後，I put it on your desk. と言っている。it は the report「報告書」を指していて，your desk はトレイシーの机のこと。

No. 20 解答 ①

（放送文）☆：Your son is so busy.

　　　　★：Yeah.　He has baseball practice twice a week and a violin lesson every Friday.

　　　　☆：Wow.

　　　　★：He does volunteer work once a month, too.

　　　　Question: How often does the man's son have a violin

lesson?

☆：「あなたの息子さんはとても忙しいわね」

★：「そうなんだ。週に２回の野球の練習と，毎週金曜日にはバイオリンのレッスンがあるんだ」

☆：「うわー」

★：「月に１回ボランティアの仕事もしてるよ」

質問の訳 「男性の息子はどれくらいの頻度でバイオリンのレッスンがあるか」

選択肢の訳 **1** 週に１回。 **2** 週に２回。 **3** 月に１回。 **4** 月に２回。

解説 男性は息子について，He has baseball practice twice a week and a violin lesson every Friday. と説明している。バイオリンのレッスンは every Friday「毎週金曜日」なので，週に１回ということになる。baseball practice の twice a week や，volunteer work の once a month と混同しないように注意する。

一次試験・リスニング 第 **3** 部 問題編 p.162〜163 ▶MP3 ▶アプリ ▶CD 3 **65**〜**75**

No. 21 解答 ②

放送文 Steve is having a party tonight. Yesterday, he made a cake. He needs drinks for the party, so he'll buy them this morning. This afternoon, he'll clean his apartment.
Question: What is Steve going to buy today?

放送文の訳 「スティーブは今夜，パーティーをする。昨日，彼はケーキを作った。パーティーに飲み物が必要なので，今日の午前にそれらを買う。今日の午後，彼はアパートの部屋を掃除する」

質問の訳 「スティーブは今日，何を買うか」

選択肢の訳 **1** 風船。 **2** 飲み物。 **3** ケーキ。 **4** プレゼント。

解説 スティーブのパーティーに向けた準備が話題。He needs drinks for the party, so he'll buy them this morning. の聞き取りがポイント。buy の後の them は drinks を指しているので，今日買う物は飲み物である。

No. 22 解答 ④ 正答率 ★75%以上

放送文
Betty is in the school art club. On weekdays, she practices painting at school, but on Saturdays, she paints at home. On Sundays, she often goes to the park and paints there.
Question: Where does Betty paint on Saturdays?

放送文の訳
「ベティーは学校の美術部に入っている。平日は学校で絵を描く練習をするが，土曜日は家で絵を描く。日曜日はよく公園へ行って，そこで絵を描く」

質問の訳
「ベティーは土曜日にどこで絵を描くか」

選択肢の訳
1 学校で。　　　　　　　　　2 友だちの家で。
3 公園で。　　　　　　　　　4 家で。

解説
ベティーがどこで絵を描くかについて，それぞれ On weekdays「平日に」→ at school，on Saturdays「土曜日に」→ at home，On Sundays「日曜日に」→ goes to the park という情報を混同しないようにする。質問では on Saturdays について尋ねている。

No. 23 解答 ④

放送文
Mark's grandfather took him to the zoo. They saw many animals, such as birds, elephants, monkeys, and snakes. Mark liked the monkeys the best because they were cute. He didn't like the snakes.
Question: Which animals didn't Mark like?

放送文の訳
「マークの祖父はマークを動物園へ連れて行った。2人は鳥，ゾウ，サル，ヘビといったたくさんの動物を見た。マークはサルがかわいかったのでいちばん気に入った。ヘビは気に入らなかった」

質問の訳
「マークはどの動物が気に入らなかったか」

選択肢の訳
1 サル。　　　2 ゾウ。　　　3 鳥。　　　4 ヘビ。

解説
birds, elephants, monkeys, snakes と動物名がたくさん出てくるが，最後の He didn't like the snakes. から，マークが気に入らなかったのは snakes「ヘビ」だとわかる。monkeys「サル」はマークがいちばん気に入った動物なので，1は不正解。

No. 24 解答 ④

放送文 Yesterday, during dinner, my dad told me about his job. After that, I told him about my baseball game. This morning, I talked to my mom about my class ski trip.

Question: What did the boy's father talk about last night?

放送文の訳 「昨日，夕食中に，お父さんはぼくに自分の仕事について話した。その後，ぼくはお父さんに自分の野球の試合について話した。今朝，ぼくはお母さんにぼくのクラスのスキー旅行について話した」

質問の訳 「男の子の父親は昨夜，何について話したか」

選択肢の訳 **1** 有名な野球選手。　　　　**2** 新しい野球場。
3 彼のスキー旅行。　　　　**4** 彼の仕事。

解　説 最初の Yesterday, during dinner, my dad told me about his job. から，**4** が正解。told は tell の過去形で，〈tell + （人）+ about ～〉は「（人）に～について話す」という意味。男の子が父親に話した my baseball game や，母親に話した my class ski trip と混同しないように注意する。

No. 25 解答 ③

放送文 I had fun in Europe. In London, I took a bus tour and made some new friends. In Paris, I visited a beautiful church. I hope to go back again soon.

Question: What did the woman do in Paris?

放送文の訳 「私はヨーロッパで楽しんだ。ロンドンでは，バスツアーに参加して，新しい友だちをつくった。パリでは，美しい教会を訪れた。また近いうちに戻りたいと思っている」

質問の訳 「女性はパリで何をしたか」

選択肢の訳 **1** 彼女はバスツアーに参加した。
2 彼女は新しい友だちをつくった。
3 彼女は教会へ行った。
4 彼女は博物館を訪れた。

解　説 In Paris, I visited a beautiful church. から，**3** が正解。**3** では，visited のかわりに went to が使われている。**1** の She took a bus tour. と **2** の She made new friends. は London「ロンドン」

に行ったときのこと。

No. 26 解答 ②

放送文 Adam couldn't find his pencil case this afternoon.　He looked in his bag and around his classroom, but he finally found it in the library.　He left it there when he was studying at lunchtime.

Question: Where was Adam's pencil case?

放送文の訳 「アダムは今日の午後，筆箱が見つからなかった。自分のかばんの中や教室中を探したが，図書館でやっとそれを見つけた。彼が昼休みに勉強していたときに，そこに置き忘れていた」

質問の訳 「アダムの筆箱はどこにあったか」

選択肢の訳 1　彼のかばんの中に。　　　　2　図書館に。
3　彼の教室に。　　　　　　4　カフェテリアに。

解説 He looked in his bag and around his classroom を聞いて 1 や 3 を選んでしまわないように注意する。その後の but he finally found it in the library に正解が含まれている。finally は「やっと」という意味，found は find「～を見つける」の過去形。

No. 27 解答 ①

放送文 I've been friends with Michael since we were high school students.　We're both 30 now, but we still talk to each other a lot.　He has two children, and he's a great dad.

Question: Who is the man talking about?

放送文の訳 「マイケルとはぼくたちが高校生のときからの友だちだ。2 人とも今 30 歳だが，今でもお互いによく話す。彼には 2 人の子どもがいて，彼はすばらしいお父さんだ」

質問の訳 「男性は誰について話しているか」

選択肢の訳 1　彼の友だち。　　　　　　2　彼の子どもたち。
3　彼の高校の先生。　　　　4　彼の父親。

解説 I've been friends with Michael since ～「マイケルとは～からの友だちである」で始まっているので，友人のマイケルが話題。I've は I have の短縮形で，have been ～は「ずっと～である」という現在完了形。talk to each other は「お互いに話す」という

214

意味。

No. 28 解答 ①

放送文 My mom was planning to take me to my soccer game, but she caught a cold. So, my dad drove me there. He isn't interested in sports, but he enjoyed watching my game.

Question: Why did the girl's father take the girl to the game?

放送文の訳 「私のお母さんが私をサッカーの試合に連れて行ってくれることになっていたが，お母さんは風邪をひいてしまった。だから，お父さんが車で私をそこまで送ってくれた。お父さんはスポーツに興味がないが，私の試合を見て楽しんだ」

質問の訳 「なぜ女の子の父親は女の子を試合へ連れて行ったか」

選択肢の訳 1 彼女の母親は具合が悪かった。
2 彼女の母親は忙しかった。
3 彼女の父親は監督である。
4 彼女の父親はスポーツが大好きだ。

解説 1文目後半と2文目の …, but she caught a cold. So, my dad drove me there. から判断する。caught は catch の過去形で，catch a cold は「風邪をひく」という意味。正解の 1 では was sick「具合が悪かった」という表現になっている。drove は drive「～を車で送る」の過去形。

No. 29 解答 ①

放送文 When I was a junior high school student, I walked to school. Now, I go to high school. It's too far away to walk or ride my bike, so I go by train.

Question: How does the boy get to high school?

放送文の訳 「中学生のとき，ぼくは歩いて学校へ行っていた。今，ぼくは高校へ通っている。歩いたり自転車に乗って行ったりするには遠すぎるので，電車で行っている」

質問の訳 「男の子はどうやって高校へ行っているか」

選択肢の訳 1 彼は電車で行っている。
2 彼はバスで行っている。
3 彼は自転車に乗って行っている。

4 彼は歩いて行っている。

解説　too ～ to … は「…するには～すぎる，あまりに～で…できない」という意味。It's too far away to walk or ride my bike と言っているので，3 と 4 は不正解。その後の so I go by train から，1 が正解。

No. 30　解答 ④

放送文　Good morning, class.　Today, we need to get ready for tomorrow's school festival.　Edward, please make some posters.　John, go to the cafeteria and bake some cookies with Ms. Clark.　Emily, please practice your speech.
Question: What will John do for the festival?

放送文の訳　「おはようございます，みなさん。今日は，明日の学園祭の準備をする必要があります。エドワードはポスターを作ってください。ジョンはカフェテリアに行って，クラーク先生と一緒にクッキーを焼いてください。エミリーはスピーチを練習してください」

質問の訳　「ジョンは学園祭のために何をするか」

選択肢の訳　1　スピーチをする。　　　2　カフェテリアを掃除する。
3　ポスターを作る。　　　4　クッキーを作る。

解説　get ready for ～ は「～の準備をする」という意味。school festival「学園祭，文化祭」の準備について，先生が各生徒に指示している場面。ジョンに対しては，John, go to the cafeteria and bake some cookies with Ms. Clark. と言っている。正解の 4 では，bake「～を焼く」のかわりに make が使われている。

| 二次試験・面接 | 問題カード **A** 日程 | 問題編 p.164〜165 | 🔊 | ▶MP3 ▶アプリ
▶CD 3 76〜80 |

全訳
パスタ
パスタは世界中の国々で食べられている。パスタは肉と野菜のどちらと一緒に食べてもおいしいので，多くの人に人気のある料理だ。いろいろな種類や色のパスタを売っている店もある。

質問の訳　**No.1**　パッセージを見てください。なぜパスタは多くの人に人気のある料理なのですか。

No.2　イラストを見てください。男性はトマトをいくつ持っていますか。

No.3　長い髪の女の子を見てください。彼女は何をしようとしていますか。

さて，〜さん，カードを裏返しにしてください。

No.4　あなたは冬休みの間に何をしましたか。

No.5　あなたはお祭りに行くことが好きですか。

はい。　→　もっと説明してください。

いいえ。→　あなたは今年の春に何をしたいですか。

No. 1

解答例　Because it tastes good with both meat and vegetables.

解答例の訳　「それは肉と野菜のどちらと一緒に食べてもおいしいからです」

解　説　質問は Why で始まり，パスタが a popular dish with many people「多くの人に人気のある料理」である理由を尋ねている。2文目に正解が含まれているが，①質問の主語と重なる Pasta を3人称単数の代名詞 it に置き換える，②文の後半 so it is a popular dish with many people「だから，それは多くの人に人気のある料理だ」は質問と重なる内容なので省く，という2点に注意する。

No. 2

解答例　He's holding two tomatoes.

解答例の訳　「彼はトマトを2つ持っています」

解　説　〈How many＋複数名詞〉は数を尋ねる表現。hold「〜を（手に）持つ」が現在進行形で使われていて，男性がトマトをいくつ持っているか尋ねている。イラストで男性はトマトを2つ持っているが，単に Two tomatoes. と答えるのではなく，質問の現在進行形に合わせて He's [He is] holding two tomatoes. と答える。

No. 3

解答例　She's going to drink water.

解答例の訳　「彼女は水を飲もうとしています」

解　説　イラスト中の the girl with long hair「長い髪の女の子」に関する質問。be going to 〜は「〜しようとしている」という意味で，女の子がこれからとる行動は吹き出しの中に描かれている。質問に合わせて，She's [She is] going to 〜（動詞の原形）の形で答

える。「水を飲む」は drink water と表現する。

No. 4

解答例　I went skiing.

解答例の訳　「私はスキーをしに行きました」

解　説　during は「〜の間に」, winter vacation は「冬休み」という意味で, 質問では冬休みに何をしたかを尋ねている。自分がしたことを, 主語の I から始めて答える。その際, 動詞は過去形を使うことに注意する。

No. 5

解答例　Yes. → Please tell me more.
　　　　　— There's an interesting festival in my town.
　　　　　No. → What would you like to do this spring?
　　　　　— I'd like to go camping.

解答例の訳　「はい」 → もっと説明してください。
　　　　　— 「私の町にはおもしろいお祭りがあります」
　　　　　「いいえ」 → あなたは今年の春に何をしたいですか。
　　　　　— 「私はキャンプに行きたいです」

解　説　最初の質問 Do you like to go to festivals? には, festivals「お祭り」に行くことが好きかどうかを Yes(, I do). / No(, I don't). で答える。Yes の場合の2番目の質問 Please tell me more. には, お祭りが好きな理由や, 今までにどんなお祭りに行ったかなどを答えればよい。No の場合の2番目の質問 What would you like to do this spring? には, this spring「今年の春」にしたいことを I'd like to 〜 の形で答える。解答例の他に, (Yes の場合) I enjoy eating many kinds of food.「たくさんの種類の食べ物を食べて楽しみます」, (No の場合) I'd like to watch cherry blossoms.「お花見をしたいです」のような解答も考えられる。

二次試験・面接	問題カード **B** 日程	問題編 p.166〜167	🔊	▶MP3 ▶アプリ ▶CD 3 81〜84

全　訳

湖

日本にはたくさんの美しい湖がある。湖はたいてい静かで, 訪れ

てリラックスできる場所である。近くにキャンプする場所がある
湖もあって，晴れているときに湖へ泳ぎに行くことが好きな人た
ちもいる。

質問の訳　　**No.1**　　パッセージを見てください。晴れているときに何をするこ
とが好きな人たちがいますか。

　　　　　　　　No.2　　イラストを見てください。ボートには何人が座っています
か。

　　　　　　　　No.3　　帽子をかぶっている男性を見てください。彼は何をしてい
ますか。

　　　　　　　　さて，〜さん，カードを裏返しにしてください。

　　　　　　　　No.4　　あなたは今夜何をする予定ですか。

　　　　　　　　No.5　　あなたは留学してみたいですか。

　　　　　　　　　　　　はい。　　→　もっと説明してください。

　　　　　　　　　　　　いいえ。→　なぜですか。

No. 1

解答例　　They like to go swimming in lakes.

解答例の訳　　「彼らは湖へ泳ぎに行くことが好きです」

解　説　　like to 〜 は「〜することが好き」，sunny は「晴れた」という意
味。3文目に正解が含まれているが，解答する際，①質問の主語と
重なる some people を3人称複数の代名詞 they に置き換える，
②文の前半 There are places to camp near some lakes「近くに
キャンプする場所がある湖もある」は質問には直接関係しないこ
となので省く，という2点に注意する。

No. 2

解答例　　Two people are sitting in the boat.

解答例の訳　　「2人がボートに座っています」

解　説　　〈How many＋複数名詞〉は数を尋ねる表現。sit「座る」が現在
進行形で使われていて，boat「ボート」に座っている人数を尋ね
ている。イラストでは2人がボートに座っているが，単に Two
people. と答えるのではなく，質問の現在進行形に合わせて Two
people are sitting in the boat. と答える。

No. 3

解答例　　He's fishing.

| 解答例の訳 | 「彼は釣りをしています」 |

| 解　説 | イラスト中の the man wearing a hat「帽子をかぶっている男性」に関する質問。質問の What is 〜 doing? は，「〜は何をしていますか」という現在進行形の疑問文。「釣りをする」は fish を動詞で使うことができ，質問に合わせて He's [He is] fishing. という現在進行形で答える。 |

No. 4

| 解答例 | I'm going to watch a DVD. |

| 解答例の訳 | 「DVD を見る予定です」 |

| 解　説 | be going to 〜 は「〜する予定である，〜するつもりだ」，this evening は「今夜」という意味。今夜，自分が何をする予定であるかを，質問に合わせて I'm going to 〜（動詞の原形）の形で答える。 |

No. 5

| 解答例 | Yes. → Please tell me more.
　　— I want to study in Australia.
No. → Why not?
　　— I like living in Japan. |

| 解答例の訳 | 「はい」→ もっと説明してください。
　　—「私はオーストラリアで勉強したいです」
「いいえ」→ なぜですか。
　　—「私は日本で暮らすことが好きです」 |

| 解　説 | 最初の質問の Would you like to 〜? は「〜したいですか」，study abroad は「海外で勉強する→留学する」という意味で，留学してみたいかどうかを Yes. / No. で答える。Yes の場合の2番目の質問 Please tell me more. には，留学したい理由や，どこへ留学したいかなどを答えればよい。No の場合の2番目の質問 Why not? には，留学したいとは思わない理由を説明する。解答例の他に，（Yes の場合）I'd like to live in a foreign country.「私は外国で暮らしてみたいです」，（No の場合）Studying abroad is expensive.「留学は費用が高いです」のような解答も考えられる。 |

MEMO